Pôr o leitor directamente em contacto
com textos marcantes da história da filosofia
— através de traduções feitas
a partir dos respectivos originais,
por tradutores responsáveis,
acompanhadas de introduções
e notas explicativas —
foi o ponto de partida
para esta colecção.
O seu âmbito estender-se-á
a todas as épocas e a todos os tipos
e estilos de filosofia,
procurando incluir os textos
mais significativos do pensamento filosófico
na sua multiplicidade e riqueza.
Será assim um reflexo da vibratilidade
do espírito filosófico perante o seu tempo,
perante a ciência
e o problema do homem
e do mundo

Textos Filosóficos
Director da Colecção: Artur Morão

1. *Crítica da Razão Prática*, Immanuel Kant
2. *Investigação sobre o Entendimento Humano*, David Hume
3. *Crepúsculo dos Ídolos*, Friedrich Nietzsche
4. *Discurso de Metafísica*, Immanuel Kant
5. *Os Progressos da Metafísica*, Immanuel Kant
6. *Regras para a Direcção do Espírito*, René Descartes
7. *Fundamentação da Metafísica dos Costumes*, Immanuel Kant
8. *A Ideia da Fenomenologia*, Edmund Husserl
9. *Discurso do Método*, René Descartes
10. *Ponto de Vista Explicativo da Minha Obra de Escritor*, Sören Kierkegaard
11. *A Filosofia na Idade Trágica dos Gregos*, Friedrich Nietzsche
12. *Carta sobre a Tolerância*, John Locke
13. *Prolegómenos a toda a Metafísica Futura*, Immanuel Kant
14. *Tratado da Reforma do Entendimento*, Bento de Espinosa
15. *Simbolismo: Seu Significado e Efeito*, Alfred North Withehead
16. *Ensaio sobre os Dados Imediatos da Consciência*, Henri Bergson
17. *Enciclopédia das Ciência Filosóficas em Epítome (Vol. I)*, Georg Wilhelm Friedrich Hegel
18. *A Paz Perpétua e Outros Opúsculos*, Immanuel Kant
19. *Diálogo sobre a Felicidade*, Santo Agostinho
20. *Princípios da Filosofia do Futuro*, Ludwig Feuerbach
21. *Enciclopédia das Ciência Filosóficas em Epítome (Vol. II)*, Georg Wilhelm Friedrich Hegel
22. *Manuscritos Económico-Filosóficos*, Karl Marx
23. *Propedêutica Filosófica*, Georg Wilhelm Friedrich Hegel
24. *O Anticristo*, Friedrich Nietzsche
25. *Discurso sobre a Dignidade do Homem*, Giovanni Pico della Mirandola
26. *Ecce Homo*, Friedrich Nietzsche
27. *O Materialismo Racional*, Gaston Bachelard
28. *Princípios Metafísicos da Ciência da Natureza*, Immanuel Kant
29. *Diálogo de um Filósofo Cristão e de um Filósofo Chinês*, Nicholas Malebranche
30. *O Sistema da Vida Ética*, Georg Wilhelm Friedrich Hegel
31. *Introdução à História da Filosofia*, Georg Wilhelm Friedrich Hegel
32. *As Conferências de Paris*, Edmund Husserl
33. *Teoria das Concepções do Mundo*, Wilhelm Dilthey
34. *A Religião nos Limites da Simples Razão*, Immanuel Kant
35. *Enciclopédia das Ciência Filosóficas em Epítome (Vol. III)*, Georg Wilhelm Friedrich Hegel
36. *Investigações Filosóficas sobre a Essência da Liberdade Humana*, F. W. J. Schelling
37. *O Conflito das Faculdades*, Immanuel Kant
38. *Morte e Sobrevivência*, Max Scheler
39. *A Razão na História*, Georg Wilhelm Friedrich Hegel
40. *O Novo Espírito Científico*, Gaston Bachelard
41. *Sobre a Metafísica do Ser no Tempo*, Henrique de Gand
42. *Princípios de Filosofia*, René Descartes
43. *Tratado do Primeiro Princípio*, João Duns Escoto
44. *Ensaio sobre a Verdadeira Origem, Extensão e Fim do Governo Civil*, John Locke
45. *A Unidade do Intelecto contra os Averroístas*, São Tomás de Aquino
46. *A Guerra e A Queixa da Paz*, Erasmo de Roterdão
47. *Lições sobre a Vocação do Sábio*, Johann Gottlieb Fichte
48. *Dos Deveres (De Officiis)*, Cícero
49. *Da Alma (De Anima)*, Aristóteles
50. *A Evolução Criadora*, Henri Bergson
51. *Psicologia e Compreensão*, Wilhelm Dilthey
52. *Deus e a Filosofia*, Étienne Gilson
53. *Metafísica dos Costumes, Parte I, Princípios Metafísicos da Doutrina do Direito*, Immanuel Kant
54. *Metafísica dos Costumes, Parte II, Princípios Metafísicos da Doutrina da Virtude*, Immanuel Kant
55. *Leis*. Vol. I, Platão
58. *Diálogos Sobre a Religião Natural*, David Hume

Introdução
à História
da Filosofia

Título original:
Einleitung in die Geschichte der Philosophie

© desta tradução Edições 70, Lda. e Artur Morão

Tradução: Artur Morão

Capa de FBA

Depósito Legal n.º 246209/0

ISBN 10: 972-44-1346-2
ISBN 13: 978-972-44-1346-4
ISBN da 1ª edição: 972-44-0792-6

Direitos reservados para língua portuguesa
por Edições 70

EDIÇÕES 70, uma chancela de Edições Almedina, S.A.
Avenida Fontes Pereira de Melo, 31 – 3.º C – 1050-117 Lisboa /
Portugal
e-mail: geral@edicoes70.pt

www.edicoes70.pt

Esta obra está protegida pela lei. Não pode ser reproduzida,
no todo ou em parte, qualquer que seja o modo utilizado,
incluindo fotocópia e xerocópia, sem prévia autorização do Editor.
Qualquer transgressão à lei dos Direitos de Autor será passível
de procedimento judicial.

Georg
Wilhelm
Friedrich
Hegel
Introdução
à História
da Filosofia

70

ADVERTÊNCIA DO TRADUTOR

Reúnem-se aqui as várias versões que Hegel nos deixou da introdução às Lições da História da Filosofia. Estes textos, apesar do seu carácter pouco formal, denunciando uma certa oralidade e uma insistência repetitiva, incluem de modo incisivo e acessível as ideias fundamentais da filosofia de Hegel e oferecem a oportunidade de um ingresso menos árduo no seu sistema. A história da filosofia ocupa-se, segundo ele, da «tomada, de posse do reino inteligível», coincide com a própria filosofia; narra as acções do pensamento livre, no seu processo de autoprodução e de geração do mundo intelectual, em que o pensar desembrulha as suas possibilidades e diferenças, a sua *dynamis*, no sentido aristotélico (como admite o próprio Hegel). Em si mesma, a história da filosofia é o desdobramento do conteúdo da filosofia, da única filosofia em múltiplas filosofias, as quais constituem momentos do todo, surgindo cada qual necessariamente na época em que aparece, porque etapa no interior de uma progressão necessária e racional.

Estas e outras ideias emergem continuamente ao longo destas páginas, fazendo adivinhar as amplas ramificações da visão hegeliana. O texto que serviu de base à versão portuguesa foi o da edição Johannes Hoffmeister de 1940, se bem que abreviada em 1959 por Friedhelm Nicolin (na realidade, eliminou apenas uma secção – reduzida – sobre a filosofia oriental, não pertencente, aliás, à introdução geral).* O tradutor deixou de

---

* G.W.F. HEGEL, *Einleitung in die Geschichte der Philosophie* («Philosophische Bibliothek» 166), Hamburgo, Felix Meiner Verlag 1959³, 1966.

lado um pequeno apêndice (quatro páginas incompletas, procedentes de um manuscrito de Hegel, hoje na Biblioteca da Universidade de Harvard), que não passa de um simples esquema de introdução à história da filosofia. Não atendeu igualmente às notas e observações marginais (escassas e fragmentárias) de Hegel, que surgem na edição alemã, pois nada acrescentam ao texto.

Na parte III, que contém as lições entre 1823 e 1828, depara--se com numeração romana entre parênteses, no fim de muitos parágrafos. Serve ela para indicar as várias fontes de que procede o texto respectivo, cujo entrosamento pertence, no entanto, ao compilador alemão. De acordo com este, o seu significado é o seguinte:

I indica as lições de Hegel do semestre de Inverno de 1823/ /24; I, 1 assinala a elaboração de H. G. Hotho; 2 refere a recolha de R. Hube; I, 3 é a primeira edição de K. L. Michelet de 1833.

II constitui o conteúdo das lições do semestre de Inverno de 1825/26; II, 1 inclui a elaboração de K.G. J. v. Griesheim; II, 2 é o *postscriptum* imediato de Cracóvia; II, 3, *postscriptum* imediato de F. Stieve.

III reporta as lições de Hegel de 1827/28; III, 1, *postscriptum* imediato de A. Hueck; III, 2, *postscriptum* imediato de K. Weltrich. (As datas aqui incluídas indicam o dia em que Hegel iniciou a prelecção).

IV contém as lições do semestre de Inverno de 1829/30; IV, 1, *postscriptum* imediato de A. Werner; IV, 2, *postscriptum* imediato de Berlim.

Espero que a presente tradução, integrada num projecto mais amplo de transladar outras obras de Hegel para a nossa língua, não seja infiel ao seu pensamento e ao seu estilo tão característico. Não obstante a preocupação constante de uma versão absolutamente literal (porém, sem servilismos), nem sempre tal foi possível; apesar de tudo, não procurei abreviar, parafrasear ou resumir o discurso hegeliano, mas expô-lo em todas as suas particularidades, de modo que estas transpareçam na nossa língua.

No fim do volume, propõe-se uma pequena bibliografia sobre o filósofo.

Artur Morão

I
INTRODUÇÃO

Redacção de Heidelberg
(Início das lições a 28 de Outubro de 1816)

Prezados Senhores:
Ao tomar como objecto das minhas prelecções a história da filosofia, e ao apresentar-me hoje pela primeira vez nesta Universidade, permiti que, à maneira de *simples prólogo*, expresse o meu contentamento por retomar, justamente neste momento, a minha carreira filosófica numa academia. Com efeito, parece chegado o momento em que à Filosofia é de novo permitido ser objecto da atenção e do amor; esta Ciência quase emudecida pode novamente elevar a sua voz e esperar que o mundo, que para ela se tornara surdo, se digne outra vez prestar-lhe ouvidos. A urgência da época atribuiu uma tão grande importância aos pequenos interesses da vulgar vida quotidiana, os elevados interesses da realidade efectiva e as lutas em torno deles travadas reclamaram de tal modo todas as potências, toda a força do espírito e os meios externos que, para a vida interior mais elevada, a mais pura espiritualidade do sentido não se pode conservar livre e as naturezas mais bem dotadas ficaram de tais interesses prisioneiras e foram em parte por eles sacrificadas; o espírito do mundo esteve, de facto, tão ocupado na realidade efectiva que não conseguiu voltar-se para o interior de si mesmo e em si concentrar-se. Ora, visto que *a torrente da realidade efectiva sofreu uma interrupção, uma vez que a nação alemã*

se arrancou à rudeza e salvou a sua nacionalidade, fundamento de toda a vida viva, é-nos lícito esperar que, além do *Estado,* que absorvera todos os interesses, também a *Igreja* venha a soerguer-se e que, *além do reino do mundo,* para onde confluíam até agora os pensamentos e os esforços, se venha de novo a pensar no *reino de Deus:* por outras palavras, que, além dos interesses *políticos* e outros ligados à trivial realidade efectiva, *floresça também de novo a ciência pura, o livre e racional mundo do espírito.*

Na *história da filosofia,* veremos que, *para outras regiões da Europa* em que as ciências e a cultura do entendimento se fomentaram com zelo e êxito, a filosofia, com excepção do nome, se desvaneceu até *da memória e da noção e acabou por morrer;* que ela *se conservou na nação alemã como uma característica peculiar.* Recebemos da natureza a *sublime vocação* de ser os guardas deste fogo sagrado, tal como à família dos Eumólpidas em Atenas foi confiada a conservação dos mistérios de Elêusis e aos habitantes de Samotrácia a manutenção e o exercício de um culto mais elevado, do mesmo modo que o espírito do mundo reservara anteriormente a nação judaica para a altíssima consciência de ele surgir, a partir dela, como um novo espírito. Mas a urgência da época, que já mencionei, o interesse dos grandes acontecimentos mundiais, fizeram também entre nós recuar o estudo sério e profundo da filosofia e desviaram dela a atenção geral.

Aconteceu assim que, enquanto naturezas sólidas se viraram para o prático, *a banalidade e a superficialidade elevaram a voz e se difundiram na filosofia.*

Pode até dizer-se que, desde que a filosofia começou a despontar na Alemanha, nunca tal ciência foi tão descurada como no momento presente; nunca *a vaidade e a petulância vieram assim à superfície* e se comportaram perante a ciência com a arrogância de quem julga ter o poder nas mãos. Podemos considerar-nos intimados pelo mais profundo espírito do tempo a *reagir contra tal superficialidade* e a cooperar com a *seriedade,* a probidade e a *solidez* alemãs, para arrancar a filosofia à solidão em que se refugiou. *Saudemos em comum a aurora de uma era mais bela* em que o espírito, violentado para o exterior, possa a si retornar e em si recolher-se e conquistar o espaço e o solo para o seu reino peculiar, onde os ânimos se elevem acima dos interesses do dia e sejam sensíveis ao verdadeiro, ao eterno e ao divino, susceptíveis de contemplar e de apreender o que há de mais elevado.

Nós, os velhos, que nos tornámos homens maduros no meio das tempestades da época, podemos reputar-vos felizes, a vós, cuja juventude coincide com o tempo presente, em que sem perturbação podeis consagrar-vos à verdade e à ciência. *Dediquei a minha vida à ciência* e é para mim uma alegria encontrar-me agora numa posição em que posso colaborar em mais alta medida e num mais vasto âmbito de acção na difusão e intensificação do mais elevado interesse científico e, antes de mais, contribuir para a vossa iniciação no mesmo.
Espero vir *a merecer e a conquistar a vossa confiança. Em primeiro lugar, porém, exijo só uma coisa: acima de tudo, tende apenas confiança na ciência e em vós mesmos. A coragem da verdade, a fé no poder do espírito é a primeira condição da filosofia. O homem, por ser espírito, pode e deve considerar-se digno do que há de mais sublime*; a propósito da grandeza e do poder do seu espírito nunca ele pode pensar com valor suficiente. E, com semelhante fé, nada será tão esquivo e duro que não se lhe abra. A essência do universo, a princípio recôndita e retraída, não tem força capaz que ofereça resistência à coragem do conhecer; deve perante ele desvanecer-se e patentear, em vista da fruição, a sua riqueza e profundidade.
A história da filosofia expõe-nos a galeria dos nobres espíritos que, graças à ousadia da sua razão, penetraram na natureza das coisas do homem, e na natureza de Deus, desvelaram-nos a sua profundidade e para nós elaboraram o tesouro do mais alto conhecimento. Semelhante tesouro, de que nós próprios queremos partilhar, constitui a filosofia em geral; a origem de tal tesouro é o que neste curso aprendemos a conhecer e a captar.
Aproximemo-nos agora um pouco mais do próprio objecto. Antes de mais, importa lembrar brevemente que não tomámos como base compêndio algum; os que temos são demasiado pobres; predomina neles um conceito demasiado superficial da filosofia; são para *consulta privada* e fornecem uma *instrução para o uso dos livros* e passagens particulares dos antigos, em especial, sinopses gerais, dados determinados, o que concerne a simples nomes; além disso, também professores célebres que, de resto, não contribuiram para o progresso da ciência; encontram-se aí grandes quantidades de pormenores – indicação das datas, nomes, época em que tais homens viveram.
Em primeiro lugar, indicamos o *fim* e a *necessidade* da história da filosofia, isto é, o *ponto de vista* a partir do qual

se deve considerar em geral a história da filosofia — relação com a própria filosofia.

Importa destacar os seguintes pontos de vista:

a) Porque é que a filosofia tem uma história? É preciso mostrar a sua necessidade e utilidade; exerça-se a atenção e coisas semelhantes, aprenda-se a conhecer as opiniões de outros.

b) A história da filosofia não é uma colectânea de opiniões fortuitas, mas uma conexão necessária, nos seus primeiros *começos* até ao seu rico desenvolvimento.

α) Diferentes estádios.
β) A inteira mundividência forma-se neste estádio; mas este pormenor não tem interesse algum.

c) Daqui resulta a *relação com a própria filosofia*.

Na história da filosofia, impõe-se imediatamente a observação de que ela oferece um grande interesse, quando o seu objecto se acolhe numa consideração digna; e conserva ainda o interesse, mesmo quando o seu fim se concebe às avessas. Pode até afigurar-se que semelhante interesse cresce em importância na medida em que a representação relativa à filosofia e à contribuição da sua história se torna mais errada. Com efeito, a partir da história da filosofia é que se tira de preferência a prova da nulidade desta ciência.

Deve admitir-se como legítima a exigência de que uma história — seja qual for o seu objectivo — narre os factos sem parcialidade, sem que por meio dela prevaleça um interesse ou fim particular. Mas com o lugar comum de semelhante exigência, porém, não se vai muito longe. De facto, a história de um objecto está intimamente conexa com a concepção que dele se faz. Segundo tal concepção, determina-se já o que se considera importante e conveniente para o fim, e a relação entre o acontecido e o mesmo fim suscita uma selecção dos factos que se devem narrar, uma maneira de os compreender, pontos de vista sob os quais se englobam. Pode assim acontecer que um leitor, segundo a concepção que para si tem do que é verdadeiramente um Estado, na história política de um país nada encontre do que a seu respeito indaga. Isto pode ainda suceder com maior frequência na história da filosofia, e podem citar-se exposições desta história nas quais se poderia encontrar tudo o mais menos o que se entende por filosofia.

Nas outras histórias, é firme a representação do respectivo objecto, pelo menos segundo as suas determinações principais – quer seja um determinado país, quer um povo ou a humanidade em geral, ou então a ciência da matemática, da física, etc., ou uma arte, a pintura, etc. Mas a ciência da filosofia, perante as outras ciências, tem o elemento distintivo ou, se se quiser, a desvantagem, logo além do seu conceito, do que ela deve e pode proporcionar, de admitir as mais variadas concepções. E se este primeiro pressuposto, a concepção relativa ao objecto da história, não ficar bem assente, então a própria história em geral se tornará necessariamente algo de oscilante e só alcançará consistência se pressupuser uma representação determinada; mas, então, em confronto com as concepções alheias ao seu objecto, facilmente incorre na censura de unilateralidade. Semelhante desvantagem, porém, refere-se apenas a uma consideração exterior sobre a historiografia; mas com ela conecta-se uma outra desvantagem mais grave. Se há diferentes conceitos da ciência da filosofia, então só o verdadeiro conceito nos capacita para *compreender* a obra dos filósofos que trabalharam no sentido do mesmo. Com efeito, no pensamento, sobretudo no especulativo, compreender significa algo de muito diferente de captar apenas o sentido gramatical das palavras e de as acolher em si apenas até ao âmbito da representação. Pode, pois, possuir-se um conhecimento das asserções, proposições ou, se se quiser, das opiniões dos filósofos; pode até lidar-se excessivamente com os fundamentos e exposições de tais opiniões – sem, no entanto, captar o essencial em todos esses esforços, a saber, a *compreensão* das proposições. Não faltam, pois, volumosas e eruditas histórias da filosofia, a que falta o conhecimento da própria matéria pela qual tanto se afadigaram. É possível comparar os autores de tais histórias com animais que ouviram todos os sons de uma música, mas a cujo sentido não chegou o mais importante, a harmonia desses sons.

A circunstância mencionada faz que em nenhuma ciência seja tão necessário como na história da filosofia antepor-lhe uma introdução e definir primeiro o objecto cuja história se pretenda relatar. Com efeito, pode dizer-se, como iniciar o tratamento de um assunto cujo nome é decerto corrente, mas do qual ainda não se sabe o que é? Em semelhante procedimento, ao compor a história da filosofia não se teria nenhum outro guia a não ser instigar e reunir o que em qualquer lugar e tempo recebeu o nome de filosofia. Na realidade, porém, se o conceito de filosofia se estabelecer de um modo não arbitrário, mas científico, então semelhante abordagem converte-se na própria ciência da filosofia; pois, nesta ciência, o específico é que apenas o seu conceito constitui aparentemente o começo e somente o tratado integral desta ciência constitui a prova, mais ainda, pode dizer-se, a descoberta do seu conceito; e este conceito é essencialmente um resultado de tal elaboração. Nesta introdução, deve pois pressupor-se também o conceito da ciência da filosofia, do objecto da sua história. Ao mesmo tempo, porém, aplica-se a esta introdução, que unicamente se deve referir à história da filosofia, tudo quanto acabou de se dizer acerca da própria filosofia. O que nesta introdução se pode dizer não constitui tanto um princípio que previamente se deve estabelecer quanto, pelo contrário, um princípio que se pode justificar e demonstrar pela própria elaboração da história. Estas explicações preliminares não podem só por este motivo englobar--se na categoria de pressupostos arbitrários. Mas a antecipação de tais pressupostos, que, segundo a sua justificação, são essencialmente resultados, pode apenas oferecer o interesse que uma menção preambular do conteúdo mais universal de uma ciência em geral pode ter. Deve servir para rejeitar muitas questões e exigências que, por preconceitos comuns, se podiam fazer a uma tal história.

Primeiro, deve discutir-se a *determinação* da história da filosofia, a partir da qual se devem depreender as *consequências* para o seu *modo de tratamento*.

Em segundo lugar, é preciso determinar com maior pormenor, a partir do conceito de filosofia, o que do material infinito e dos múltiplos aspectos da formação espiritual dos povos se deve excluir da história da filosofia. Além disso, a *religião* e os pensamentos que nela e sobre ela existem, sobretudo na forma de mitologia, encontram-se já pelo seu material, bem como a restante formação das ciências graças à sua forma, tão perto da filosofia que de imediato a história da ciência da filosofia parece haver de ser de um âmbito inteiramente indeterminado. Ora, se o seu domínio se tiver determinado de um modo adequado, adquiriremos logo ao mesmo tempo o *ponto de partida* desta história, que importa distinguir dos começos das instituições religiosas e de pressentimentos profundos.

Do conceito do próprio objecto deve, *em terceiro lugar*, derivar a *divisão* de tal história como que em *períodos* necessários — divisão essa que se deve também revelar como um todo organicamente progressivo, como uma conexão racional, mediante a qual apenas esta história obtém a dignidade de uma ciência.

A. Determinação da História da Filosofia

Acerca do interesse desta história podem ocorrer à consideração muitos aspectos. Se quisermos apreendê-lo no seu ponto central, temos de indagá-lo na conexão essencial deste passado aparente com o estádio actual que a filosofia alcançou. Que tal conexão não diz respeito a considerações extrínsecas que se podem tomar em consideração na história desta ciência, mas antes expressa a natureza intrínseca da sua determinação, que as ocorrências desta história como, decerto, todas as ocorrências se prolongam em efeitos, mas não produtivos de um modo peculiar — eis o que aqui se deve discutir em pormenor.

O que a história da filosofia nos apresenta é a série dos espíritos nobres, a galeria dos heróis da *razão pensante*, que, pela força desta razão, penetraram na essência das coisas da natureza e do espírito, na *essência de Deus*, e para nós elaboraram o sublime tesouro, o tesouro do conhecimento racional. Os incidentes e acções desta história são, pois, ao mesmo tempo de natureza tal que, no seu conteúdo e teor, não se insinua a personalidade e o carácter individual — como, por contraste, na história política, o indivíduo, segundo a particularidade do seu temperamento natural, génio, paixões, a energia ou fraqueza do seu carácter, em geral segundo aquilo pelo que ele é *este* indivíduo, o sujeito das acções incidentes; aqui, pelo contrário, os produtos são tanto mais excelentes quanto menos a imputação e o mérito recai sobre o indivíduo particular, quanto mais, em contrapartida, eles pertencem ao livre pensar, ao carácter universal do homem enquanto homem, quanto mais este pensar isento de peculiaridade é o próprio sujeito produtor.

Os actos do pensar parecem, em primeiro lugar, enquanto históricos, ser uma coisa do passado e residir para além da *nossa realidade efectiva*. Mas, de facto, o que somos é ao mesmo tempo historicamente que somos, ou termos mais exactos: assim como no que neste âmbito, a história do pensar, se encontra o passado é apenas um lado, assim naquilo que somos, o imperecível comum está inseparavelmente ligado ao que historicamente somos.

A posse da racionalidade autoconsciente que nos pertence a nós e ao mundo actual não surgiu imediatamente e despontou apenas do solo da actualidade, mas é-lhe essencial ser uma herança e, de um modo mais definido, o resultado do trabalho e, decerto, do trabalho de todas as gerações passadas do género humano. Assim como as artes da vida exterior, a quantidade de meios e habilidades, as instituições e hábitos da coexistência social e política são um resultado da reflexão, da invenção, das necessidades, da indigência e do infortúnio, da vontade e realização da história anterior ao nosso presente, assim também o que somos na ciência e, de modo mais preciso, na filosofia, se deve igualmente à *tradição*, que através de tudo o que é efémero e que, portanto, se desvaneceu, se entrelaça, segundo a expressão de *Herder*, como uma *cadeia sagrada*, e nos conservou e legou o que o mundo anterior produziu.

Mas semelhante tradição não é só uma governanta, que apenas guarda fielmente o que recebeu e transmite sem modificação aos descendentes. Não é uma estátua imóvel, mas viva, e cresce como uma poderosa torrente que se avoluma à medida que mais se afasta da sua origem.

O conteúdo desta tradição é o que o mundo espiritual produziu, e o espírito universal não permanece parado. Com o espírito universal, porém, é com algo de essencial que aqui temos de nos haver. Numa nação singular, pode acontecer que a sua cultura, arte, ciência, o seu poder espiritual em geral seja estático, como tal parece ser o caso, por exemplo, entre os chineses, que há dois mil anos tinham já em tudo chegado tão longe como agora. Mas o espírito do mundo não mergulha em semelhante *tranquilidade* indiferente. Isso funda-se no seu conceito simples. A sua *vida é acção*. A acção tem como pressuposto um material prévio, a que se dirige e que ela não aumenta simplesmente, ou amplia mediante a adição de material, mas essencialmente *refunde* e *transforma*. Uma tal herança é ao mesmo tempo recepção e tomada de posse do legado; e simultaneamente reduz-se a material, que é metamorfoseado pelo espírito. O que se recebeu foi deste modo modificado e enriquecido e, ao mesmo tempo, preservado.

Por conseguinte, a posição e a actividade nossa e de cada época é *apossar-se* da ciência que existe e nela se formar, cultivá-la ainda mais e elevá-la a um ponto mais alto. Ao *apropriarmo-nos* dela, transformamo-la em algo de *específico* em confronto com o que antes fora.

Porque nesta natureza da produção se tem um mundo espiritual disponível como pressuposto e ele se refunde na apropriação é que a nossa filosofia veio essencialmente à existência só em conexão com a anterior e dela brotou com necessidade; e o decurso da história é o que nos expõe, não o *devir* de coisas estranhas, mas o *nosso devir*, o *devir da nossa ciência*.

Da natureza da relação aqui aduzida dependem as representações e questões que podem ocorrer acerca da determinação da história da filosofia. A sua indagação proporciona ao mesmo tempo o esclarecimento mais pormenorizado sobre o fim subjectivo de, mediante o estudo da história desta ciência, nos adentrarmos no conhecimento desta mesma ciência. Além disso, as determinações para o modo de tratamento desta história residem na relação cuja discussão mais precisa deve, pois, constituir um fim principal desta introdução. Para isso, deve certamente assumir-se, mais ainda, servir de fundamento, o conceito do que a filosofia intenta; e visto que, como já se disse, a discussão científica de tal conceito não pode aqui encontrar o seu lugar, então a discussão que se deve empreender não pode apenas ter o objectivo de demonstrar de um modo apreensivo a natureza deste devir, mas antes de o inserir na representação corrente.

A ideia que primeiro nos pode ocorrer numa história da filosofia é que o seu próprio objecto encerra logo uma contradição interna. Com efeito, a filosofia propõe-se conhecer o que é imperecível, eterno, o que é em si e para si, a sua meta é a *verdade*. A história, porém, narra o que numa época existiu, mas veio a desvanecer-se noutra e por outra coisa foi removido. Se partirmos da suposição de que a verdade é eterna, então não cai na esfera do que é transitório e não tem história alguma. Mas se tem uma história, e porque a história consiste apenas em expor uma série de formas passadas do conhecimento, então não pode encontrar-se nela a verdade; efectivamente, a verdade nada é de transitório.

Poderia dizer-se que este argumento geral não só vale para as outras ciências, mas também concerne à própria religião cristã, e poderia achar-se contraditório que tenha de existir uma história desta religião e das outras ciências, mas seria supérfluo indagar ainda mais semelhante raciocínio, pois é imediatamente refutado pelo facto de existirem tais histórias. Mas, para bem penetrar no sentido de tal contradição, importa discriminar entre a história das vicissitudes externas de uma religião ou de uma ciência e a história do seu respectivo objecto.

E, em seguida, importa considerar que o caso da história da filosofia, pela natureza especial do seu objecto, é diverso das histórias dos restantes domínios. É de imediato evidente que a contradição apontada não pode apenas dizer respeito à história externa, mas somente à interna, isto é, à história do próprio conteúdo. O Cristianismo tem uma história da sua difusão, do destino dos seus adeptos, etc., e porque erigiu a sua existência numa Igreja, então esta mesma Igreja surge como um ser determinado externo, o qual, inserido nas mais diversas referências temporais, tem um destino múltiplo e, essencialmente, uma história. Mas, no tocante à doutrina cristã, também ela enquanto tal não é desprovida de história, depressa alcançou necessariamente o seu desenvolvimento e obteve a sua versão definida, e esta antiga confissão de fé conservou a sua validade para todas as épocas e deve, ainda hoje, permanecer invariável como a verdade, mesmo que tal validade doravante nada mais fosse do que uma aparência e as palavras uma fórmula vazia. O âmbito mais vasto da história desta doutrina, porém, compreende apenas dois elementos: por um lado, os mais variados aditamentos e desvios em relação àquela firme verdade; por outro, a luta contra semelhantes desvios e a depuração do fundamento permanente de todos os aditamentos, e o regresso à simplicidade originária.

Tal como a religião, também as outras ciências, inclusive a filosofia, possuem uma história externa. A filosofia tem uma história da sua origem, da sua difusão, do seu florescimento, da sua decadência e do seu renascimento; além disso, uma história dos seus mestres, dos seus promotores e também dos seus adversários; de igual modo ainda, uma história das suas relações externas mais frequentes com a religião e, por vezes, também com o Estado. Este aspecto da sua história suscita também questões interessantes; entre outras, como explicar o fenómeno de que a filosofia, que é a doutrina da verdade absoluta, surja limitada a um número relativamente exíguo de indivíduos, de povos e de períodos de tempo particulares? De modo análogo, em relação ao Cristianismo, verdade expressa numa forma muito mais universal do que acontece na forma filosófica, levantou-se a dificuldade de se não encerrará em si uma contradição o facto de tal religião ter surgido tão tarde no tempo e de, durante tantos séculos e ainda hoje em dia, ter permanecido confinada a povos particulares. Estas e outras questões semelhantes, porém, são de natureza demasiado peculiar para poderem depender da contradição geral aduzida; e só quando tivermos aflorado mais profundamente a natureza específica do conhecimento filosófico, poderemos indagar com maior pormenor os aspectos que mais se relacionam com a existência e a história externa da filosofia.

Mas, no tocante ao confronto entre a história da religião e a história da filosofia quanto ao conteúdo interno, não se atribui à última, como acontece na religião, uma verdade firmemente estabelecida desde o início como conteúdo, que, enquanto imutável, se subtrairia a história. Mas o conteúdo do Cristianismo, que é a verdade, permaneceu enquanto tal invariável e, portanto, não tem história ou a sua história é quase nula. Na religião, por conseguinte, a contradição aflorada está ausente graças à determinação fundamental pela qual ela é Cristianismo. Os desvios e aditamentos, porém, não constituem dificuldade alguma; são algo de mutável e, segundo a sua natureza, algo de inteiramente histórico.

As outras ciências têm decerto também uma história, de acordo com o seu conteúdo. Uma tal história contém, sem dúvida, também uma parte que refere as variações desse conteúdo, o abandono de proposições que antes tiveram validade. Mas grande parte, talvez até a maior parte, do conteúdo conservou-se; e a inovação que surgiu não é uma modificação da aquisição anterior, mas um seu adita-mento e ampliação. Estas ciências progridem por justaposição. Sem dúvida, muita coisa no progresso da Mineralogia, da Botânica, etc., refere-se a elementos precedentes; a maior parte, porém, mantém-se e enriquece-se sem qualquer modificação mediante as novidades que vão surgindo. Numa ciência como a matemática, a história, no tocante ao conteúdo, tem sobretudo a operação agradável de registar acréscimos, e a Geometria Elementar, por exemplo,no âmbito que Euclides descreveu e a partir dele, pode considerar--se como ciência desprovida de história.

Pelo contrário, a história da filosofia não mostra nem a permanência de um conteúdo simples sem adições, nem o processo de um desenvolvimento pacífico de novos tesouros nos já adquiridos; mas antes parece oferecer o espectáculo apenas de modificações do todo que sempre se renovam, que por fim deixam também de ter por vínculo comum a simples meta. Pelo contrário, é o próprio objecto abstracto, o conhecimento racional, que se desvanece, e o edifício da ciência deve finalmente partilhar com o sítio deserto a pretensão e o nome doravante fútil da filosofia.

II
INTRODUÇÃO

Redação de Berlim
(Iniciada a 24 de Outubro de 1820)

Meus senhores! Estas lições têm como objecto a *história* da filosofia. O que esta história nos expõe é a *série dos espíritos nobres*, a galeria dos heróis da razão pensante que, pela força desta *razão*, *penetraram* na essência das coisas, da Natureza e do Espírito, na essência de Deus, e para nós elaboraram o mais elevado tesouro, *o tesouro do conhecimento racional*. O que historicamente somos, a posse que nos pertence a nós e ao mundo actual não surgiu imediatamente e brotou apenas a partir do solo *da actualidade;* semelhante posse é a herança e o *resultado do trabalho* e, claro está, do trabalho de todas as gerações anteriores do género humano. Assim como as artes da vida exterior, a quantidade de meios e de habilidades, as instituições e hábitos da convivência social e da vida política são um *resultado* da reflexão, da invenção, da desdita, da indigência e da esperteza da história anterior ao nosso presente, assim o que somos na ciência e mais precisamente na filosofia deve tributar-se *à tradição* que, através de tudo o que é mutável e o que, por conseguinte, se desvaneceu, se entrelaça como uma cadeia sagrada e nos conserva e transmite o que o mundo precedente produziu. Semelhante tradição, porém, não é apenas como uma *governanta* que guarda *fielmente* só o que recebeu, estátuas, por exemplo, e assim o mantém e transmite *sem modificação* aos descendentes, da mesma maneira que o *decurso da natureza*, na infinita modificação e actividades das suas configurações e formas, persiste unicamente sempre nas leis originárias e não faz qualquer progresso; mas a *tradição* do que o mundo espiritual suscitou na esfera do espírito aumenta como uma *torrente poderosa* e avoluma--se à medida que avança *para lá da sua origem*. Com efeito, o conteúdo da tradição é *de natureza espiritual*, e o *Espírito universal não permanece parado*. Pode muito bem acontecer que, numa nação singular, a sua cultura, arte, ciência, a sua capacidade espiritual em geral, permaneça *estática*, como, por exemplo, parece ser o caso dos chineses, que há dois mil anos já em tudo tinham chegado ao ponto em que agora se encontram. Mas o Espírito do mundo não mergulha nesta *tranquilidade* indiferente, e isso assenta na sua natureza simples. A sua vida é acção; e a acção tem diante de si um material a que se dirige, que ela *elabora* e remodela. O que cada geração suscitou em ciência, em produção espiritual, é o que herda a geração seguinte; constitui a sua alma, a sua substância espiritual, como algo de habitual, os seus princípios e preconceitos, a sua riqueza; mas é ao mesmo tempo para ela um legado recebido, um *material* à mão. Assim, porque ela própria é vida e actividade espiritual, elabora o que apenas foi *recebido*, e o material elaborado tornou-se deste modo mais rico. Importa, pois, *apreender* primeiro a nossa posição e também a ciência já pronta, apropriar-nos delas e, em seguida, *dar-lhes forma*. O que produzimos pressupõe essencialmente *algo de disponível*; o que a nossa filosofia é existe essencialmente apenas *nesta conexão* e brotou necessariamente dela. A *história* é o que nos expõe, não o devir de coisas estranhas, mas o *nosso devir*, o devir da nossa ciência.

A elucidação mais minuciosa da proposição aqui estabelecida constituirá a *introdução* à história da filosofia — uma elucidação que deve conter e proporcionar o *conceito* da história da filosofia, o seu *significado e interesse*. Na exposição de uma outra história, por exemplo, a história política, podemos dispensar-nos de discutir o *conceito* antes do tratamento da história; o que em semelhante abordagem acontece corresponde mais ou menos ao que na representação habitual, e já universalmente disponível, se tem da *história* e, portanto, se pode pressupor. Mas história e filosofia aparecem já de per si, segundo a con-cepção habitual, como determinações muito heterogéneas.

A *filosofia* é a ciência dos pensamentos necessários cuja essencial conexão e sistema é o conhecimento do que é verdadeiro e, portanto, eterno e imperecível; pelo contrário, a *história* tem a ver, segundo a concepção mais imediata que dela se possui, com o que aconteceu e, portanto, com o casual, o efémero e o passado. A conexão destas duas coisas tão heterogéneas, associadas a outras representações altamente superficiais de cada uma de per si, sobretudo acerca da filosofia, arrastam, além disso, consigo, concepções *tão equívocas e falsas* que é necessário referi-las previamente para que não dificultem, mais ainda, não impossibilitem a compreensão do que se deve tratar.

Proponho, antes de mais, uma introdução:

a) Sobre o *conceito* e a *determinação da história da filosofia;* desta discussão tirar-se-ão ao mesmo tempo as *consequências* para o modo de tratamento.

b) Em segundo lugar, estabelecerei o conceito de filosofia para saber o que é que iremos distinguir e extrair para nós entre o material infinitamente diverso e os múltiplos lados da cultura espiritual dos povos. Além disso, a religião e os *pensamentos* a seu respeito e sobre o Estado, os deveres e as leis – a propósito de todos estes pensamentos pode ser-se da opinião de que eles devem ser objecto de consideração na história da filosofia. A que é que se não deu o nome de filosofia e de filosofar? Devemos delimitar categoricamente o nosso campo e excluir dele o que não pertence à filosofia. Com a especificação do que é filosofia, adquirimos também apenas *o ponto de partida* da sua história.

c) Além disso, surgirá então a divisão dos períodos desta hitória – divisão que deve mostrar o todo como um progresso racional, como um todo organicamente progressivo. A filosofia é conhecimento racional, a história do seu desenvolvmento deve também ser algo de racional; a própria história da filosofia deve ser filosófica.

d) Por fim, falarei das *fontes* da história da filosofia.

I. O Conceito e a Determinação da História da Filosofia

Apresentam-se logo aqui as habituais concepções superficiais sobre esta história, que importa mencionar e referir. À primeira vista, a *história* tem de incluir a narração de *acontecimentos contingentes* das épocas, dos povos e dos indivíduos — contingentes, em parte, segundo a sua sucessão temporal; em parte, segundo o seu conteúdo. Da contingência quanto à ordem cronológica há-de falar-se posteriormente. O conceito com que primeiro temos de lidar diz respeito à *contingência do conteúdo*. Mas o conteúdo que a filosofia possui não são acções e dados extrínsecos das paixões e do acaso; são *pensamentos*. Pensamentos contingentes, porém, nada mais são do que *opiniões*, e *opiniões filosóficas* são as opiniões a propósito do conteúdo mais bem determinado e dos objectos peculiares à filosofia, acerca de Deus, da Natureza e do Espírito.

Vamos assim, pois, chocar de imediato com a convicção muito habitual acerca da história da filosofia, a saber, que ela deve expor o *magote das opiniões filosóficas*, tal como se produziram e expuseram no tempo. Se se falar com indulgência, dá-se a este material o nome de opiniões; se se julgar que é possível expressá-las com um juízo mais sólido, então chama-se a esta história uma *galeria* das tolices ou, pelo menos, dos *desvios* do homem que se absorveu no pensar e nos simples conceitos. Pode ouvir-se semelhante parecer não apenas dos que confessam a sua ignorância em filosofia — confessam-na, pois tal ignorância não deve, segundo a concepção comum, ser um obstáculo para emitir um juízo sobre o que se passa na filosofia; pelo contrário, cada qual está seguro de poder julgar acerca do seu valor e natureza, sem nada dela compreender; esse mesmo parecer pode ouvir-se ainda dos que escrevem ou escreveram história da filosofia. Semelhante história, enquanto relato de toda a sorte de opiniões, torna-se deste modo afazer de uma curiosidade ociosa ou, se se quiser, um interesse de *erudição*; com efeito, a erudição consiste sobretudo em saber uma multidão de *coisas inúteis*, isto é, coisas que, por outro lado, não têm em si mesmas nenhum outro conteúdo e interesse a não ser o *conhecimento* das mesmas. No entanto, se se pensar ao mesmo tempo que há utilidade em conhecer também as diferentes opiniões e pensamentos de outros, isso move a força do pensamento e induz a muitos pensamentos bons, isto é, leva porventura a obter de novo uma opinião, e a ciência consiste assim em tecer opiniões a partir de opiniões.

Segundo um outro aspecto, porém, com essa concepção está conexa uma outra consequência, com que se separa. A saber, no espectáculo de *tão múltiplas opiniões*, de sistemas filosóficos tão diversos, cai-se no embaraço de a qual deles aderir; vê-se que, a propósito das grandes matérias a que o homem se sente chamado, e cujo conhecimento a filosofia queria garantir, os grandes espíritos se *enganaram*, porque foram refutados por outros. Se tal aconteceu a grandes espíritos, como é que *ego homuncio** devo aqui tomar uma decisão? Esta consequência, que se tira da diversidade dos sistemas filosóficos, é, como se julga, o *dano no assunto*, mas ao mesmo tempo é também um *benefício subjectivo*; com efeito, tal diversidade é o pretexto habitual dos que querem dar a aparência de se interessar pela filosofia, e nesta pretensa boa vontade, mais ainda, na admitida necessidade do esforço em vista de tal ciência, a descuram de facto por completo. Mas a heterogeneidade dos sistemas filosóficos está muito longe de se tomar por um simples pretexto; passa antes por um motivo sério e verdadeiro, em parte contra a seriedade que o filosofar faz da sua ocupação, como uma justificação para não lidar com ela, e como uma instância irrefutável sobre a inutilidade da tentativa de querer alcançar o conhecimento filosófico da verdade. Mas, se se conceder que a filosofia deve ser uma ciência efectiva, e que uma filosofia será decerto a verdadeira, então surge a questão: qual? Em que é que ela se reconhecerá? Cada qual assevera que é a verdadeira; cada qual proporciona outros indícios e critérios em que se deve reconhecer a verdade; um pensar sensato e circunspecto deve, pois, hesitar em decidir-se.

A propósito destes pareceres muito correntes que, sem dúvida, meus senhores, também são do vosso conhecimento – pois são, com efeito, as reflexões mais imediatas que podem passar pela cabeça na primeira noção simples de uma história da filosofia – é que pretendo expressar com brevidade algo de necessário, e a elucidação acerca da diversidade da filosofia introduzir-nos-á, em seguida, no próprio assunto.

Antes de mais, no tocante à noção de que a história *da filosofia* organiza uma galeria *de opiniões* – a saber, sobre Deus e sobre a essência das coisas naturais e espirituais – ela seria uma ciência muito supérflua e entediosa, se apenas fizesse isso – por maior que fosse a utilidade derivada do exercício do pensamento e da erudição. Que pode haver de mais inútil e de mais aborrecido do que aplicar-se a conhecer uma sequência de simples opiniões? Obras literárias, que são histórias da filosofia no sentido de que expõem e tratam as ideias da filosofia

---

* Cf. Terêncio, *Enn.* 3, 5.40 («eu, um homenzinho»)..

como se fossem opiniões, deixam logo transparecer como nelas tudo é árido e sem interesse. Uma opinião é uma *representação subjectiva*, um pensamento arbitrário, uma fantasia que eu posso ter assim ou assado, e os outros de um modo diferente. Uma *opinião* é coisa *minha*; nunca é um pensamento em si universal, que é em si e por si. Mas a filosofia não contém opinião alguma; não há opiniões filosóficas. Nota-se logo a falta de *formação primordial* num homem, ainda mesmo que se trate de um historiador de filosofia, quando ele fala de opiniões filosóficas. A filosofia é a ciência objectiva da verdade, a ciência da sua necessidade; é o conhecer por conceitos, não é um opinar e um urdir opiniões.

Mas, *antes de mais*, é certamente um facto assaz estabelecido que há e houve diferentes filosofias. *A verdade, porém, é uma só*; o instinto da razão tem este sentimento ou fé insuperável. Por conseguinte, também só *uma* filosofia pode ser verdadeira. E porque elas são tão diferentes, as restantes devem então, conclui-se, ser apenas *erros*. Mas cada qual assevera, defende e demonstra ser aquela *única*. Eis uma argumentação habitual e uma intelecção do pensar *prosaico* que parece correcta. Ora, no tocante ao prosaísmo do pensar e a este tópico, sabemos por experiência quotidiana a propósito de tal prosaísmo que, quando somos triviais, nos sentimos assim ou logo famintos. Mas semelhante pensar prosaico não tem o talento e a habilidade de passar da sua trivialidade à fome, à ânsia, mas de em si estar e permanecer saciado. O pensar que fala aquela linguagem denuncia-se deste modo como entendimento *morto*, pois unicamente o morto é trivial e é e permanece ao mesmo tempo saciado. A vitalidade física, porém, como também a vida do espírito, não fica satisfeita com a banalidade, mas é impulso, avança na fome e na sede para a verdade, para o conhecimento da mesma, insiste na satisfação de tal impulso e não se deixa, como aquela, contentar e saciar com semelhantes reflexões.

Mas o que há a dizer em pormenor sobre esta reflexão seria já, antes de mais, que, por diferentes que sejam as filosofias, elas teriam no entanto o *elemento comum* de ser *filosofia*. Seja quem for, pois, que estude ou se ocupe de uma filosofia, se de outra forma é uma filosofia, ocupa-se assim, no entanto, de filosofia. Ao pretexto e à argumentação, que se atém à simples diversidade e, por repugnância ou medo perante a ou por causa da particularidade em que há efectivamente algo de universal, não querem apreender ou reconhecer tal universalidade, comparei-

-os algures* a um doente (pedante), a quem o médico aconselha a comer fruta e a quem se oferecem cerejas, ou ameixas, ou uvas, mas que no pedantismo do entendimento não apreende, pois nenhum destes frutos é *fruta*, mas cerejas, ou ameixas, ou uvas.

Importa, porém, essencialmente ter ainda uma compreensão mais profunda do que há com esta *diversidade* dos sistemas filosóficos; o conhecimento filosófico do que é verdade e filosofia permite ainda conhecer semelhante diversidade enquanto tal num sentido *inteiramento diverso* da oposição abstracta entre *verdade e erro*. A elucidação a este respeito abrir-nos-á a significação de toda a história da filosofia.

Mas em prol de semelhante elucidação é necessário falar a partir da *ideia* da *natureza da verdade* e deduzir sobre ela um número de proposições, que aqui não se podem provar. É somente possível torná-las *claras* e *compreensíveis*. A convicção a seu respeito e a fundamentação mais próxima não pode aqui efectuar-se, mas a intenção é apenas tornar-Vos com ela *historicamente* familiarizados; conhecê-la a ela mesma como verdadeira e fundamentada — eis o afazer da filosofia.

Por conseguinte, entre os conceitos aqui brevemente antepostos, encontra-se a primeira proposição, já antes aduzida, a saber, que *a verdade é apenas uma só*. O que formalmente incumbe em geral à nossa consciência pensante é, no sentido mais profundo, o ponto de partida e a meta da filosofia, conhecer esta *única* verdade, mas concebê-la *ao mesmo tempo* como a *fonte de que tudo o mais apenas decorre,* todas as leis da natureza, todos fenómenos da vida e da consciência, e da qual são apenas reflexos — ou reconduzir a essa fonte *única* de modo aparentemente inverso todas estas leis e fenómenos para, a partir dela, os compreender, isto é, reconhecer a partir daí a sua derivação.

α) Mas a proposição de que a verdade é apenas *uma só* é ela própria ainda abstracta e formal; e o mais essencial é, pelo contrário, conhecer que a verdade única não é apenas uma *simples* noção ou proposição *abstracta;* antes, é algo de *concreto* em si. Constitui um preconceito habitual pensar que a ciência filosófica tem apenas a ver com abstracções, universalidades vazias; que, pelo contrário, a intuição, a nossa autoconsciência empírica, o sentimento de si, o sentimento da

---

* *Enciclopédia* 1817 §8, 1827 §13.

vida é o concreto em si, o determinado e rico em si. Na realidade, a filosofia encontra-se *no âmbito do pensamento*; tem assim a ver com *universalidades*. O seu conteúdo é abstracto, mas só segundo a forma, segundo o elemento; em si mesma, porém, é a Ideia essencialmente *concreta, a unidade de determinações diversas*. É neste ponto que o conhecimento da razão se distingue do simples conhecimento intelectual, e o afazer do filosofar é mostrar, contra o entendimento, que o verdadeiro, a Ideia, não consiste em universalidades vazias, mas num universal que é em si mesmo o particular, o determinado. O que eu aqui disse pertence, pois, essencialmente àquilo de que primeiro afirmei que, antes de mais, deve ser aceite de um modo simplesmente histórico por aqueles que, mediante o estudo da filosofia, ainda com ela não estão familiarizados. Que a verdade *é uma só*, que a verdade conhecida de modo filosófico existe no elemento do pensamento, na forma da universalidade, eis para onde já se encaminha o instinto do pensar; isso é familiar ao nosso representar habitual. Mas que o próprio universal contenha em si a sua determinação, que a Ideia seja em si mesma unidade absoluta dos diversos – eis onde principia a proposição filosófica; por isso, a consciência ainda não dotada de conhecimento filosófico recua até aqui e diz que não *compreende* isto. Não compreende isto significa, antes de mais, que tal não se lhe depara ainda entre as suas representações e convicções habituais. No tocante à convicção, já se observou que não é aqui o lugar de a levar a cabo, de manifestar aquela determinação e de instruir a consciência para tal conhecimento. Mas é fácil *compreender* e concebê-lo na representação. *Vermelho* é, por exemplo, uma representação sensível abstracta; e quando a consciência ordinária fala de vermelho não intenta dizer que tem a ver com o abstracto; mas uma rosa, que é vermelha, é um vermelho concreto, é uma unidade de folhas, de forma, de cor, de odor, algo de vivo e borbotante em que se distinguem e isolam múltiplos elementos abstractos, que também se deixam destruir e dilacerar; e isto é, no entanto, na multiplicidade que o contém, *um* sujeito, *uma* Ideia. Pelo que a pura Ideia abstracta não é em si mesma algo de abstracto, simplicidade vazia, como o vermelho, mas uma flor, algo de em si concreto. Ou tomemos uma ilustração de uma determinação do pensamento, por exemplo, a proposição: A é A, o princípio da identidade, uma simplicidade inteiramente abstracta, um puro abstracto como tal, A é A; por conseguinte, não é determinação, diferença, especificação alguma; toda a determinação e conteúdo lhe deve vir a partir de fora; é forma vazia. Se, pelo contrário, vou até à determinação intelectual do *fundamento*, ela é já uma determinação em si concreta. Fundamento, os fundamentos, o essencial das coisas é igualmente o idêntico consigo, o que é em si, mas enquanto fundamento é ao mesmo tempo de tal modo determinado que é algo saindo de si, refere-se a algo por ele fundado. Por conseguinte, no conceito simples, reside não só o que constitui o fundamento, mas também o outro, que por ele é fundado; na causa encontra-se também o efeito. Algo que deveria ser fundamento e se assume sem o fundamentado não constitui fundamento algum; assim também algo que se deve determinar como causa, mas é sem o seu efeito, é somente uma coisa em geral, e não uma causa. O mesmo se passa com o efeito. Pelo que o concreto é não só o que contém a sua determinação única e imediata, mas também em si encerra a sua outra.

β) Após ter explicado deste modo a natureza do concreto em geral, acrescento agora, a propósito do seu significado, que o verdadeiro, em si mesmo assim determinado, tem o impulso para se *desenvolver*. Só o vivo, o espiritual, se move, se mexe em si, se desenvolve. A Ideia é, pois, desdobrando-se a si ou em si concretamente, um sistema orgânico, uma totalidade, que contém em si uma *riqueza de estádios e momentos*.

γ) A filosofia é, pois, de per si o conhecimento de tal desenvolvimento e, enquanto pensar conceptual, é ela própria este desenvol-vimento pensante. Quanto mais viçoso é semelhante desen-volvimento, tanto mais perfeita é a filosofia.

Além disso, tal desenvolvimento não vai para fora como para a exterioridade, mas a apartação no desenvolvimento é também um ir para-dentro; quer dizer, a Ideia universal permanece como fundamento e continua a ser o omni-englobante e o imutável.

Porque o sair da Ideia filosófica no seu desdobramento não é uma alteração, um tornar-se outro, mas constitui igualmente um entrar-em-si, um afundar-se em si, a progressão faz que a Ideia universal, antes mais indeterminada, se torne em si *mais determinada*. O ulterior desdobramento da Ideia ou a sua maior determinidade é uma só e mesma coisa. Aqui, o que é mais extensivo é também o mais intensivo. A extensão enquanto desenvolvimento não é uma dispersão e separação, mas de igual modo uma consolidação, que é tanto mais poderosa e intensiva quanto mais rica e ampla é a expansão, o que é consolidado.

São estas as proposições abstractas acerca da natureza da Ideia e do seu desenvolvimento. Assim se encontra em si mesma constituída a filosofia ilustrada. É *uma* Ideia no todo e em todos os seus membros, do mesmo modo que num indivíduo vivo palpita, em todos os membros, *uma* vida e se ouve *uma* pulsação. Todas as partes que nela sobressaem e a sistematização das mesmas provêm da Ideia única; todas estas especificações constituem ,somente espelhos e cópias de *uma* vitalidade; têm a sua realidade efectiva unicamente nesta unidade, e as suas diferenças, as suas diversas determinidades são em conjunto apenas a expressão e a *forma* contida *na Ideia*. Pelo que a Ideia é o centro, que é ao mesmo tempo a periferia, a fonte luminosa, que em todas as suas expansões não vai para fora de si, mas em si permanece presente e imanente; portanto, ela é o sistema da necessidade e da *sua própria* necessidade, que é assim igualmente a sua liberdade.

Pelo que a filosofia é sistema em desdobramento; igualmente o é também a história da filosofia, e este é o ponto central, o conceito fundamental, que esta abordagem da história irá expor.

Para esclarecer isto, importa primeiramente tornar perceptível a diferença no tocante ao modo de manifestação que pode ocorrer. A emergência dos diversos estádios na progressão do pensamento pode ocorrer com a consciência da necessidade, segundo a qual se origina cada uma das seguintes, e segundo a qual apenas pode despontar *esta* determinação e forma – ou pode acontecer sem tal consciência, segundo o modo de um brotar natural, de aparência fortuita, de maneira que *interiormente* o conceito actua, sem dúvida, segundo a sua consequência, esta consequência, porém, não se exprime, como na natureza no estádio do desenvolvimento (do tronco) dos ramos, das folhas, das flores, do fruto, cada qual advém por si, mas a Ideia intrínseca é o elemento condutor e determinante desta sequência; ou como na criança se vêm a manifestar sucessivamente os poderes corporais e, sobretudo, as actividades espirituais, de um modo simples e despreocupado a tal ponto que os pais, que pela primeira vez fazem semelhante experiência, como que vêem diante de si um milagre, onde tudo de per si provém de dentro onde estava e agora se mostra, e toda a sequência destas manifestações tem apenas a figura da sucessão no tempo.

Expor o único modo de tal processão, a derivação das configurações, a necessidade pensada e reconhecida das determinações é a tarefa e o afazer da filosofia; e porque é a Ideia pura que aqui interessa, e não ainda a ulterior configuração particularizada da mesma enquanto natureza e como espírito, semelhante exposição é principalmente a tarefa e o afazer da filosofia *lógica*.

Mas o outro modo de os diferentes estádios e momentos evolucionários no tempo sobressaírem à maneira do acontecimento e em lugares particulares, neste ou naquele povo, sob estas circunstâncias políticas e em determinados entretecimentos com as mesmas, em suma, sob *determinada forma empírica*, eis o *espectáculo* que a história da filosofia nos patenteia.

É esta a única visão digna de tal ciência; é em si a verdadeira, graças ao conceito da coisa; e que ela, segundo a realidade efectiva, também se mostra e se comprova é o que resulta mediante o estudo desta própria história.

Segundo tal Ideia, afirmo agora que a sucessão dos sistemas da filosofia *na história* é a *mesma* que a *sucessão na derivação lógica* das determinações conceptuais da Ideia. Afirmo que, se se manejarem puramente os *conceitos fundamentais* dos sistemas que aparecem na história da filosofia, despojados de tudo o que concerne à sua configuração externa, à sua aplicação ao particular e coisas semelhantes, se obtêm os diferentes estádios da determinação da própria Ideia no seu conceito lógico. *Inversamente,* tomando a progressão lógica de per si, tem-se nela, segundo os seus momentos principais, a progressão das manifestações históricas; mas importa, sem dúvida, saber *reconhecer* estes conceitos puros naquilo que a figura histórica contém. Além disso, a sequência, enquanto sucessão da história, *distingue-se* também, segundo um aspecto, da sequência na ordem dos conceitos. Mostrar onde reside tal aspecto, expô-lo com maior pormenor afastar-nos-ia, porém, para demasiado longe do nosso fim. Observo apenas que, à luz do que se disse, *o próprio estudo da história da filosofia é estudo da filosofia,* como aliás não pode ser de outro modo. Quem investiga a história da física, da matemática, etc., familiariza--se assim também com a própria física, a matemática, etc. Mas para reconhecer a sua progressão como desenvolvimento da Ideia na figura e na manifestação empíricas em que a filosofia historicamente aparece, é preciso, sem dúvida, já trazer consigo *o conhecimento da Ideia,* do mesmo modo que para a apreciação das acções humanas importa trazer consigo os conceitos do que é justo e conveniente. De outro modo, como vemos em tantas histórias da filosofia, oferece-se ao olhar desprovido de Ideia apenas um montão desordenado de opiniões. Mostrar-lhes esta Ideia, por conseguinte, elucidar as manifestações, eis a tarefa de quem expõe a história da filosofia. Porque o observador já deve trazer consigo o conceito da coisa, a fim de o poder divisar na manifestação dela e interpretar verdadeiramente o objecto, não devemos, pois, admirar-nos de haver tantas histórias da filosofia insípidas, de nelas se representar a série dos sistemas filosóficos como uma sucessão de simples opiniões, erros, jogos de pensamento – jogos de pensamento, que se teceram decerto com grande esforço de penetração, com coragem do espírito e tudo o que se diz como cumprimento acerca do elemento formal dos mesmos. Na ausência do espírito filosófico, que tais historiadores ostentam, como poderiam eles conceber e expor o que é o pensar racional?

A partir do que se aduziu a propósito da natureza formal da Ideia, a saber, que apenas uma história da filosofia, concebida como semelhante sistema do desdobramento da Ideia, merece *o nome de uma ciência*, tornou-se claro que uma colectânea de conhecimentos não constitui ciência alguma. Só enquanto sequência (estabelecida pela razão) das manifestações que têm por conteúdo o que a própria razão é e o desvelam a que esta história da filosofia se patenteia é como algo de racional, e mostra que é um dado racional. Como é que tudo o que ocorre nos assuntos da razão não deveria ser racional? Deve já constituir uma fé racional que nas coisas humanas não domina o acaso; e justamente o fito da filosofia é reconhecer que, por a sua própria manifestação ser a história, ela é determinada unicamente pela Ideia.

Consideremos agora os conceitos universais antepostos numa mais precisa aplicação à história da filosofia – numa aplicação que nos porá diante dos olhos os pontos de vista mais significativos de tal história.

A questão mais imediata, que sobre ela se pode fazer, diz respeito à diferença da manifestação da própria Ideia, que acabou de se fazer, a questão de que porque é que a filosofia surge como um desenvolvimento *no tempo* e tem uma história. A resposta a semelhante questão interfere com a metafísica *do tempo;* e seria um desvio do fim que aqui constitui o nosso objecto, se agora se aduzisse algo mais do que os simples momentos que nos importam na resposta à questão levantada.

Já acima se alegou, a propósito da essência do espírito, que o seu ser é a sua acção. A natureza *é como é;* e as suas modificações são, por isso, apenas *repetições,* o seu movimento é simplesmente um curso circular. Mais em pormenor, a acção do espírito é *conhecer-se*. Eu sou; imediatamente, porém, sou apenas como organismo vivo; enquanto espírito, só sou na medida em que me conheço – γνῶθι σεαυτόν, *conhece-te a ti mesmo*, a inscrição sobre o templo do Deus do Conhecimento em Delfos é o mandamento absoluto, que exprime a natureza do espírito. Mas a consciência contém essencialmente o seguinte: existo *para mim*, sou para mim *objecto*. Com este juízo absoluto, com a distinção de mim em relação a mim próprio, é que o espírito se constitui como ser determinado, se põe a si como *exterior* a si mesmo; põe-se na *exterioridade*, que é justamente o modo universal e distintivo da existência da natureza. Mas um dos modos da exterioridade é *o tempo*, forma essa que deve obter a sua discussão mais precisa tanto na filosofia da natureza como do espírito finito.

O *ser determinado* e, por conseguinte, o ser-no-tempo é um momento não só da consciência individual em geral, que como tal é essencialmente finita, mas também do desenvolvimento da Ideia filosófica no elemento do pensar. Com efeito, a Ideia, pensada no seu repouso, é por certo intemporal; pensá-la no seu repouso é retê-la na figura da imediatidade, é equivalente à intuição *interna* da mesma. A Ideia, porém, enquanto concreta, enquanto unidade de diversos, como acima se aduziu, não é essencialmente intuição, mas enquanto diferença em si e, portanto, desdobramento, entra na existência em si mesma e na exterioridade no elemento do pensar; e assim aparece no pensar a filosofia pura como uma existência que progride no tempo. Mas também este elemento do pensar é abstracto, é a actividade de uma consciência individual. O espírito, porém, não existe somente como consciência individual, finita, mas como espírito em si universal e concreto. Mas esta universalidadede concreta abrange todos os modos e aspectos envolvidos em que ele é e se torna para si objecto conforme a Ideia. Pelo que esta sua apreensão pensante de si é ao mesmo tempo a progressão levada a cabo pela realidade efectiva envolvida e total – progressão essa, que não atravessa o pensar de um indivíduo e se expõe numa consciência individual, mas surge como o espírito universal que se apresenta na riqueza da sua configuração na história universal. Acontece, pois, que em semelhante desenvolvimento vem à consciência uma forma, um estádio da Ideia num povo, de modo que *esse* povo e *essa* época exprimem apenas a forma dentro da qual organiza para si o seu universo e elabora a sua situação; em contrapartida, o estádio superior abre-se séculos depois num outro povo.

II. Conceito de Filosofia

A história da filosofia deve expor esta ciência na figura do tempo e das individualidades, de que promanaram as imagens das mesmas. Por isso, *semelhante exposição* deve excluir de si *a história externa* do tempo e recordar unicamente o carácter universal do povo e da época e a sua situação geral. Mas, na realidade, a própria *história da filosofia* expõe este *carácter* e representa por certo *o seu cume mais alto*. Encontra-se com ele na mais íntima conexão, e a figura determinada da filosofia, que pertence a uma época, é ela própria apenas um lado, um momento da mesma. É em virtude deste contacto íntimo que importa considerar com maior pormenor, por um lado, qual a relação que ela tem com as suas circunstâncias históricas e, por outro, sobretudo que peculiaridade é a sua, para a qual pois, abstraindo de tudo o que lhe é muito afim, se deve dirigir somente a atenção.

A. *A figura determinada de uma filosofia* não é, pois, apenas *contemporânea* de uma *determinada* figura do povo em cujo seio emerge, da sua constituição e forma de governo, da sua eticidade e vida social, das suas destrezas, hábitos e conveniências, das suas indagações e trabalhos na arte e na ciência, das suas religiões, das suas relações bélicas e exteriores em geral, da decadência dos Estados em que *este princípio determinado* se fez valer, e da origem e ascensão de novos Estados em que um princípio superior encontra a sua génese e desenvolvimento. O espírito elaborou e difundiu de cada vez o princípio do estádio determinado da sua autoconsciência na riqueza *total* da sua *multilateralidade*. É um espírito rico, o espírito de um povo, uma organização – uma catedral, que tem múltiplas abóbadas, naves, colunatas, átrios, compartimentos; tudo deve proceder de um todo, de um *fim*. De todos estes múltiplos lados a filosofia é *uma* forma, mas qual? – A filosofia é a mais elevada florescência, constitui o *conceito* da sua figura total, a consciência e a essência espiritual da sua situação global, *o espírito da época* enquanto *espírito* presente que a si mesmo se pensa. O todo multiforme reflecte-se nela enquanto *foco simples*, como seu conceito que a si se conhece.

É próprio α) de um certo estádio da formação espiritual que em geral *se filosofe*; começou-se a filosofar, após se ter provi-denciado à indigência da vida, diz Aristóteles*. A filosofia é um acto livre, não egoísta; livre, pois esvaneceu-se a angústia do desejo; é um fortalecimento, uma elevação e consolidação do espírito em si; uma espécie de luxo, justamente na medida em que o luxo caracteriza as satisfações e ocupações que já não pertencem à necessidade externa enquanto tal. O espírito de um povo conseguiu já livrar-se da apatia indiferente da primeira vida natural, e também do ponto de vista do interesse da paixão – de modo que a direcção para o singular se esgotou. Pode dizer-se que, quando em geral um povo se afasta da sua vida concreta, quando surge uma separação, uma diferença das ordens, se aproxima do seu declínio. Surge a indiferença perante a sua existência viva ou a insatisfação em relação à mesma; perante ela, há que refugiar-se nos espaços do pensamento**. Sócrates e Platão já não sentiam alegria alguma na vida política de Atenas. Platão tentou realizar uma melhor junto de Dionísio. Em Roma, a filosofia e a religião cristã difundiram-se sob o domínio dos imperadores romanos, nessa época de infelicidade do mundo, de declínio da vida política. A ciência e a filosofia modernas emergiram na vida europeia nos séculos XV e XVI, no declínio da vida medieval em que a religião cristã, a vida política burguesa e privada existiram na sua identidade.

β) Ao fim e ao cabo, porém, não surge só o tempo em que se filosofa em geral, mas num povo é uma filosofia determinada que se desvenda; e semelhante determinidade do ponto de vista do pensamento é a mesma *determinidade* que penetra todos os outros aspectos.

A relação da *história política* com a filosofia não é, pois, que ela seja a *causa* da filosofia. É *uma* essência determinada que penetra todos os lados e se exibe no político e também no outro como em elementos diferentes; é uma situação, que se enlaça em todas as suas partes, e por múltiplos e casuais que possam parecer os seus diferentes lados, estes não podem, no entanto, conter em si perante ela algo de contraditório. Mas mostrar como o espírito de uma época estampa

---
* *Metaf.* I, 2.
** Cf. o poema de Schiller: «Das Ideal und das Leben» («O Ideal e a Vida»).

toda a sua realidade efectiva e o seu destino na história segundo o seu princípio seria uma filosofia acerca da história em geral.

A nós, porém, interessam-nos somente as configurações que impregnam o princípio do Espírito num elemento espiritual afim à filosofia.

Precisamente, em parte segundo o seu *elemento*, em parte segundo *objectos* específicos, afim à história da filosofia é *a história das restantes ciências* e da cultura, sobretudo *a história da arte e da religião* que, por um lado, contêm a representação e o pensar em comum e, por outro, os objectos e representações universais, os pensamentos sobre estes objectos universais.

No tocante às *ciências particulares*, o conhecimento e o pensar constituem decerto o seu elemento, bem como o elemento da filosofia. Mas os seus objectos são antes de mais os objectos finitos e os fenómenos. Uma colectânea de tais conhecimentos acerca desse conteúdo está de per si excluída da filosofia; não lhe interessa nem este conteúdo nem semelhante forma. Mas se as ciências são sistemáticas e contêm princípios universais e leis e deles partem, referem-se a um círculo limitado de objectos. Tanto os fundamentos últimos como os próprios objectos são pressupostos, de modo que a experiência externa ou a sensibilidade do coração, o sentido natural ou cultivado pelo direito e pelo dever constituem a fonte donde são tirados. No seu método, pressupõem a lógica, as determinações e os fundamentos do pensar em geral.

Além disso, *as formas do pensamento*, *os pontos de vista e os princípios* que vigoram nas ciências e constituem o último apoio do seu restante material, não lhes são contudo peculiares, mas são propriedade comum da *cultura* de uma época e de um povo. A cultura consiste em geral nas representações e fins universais, no âmbito de *poderes espirituais* determinados, que regem a consciência e a vida. A nossa consciência possui tais representações, deixa-as vigorar como determinações últimas, move-se ao longo delas como seus nexos condutores, mas não os *conhece*; não as toma como objectos e interesses da sua reflexão. Demos um exemplo abstracto: toda a consciência possui e usa a determinação de pensamento inteiramente abstracta: ser. O sol *está* no céu, a uva *é* madura, e assim até ao infinito. Ou, numa cultura mais elevada, avança-se até à relação de causa e efeito, de força e da sua exteriorização, etc.; todo o seu saber e representar está entretecido e é governado por semelhante metafísica; esta constitui a rede em que se capta todo o material concreto, que a ocupa na sua acção e nos seus impulsos. Mas este tecido e os seus nós estão, na nossa consciência ordinária, imersos no material multi-estratificado que contém os nossos interesses conscientes e os objectos que temos diante dos olhos. Não se salientaram aqueles fios universais e se tornaram de per si objectos da nossa reflexão.

Em contrapartida, é com a *arte* e sobretudo com a *religião* que a filosofia tem conjuntamente por conteúdo os *objectos* inteiramente *universais*. São os modos em que a Ideia suprema existe para a consciência não filosófica, para a consciência sensitiva, intuitiva, representadora; e porque, segundo o tempo, no decurso da cultura, o fenómeno antecede a emergência da filosofia, importa mencionar essencialmente esta relação; e tem assim de inserir-se a estipulação para o início da história da filosofia, porque deve excluir o religioso e não começar por ele.

Nas *religiões*, os povos expressaram, sem dúvida, o modo como representavam a essência do mundo, a substância da natureza e do espírito e como era a relação do homem com a mesma. A *essência absoluta* é aqui *objecto* para a sua consciência; e, além disso, quando ao mesmo tempo consideramos esta determinação de objectalidade, para ela é em primeiro lugar como objecto o *outro*, um além longínquo, amistoso ou temível e hostil. Na devoção e no culto, o homem ab-roga semelhante oposição e eleva-se à consciência de unidade com a sua essência, o sentimento ou a confiança na graça de Deus. Se já na representação como, por exemplo, entre os gregos, tal essência é já em si e por si algo de amistoso, então o culto é unicamente a fruição de tal unidade. Ora, *esta essência é em geral a razão que é em si e para si*, a substância concreta universal, o espírito, cujo fundamento originário está objectivamente na consciência; constitui de igual modo uma representação do mesmo, em que não só há racionalidade em geral, mas na qual existe a racionalidade universal, infinita. (Já acima se recordou que se deve conceber primeiro a religião, tal como se concebe a filosofia, isto é, importa conhecê-la e reconhecê-la como racional. Com efeito, ela é a obra da razão que se revela, e constitui a sua obra mais elevada, mais racional.) São absurdas as concepções segundo as quais os sacerdotes inventaram em geral para o povo uma religião em vista da intrujice e do egoísmo, etc. É tão fútil quanto erróneo ver a religião como um afazer do arbítrio, da ilusão. Muitas vezes se abusou da religião – possibilidade essa que é uma consequência da sua situação externa e da sua existência temporal; mas porque ela é religião, pode, sem dúvida, apreender-se aqui e além nesta conexão externa ; é ela essencialmente que, pelo contrário, se sustém perante os fins finitos e os seus enredamentos, e constitui acima deles uma religião sublime. Semelhante *região do espírito* é antes *o santuário da própria verdade, o santuário em que se dilui a restante ilusão do mundo sensível, das representações e fins finitos, o campo da opinião e do arbítrio*. Sem dúvida, a este respeito está-se habituado à distinção entre *doutrina e lei divinas* e *confecção e invenção humanas* no sentido de que, na última, se condensa tudo o que na sua manifestação brota da consciência humana, da sua inteligência ou vontade, e tudo isso se contrapõe ao conhecimento relativo a Deus e às coisas divinas. Esta oposição e a depreciação do humano leva--se ainda mais longe porque porventura se ensina que a sabedoria de Deus se deve admirar na natureza, que a árvore na sua magnificência, a sementeira, o canto das aves, as demais forças e o cuidado caseiro dos animais se celebram como as obras de Deus; que por certo também nas coisas humanas se aponta para a sabedoria, a bondade e a justiça de Deus, não tanto, porém, nas instituições e leis humanas e nas acções suscitadas pela vontade e no curso do mundo quanto se alude sobretudo aos destinos humanos, isto é, ao que é extrínseco ao saber e à livre vontade e, por outro lado, casual, de maneira que este elemento extrínseco e contingente se considera de preferência como o que Deus faz; mas o lado essencial, que tem a sua raiz na vontade e na consciência moral, olha-se como aquilo que o homem leva a cabo. A concordância das condições, circunstâncias e acontecimentos exteriores com os fins do homem em geral é, sem dúvida, algo de superior; mas só o é porque há fins humanos, não fins naturais, como a vida de um pardal que encontra o seu alimento, etc., fins sobre cuja concordância se reflecte. Mas se nela se descobre como sublime o domínio de Deus sobre a natureza, que é então a vontade livre? Não é Ele quem domina sobre o espiritual ou, por ser também espiritual, o Senhor na esfera do espírito, e não seria o Senhor que impera sobre ou no espiritual mais sublime do que o Senhor que reina sobre ou na natureza? Mas a admiração de Deus nas coisas naturais enquanto tais, nas árvores, nos animais, em oposição ao humano, estará muito afastada da religião dos antigos egípcios, que tiveram nas íbis, nos gatos e cães, a sua consciência do divino, ou da miséria dos antigos e actuais indianos que ainda prestam honras divinas às vacas e aos macacos, e ponderaram escrupulosamente sobre a manutenção e a alimentação de semelhante gado e deixam os homens passar fome, e para quem subtrair-se à morte pela fome mediante o abate de tais animais ou apenas graças ao seu alimento seria um sacrilégio? *Cristo* fala a este respeito de outro modo (Mat. 6, 26-30): «Vede as *aves*» (entre as quais se contam também a íbis e o falcão) «no céu – *não sois vós muito mais do que elas*? – Se Deus veste assim a erva do campo que hoje é e amanhã se lança no forno, não há-de Ele *fazer muito mais por vós*?» A prioridade do homem, imagem de Deus, sobre o animal e a planta admitir-se-á decerto em si e por si; quando, porém, se pergunta onde se deve buscar e ver o divino, não se remete naquelas expressões para o principal, mas para o inferior. De igual modo, as coisas são muito diferentes em relação ao conhecimento de Deus, pois Cristo situa o conhecimento e a fé n'Ele não na admiração a partir das criaturas naturais, nem no espanto devido ao mencionado poder sobre elas, aos sinais e milagres, mas no testemunho do espírito.

O [elemento] racional, tal como é conteúdo essencial das religiões, poderia aparentemente extrair-se, acentuar-se e representar-se como série histórica de *filosofemas*. Mas a *forma* como semelhante conteúdo está presente na religião é diversa daquela como ele existe na filosofia e, por isso, uma história da filosofia é necessariamente diferente de uma história da religião. Porque ambas têm entre si uma afinidade profunda, constitui uma antiga tradição, na histó-ria da filosofia, aduzir uma filosofia persa, indiana, etc. – hábito esse que, em parte, ainda se mantém em todas as histórias da filosofia. É também uma lenda muito difundida por toda a parte que, por exemplo, Pitágoras foi buscar a sua filosofia à Índia e ao Egipto; a fama da sabedoria de tais povos, que, segundo se julga, também em si contém filosofia, é uma fama antiga. Além disso, as concepções e os cultos orientais, que, na época do Império Romano, penetraram no Ocidente, têm igualmente o nome de filosofia oriental. Se, no mundo cristão, a religião cristã e a filosofia se consideram mais especificamente como separadas, em contrapartida, na Antiguidade Oriental, religião e filosofia olham-se sobretudo como ligadas, no sentido de que o conteúdo está presente na forma em que ele é filosofia. Dada a facilidade de tais concepções e a fim de se ter uma fronteira mais definida para o procedimento da história da filosofia perante as representações religiosas, será conveniente tecer algumas considerações mais específicas sobre a forma que distingue as representações religiosas dos filosofemas.

Mas a forma pela qual o conteúdo universal pertence em si e por si primeiramente à filosofia é a forma do pensar, a forma do universal. Na religião, porém, semelhante conteúdo é, mediante a arte, para a intuição externa e imediata, em seguida, para a representação e a sensação. O *significado* é para o ânimo sensível; ele é o testemunho do espírito, que compreende tal conteúdo.

Para tornar isto mais claro, importa recordar a diferença entre o que somos e temos e o modo como o sabemos, isto é, o modo como o conhecemos, isto é, o temos como objecto. Esta diferença é o infinitamente importante, aquilo de que apenas se trata na cultura dos povos e dos indivíduos, e que acima surgiu como a diferença do desenvolvimento. Somos homens e temos razão; o que em geral é humano e racional ressoa em nós, no nosso sentimento, no nosso ânimo e coração, na nossa subjectividade. Esta ressonância, este movimento preciso é aquilo em que um conteúdo é em geral nosso e surge como nosso; a multiplicidade de determinações que ele contém está concentrada e envolvida nesta interioridade – uma urdidura baça do espírito em si, na substancialidade universal. O conteúdo é assim imediatamente idêntico à certeza simples, abstracta de nós mesmos, à autoconsciência. Mas o espírito, por ser espírito, é também essencialmente *consciência*. A compactidade fechada no seu si mesmo simples deve tornar-se *objectal*; deve vir ao *conhecimento*. E é no modo de tal objectalidade, no modo da consciência, que reside toda a diferença. Este modo estende-se desde a expressão simples da opacidade da própria sensação até à forma mais objectiva, em si e para si objectiva, ao pensar. A objectividade mais simples, mais formal, é a expressão e o nome para a sensação e para a disposição que lhe é consentânea, assim como soa: *devoção, oração*, etc.. «Oremos, concentremo-nos na devoção», etc., é a recolecção simples de tal sensação. Mas *«pensemos em Deus»*, por exemplo, já expressa algo mais; exprime o *conteúdo* absoluto, englobante, do sentimento substancial, o *objecto* que é diferente da sensação enquanto movimento subjectivo e autoconsciente, ou que é o *conteúdo* distinto de tal movimento enquanto forma. Mas este objecto, englobando decerto em si todo o conteúdo substancial, ainda é involuto e plenamente indeterminado. Mas desdobrar o seu conteúdo, conceber, expressar e trazer à consciência as relações daí resultantes constitui a origem, a génese e a revelação da religião. A forma em que este conteúdo desdobrado obtém primeiramente objectalidade é a da intuição imediata, da representação sensível, ou de uma representação mais especificamente determinada, tirada dos fenómenos e condições naturais físicas ou espirituais. A arte serve de medianeira a esta consciência, por dar consistência e consolidação à aparência fugidia, com que a objectalidade passa na sensação; a pedra sagrada informe, o simples lugar ou aquilo a que se liga antes de mais a necessidade da objectalidade recebe da arte figura, traços, *determinidade* e *conteúdo* específico, que pode *saber-se*, e está agora presente como objecto para a consciência. A arte tornou-se, pois, a mestra dos povos como, por exemplo, em Homero e Hesíodo, que elaboraram para os gregos a sua teogonia*, porque elevaram e fixaram em imagens e representações definidas as concepções e tradições recebidas — fosse donde fosse — confusas e previamente existentes, correspondentes ao espírito do seu povo. Esta não é a arte que transporta para a pedra, a tela ou as palavras, o conteúdo de uma religião já pronta e formada em pensamentos, concepções e palavras, como faz a arte da época moderna, quando se ocupa de objectos religiosos ou, então, quando lida com um elemento histórico, a que subjazem concepções e pensamentos disponíveis, arte esta, pois, que apenas exprime à sua maneira o conteúdo já também plenamente expresso no seu modo próprio. *A consciência desta religião é o produto da fantasia pensante, ou do pensar que unicamente apreende mediante o órgão da fantasia e tem a sua expressão nas figuras por ela produzidas.* Ora, se bem que na verdadeira religião o pensar infinito, o espírito absoluto, se tenha revelado e se revele, o vaso em que ele se dá a conhecer é o coração, a consciência representativa e o entendimento do finito. A religião dirige-se não só em geral a todos os modos da cultura — «o Evangelho é anunciado aos pobres» —, mas deve também, enquanto religião expressamente dirigida ao coração e ao ânimo, entrar na esfera da subjectividade e, assim, no recinto do modo finito da representação. Na consciência percipiente e que reflecte sobre as percepções, o homem tem de reserva, para as condições do absoluto, especulativas segundo a sua natureza, unicamente relações finitas que apenas lhe podem servir — seja num sentido inteiramente genuíno ou também em sentido

---
* Heródoto, II,

simbólico – para conceber e expressar a natureza e a relação do infinito.

Na religião enquanto revelação imediata e não mediatizada de Deus, a forma do modo de representação e do pensar finito reflexivo não só pode ser aquela sob a qual Ele a si proporciona existência na consciência, mas tal forma *deve* ser também aquela sob a qual Ele aparece; com efeito, também só esta é que é *compreensível* para a consciência religiosa. Para isto tornar mais claro, importa dizer algo sobre o que significa a *compreensão*. Por um lado, pertence-lhe, como acima se observou, o fundamento substancial do conteúdo, que, enquanto essência absoluta do espírito que a ele vem, toca o seu íntimo, no mesmo ressoa e dele recebe testemunho. É esta a primeira condição absoluta da compreensão: o que *em si* não está nele não pode *nele* penetrar, não pode ser *para ele* – a saber, um tal conteúdo, que é infinito e eterno. Com efeito, o substancial, enquanto infinito, é o que não tem limite algum naquele a que se refere; de outro modo, seria efectivamente limitado e não verdadeiramente o substancial; e, por isso, o espírito é apenas o que *em si* não é finito, exterior, pois justamente o que é finito e exterior já não é o que é em si, mas *para um outro*, o que se inseriu numa relação. Por outro lado, porém, porque o verdadeiro e o eterno se *conhecem*, isto é, ingressam na consciência finita, devem ser *para* o espírito, então este espírito para o qual eles antes de mais são, é o espírito *finito*, e o modo da sua consciência consiste nas representações e formas das coisas e condições finitas. Tais formas são o que é familiar e habitual para a consciência; é o modo universal da finitude, modo de que ela se apropria e de que faz o meio geral do seu representar, a que tudo o que lhe interessa se deve reconduzir para aí ela mesma se ter e reconhecer. Se uma verdade se lhe depara noutra figura, isso equivale ao seguinte: tal figura é para ela algo de estranho, a saber, o conteúdo não é *para a mesma*. Esta segunda condição da *compreensibilidade* é sobretudo aquela a que se refere o fenómeno da compreensão ou da não compreensão; com efeito, o primeiro aspecto, a conexão do substancial consigo mesmo, faz-se inconscientemente, de per si, porque enquanto substancial, como a unidade infinita e pura, não se encontra embaraçado na oposição da consciência. Mas o segundo aspecto concerne à *existência* do conteúdo, isto é, ao ser do mesmo enquanto na consciência; e se algo se compreende ou não, se a consciência se apossa de um conteúdo, se a si mesma se encontra e conhece no que para a própria é objecto, depende de se o mesmo lhe importa na figura da sua metafísica habitual. Efectivamente, as condições que lhe são familiares é que constituem a sua metafísica; são a rede que perpassa todas as suas intuições e representações particulares, e só na medida em que na mesma se podem aflorar é que ela as reconhece. São o órgão espiritual, mediante o qual o ânimo acolhe um conteúdo; constituem o sentido graças ao qual algo obtém e possui significado para o espírito. Para que algo se lhe torne compreensível ou, como também se diz, concebível, importa reconduzi-lo à sua metafísica, ao órgão do seu ânimo; é, pois, segundo o seu sentido. O entendimento, tal como o sentido, expressa a bilateralidade observada: o entendimento de um homem ou de uma coisa ou também o seu sentido é o seu teor e conteúdo objectivo; mas o entendimento, que eu apreendo ou tenho de algo, ou o sentido que ele tem para mim — (que eu tenha um entendimento de algo, ou que ele tenha para mim sentido) — concerne à figura em que ele é para mim, à metafísica de que ele se reveste, e se esta é ou não a do meu representar. Algo torna-se assim compreensível porventura mediante o exemplo tirado da envolvência habitual da situação vital, a partir de um caso concreto que encerra em si a mesma relação que aquilo que importa tornar compreensível, de sorte que o caso subsidiário constitui do mesmo um símbolo ou um paralelo. Totalmente compreensível em geral diz-se, em suma, aquilo com que se está já familiarizado; e, porventura, a propósito do modo de pregação de um clérigo, ouve-se dizer que é muito compreensível, quando a sua exposição se compõe de sentenças bíblicas correntes e de outras doutrinas do catecismo igualmente conhecidas. Semelhante compreensibilidade, que reside no trato árido com o assunto não se funda por certo em metafísica alguma; mas um determinado modo do sentido pressupõe já a com-preensibilidade que se vai buscar ao caso concreto da comum consciência sensível. Divisamos, porém, uma metafísica mais culta, por exemplo, na história pragmática que visa inserir os acontecimentos numa conexão de causas e efeitos, de motivos e consequências; as causas, os motivos, as condições, as circunstâncias constituem aqui aquilo por cujo intermédio o incidente se torna compreensível. Mas também se nos exige que já pela história de uma coisa compreendamos a coisa, que já se trata de compreensão quando sabemos como ela previamente ocorreu, e que tanto mais profundamente a compreendemos quanto mais amplamente sabemos como ela uma e outra vez de antemão se constitui; como muitas vezes os juristas exigem de nós que respeitemos isto como uma compreensão da coisa quando eles sabem alegar como anteriormente se mantinha. Durante muito tempo, na visão da religião, uma metafísica quase igualmente simples soube com facilidade tornar tudo compreensível. Visto que algumas abstracções gerais de unidade, amor aos homens, leis naturais e ideias religiosas semelhantes se qualificaram de falsas, ficava assim inteiramente à mão, para fazer compreender como, no entanto, elas ocorriam entre os homens, a maneira de um homem chegar a uma representação falsa, o modo da mentira, além disso, a ambição de poder, a cobiça e *medii termini* quejandos; e porque a religião se fez passar por uma obra das paixões e da intrujice dos sacerdotes, a coisa tornou-se assim concebível e compreensível.

Este meio, que constitui condição da inteligibilidade do conteúdo absoluto, ou o que é a mesma coisa, que constitui a sua existência, combina-o com a consciência subjectiva. O meio ou a figura em que existe o conteúdo absoluto da religião é aquilo pelo qual desta se distingue a filosofia. A razão eterna enquanto *logos*, enquanto se manifesta, enquanto se expressa e desvela, revela-se no ânimo e na representação, e por isso mesmo apenas ao ânimo e à representação, à consciência senciente e ingénua que reflecte o conteúdo. A reflexão mais ampla e mais abstracta começa a considerar esta configuração e modo da existência como um *invólucro*, sob o qual a verdade se esconde e oculta, e procura tirar ao conteúdo interior semelhante invólucro e realçar a verdade nua e pura, como é em si e para si. Com efeito, a reflexão pensante acha as relações finitas de intuição sensível e de representação inadequadas ao conteúdo infinito universal e suscita para si uma ideia com determinações mais elevadas do que estas formas são. Antes de mais, é o [elemento] *antropomórfico* que se lhe depara antagónico à sua ideia. A oposição e a luta da filosofia com as chamadas representações populares das mitologias é um fenómeno antigo. *Xenófanes*, por exemplo, dizia que, se os leões e os bois tivessem mãos para realizar obras de arte, como os homens, descreveriam os deuses e dar-lhes-iam corpos, tal como eles próprios têm uma figura. Xenófanes, tal como *Platão* mais tarde e, anteriormente, em geral *Moisés* e os *Profetas* já tinham feito a partir de uma religião mais profunda, invectiva *Homero* e *Hesíodo* porque atribuíram aos deuses tudo o que até entre os homens é ignomínia e desonra:

κλεπτειν μοιχευειν τε και αλληλους απατευειν*.

Mas o que os leões e os bois não conseguiram fazer, levaram-no a cabo os homens que, tal como os Indianos e os Egípcios, tiveram a sua consciência do divino no elemento animal. Tiveram-na, além disso, no Sol, nas Estrelas e ainda em algo de ínfimo de todo, em que sobretudo se distinguem os Indianos, nos produtos sumamente grotescos e lastimosos de uma fantasia excêntrica e infeliz. O [elemento] antropomórfico, contudo, traz de imediato consigo uma certa moderação, mas tais produtos parecem ter apenas a loucura como determinação de um conteúdo, que já só por isso pode ser muito miserável.

Nos tempos modernos, porém, desistiu-se necessariamente de ver nas mitologias e nas partes das religiões referentes ao modo de representação apenas erro e falsidade; depois que a fé na razão se robusteceu tanto para vir a crer que, em virtude de haver homens e nações que têm a sua consciência absoluta em tais imagens e concepções, não deve nelas conter-se pura e simplesmente o negativo de tal conteúdo, mas também algo de essencialmente positivo, cedo se considerou então o finito e, além disso, o excêntrico e o desmedido do mesmo conteúdo como um *invólucro*, sob o qual se oculta o conteúdo verdadeiro. A este respeito, seria indiferente imaginar que tal invólucro foi utilizado. Aliás, tal indagação desenrolar-se-ia assim para lá do método histórico; mas se alguém se persuadisse a apresentar historicamente alguns casos em que o modo da exposição tivesse sido um encobrimento resultante da intenção, então a natureza da coisa – e isso até se pode provar historicamente – é em geral, como há pouco se mostrou, a seguinte: a verdade que se revela só conseguiu sobressaír por intermédio da representação, da imagem, etc., em parte porque o elemento ulterior, elemento do pensar, ainda não elaborara um solo e não estava preparado para que esse conteúdo aí se pudesse ter lançado; e não é a determinação da religião enquanto tal que o seu conteúdo tivesse esse elemento como solo da sua manifestação. Sem dúvida, houve filósofos que também se serviram da forma mítica para representar os filosofemas e os aproximar do sentido, da fantasia; ouve-se muitas vezes também apreciar e estimar *Platão* sobretudo por isso, como se assim ele tivesse demonstrado um génio mais sublime e realizado algo de mais grandioso do que, aliás, podem os filósofos e do que ele próprio levara a cabo noutras obras

---

* «Roubar, cometer adultério e intrujar-se reciprocamente.» Este fragmento de Xenófanes aparece em Sexto Empírico, *Adv. math.* IX, 193 (ed. Mutschmann)

suas, por exemplo, no seu abstracto e árido *Parménides*. Não é de admirar que Platão fosse apreciado sobretudo por causa dos seus mitos, pois, na realidade, semelhante forma facilita a apreensão do pensamento geral e permite a sua apropriação em semelhante figura bela. Só que os mitos de Platão enquanto tais não são aquilo pelo qual ele se revelou como filósofo; se alguma vez o pensar se tornar assaz robusto para a si poder fornecer uma existência no seu elemento peculiar, então essa forma é um adorno supérfluo que, por um lado, se pode acolher com gratidão mas graças ao qual, por outro, a ciência não se fomenta, tal como não lhe interessa nada a utilidade exterior de que assim um e outro se possa estimular à filosofia. Aliás, a essa pretensa utilidade exterior pode contrapor-se uma desvantagem. Do modo mítico de filosofar pode em especial gerar-se o inconveniente de ele poder induzir à opinião de como se os mitos fossem filosofia, e de permitir a *possibilidade* de ocultar a impotência e a *inépcia* de representar o conteúdo, que deve expor-se, na forma do pensar, a única forma da filosofia, e de assim lhe proporcionar a sua verdadeira determinidade.

Platão, porém, não teve de *velar*, mediante a figura mítica, os filosofemas que tivera no sentido, e antes também expressara em forma filosófica; pelo contrário, procurou torná-los mais distintos, mais dotados de representação. Há uma representação inábil quando, a propósito dos mitos e símbolos, se fala sobretudo apenas de *invólucros*, sob os quais se *esconde* a verdade. Os mitos e símbolos são, pelo contrário, as representações e as relações finitas em geral nas quais se *expressa* a verdade, por meio das quais ela deve ser *expressa*, isto é, desvelada. Em casos singulares, poderia decerto demonstrar-se que símbolos e coisas semelhantes se utilizaram para constituir enigmas e a partir do conteúdo fazer um segredo não fácil de penetrar. Poderia, por exemplo, presumir-se na *franco-maçonaria* um semelhante propósito dos seus símbolos e mitos; mas não se lhe fará tal injustiça, se se estiver convencido de que ela nada sabe de peculiar, portanto, também nada tem que possa ocultar. É fácil, porém, convencer-se de que ela não está na posse e na custódia de uma peculiar sabedoria, ciência ou conhecimento, de que não detém verdade alguma, que em nenhum lado se deve ter, se se examinarem os escritos que dela directamente resultaram, bem como os que vieram à luz por parte dos seus amigos e detentores, seja qual for o ramo das ciências e dos conhecimentos; nada neles se encontra a não ser a elevação da habitual formação comum e dos conhecimentos familiares. Se se quiser imaginar como possível guardar por assim dizer como que num bolso uma sabedoria e preservá-la, com esse bolso, da comunicação, a partir da qual se leva a cabo a distribuição das suas declarações na vida comum e na prática científica, não é preciso então saber qual a natureza de um filosofema, de uma verdade universal, de um modo geral de pensamento e de conhecimento – e é apenas disso que aqui se fala, e não de conhecimentos históricos ou, em geral, de conhecimentos da individualidade; a partir de tais conhecimentos, do seu número infinito, é possível fazer mistérios e tanto mais quanto menor ou mais efémero é o interesse em conhecê-los. Crer na possibilidade e num meio de manter separado das exteriorizações da sua restante vida e da sua existência espiritual concreta um conhecimento, universal segundo o seu conteúdo, que, por o sujeito o ter na sua posse, tem antes em geral em si e na sua posse o interesse do sujeito, seria tão ridículo como acreditar num meio de poder separar a luz do brilho, ou de poder possuir um fogo que não produzisse calor. Vemos, muitas vezes, atribuir igualmente aos mistérios dos antigos o calor latente de uma sabedoria particular e do conhecimento; sabe-se que todos os cidadãos atenienses eram iniciados nos mistérios de Elêusis; Sócrates, pelo contrário, nunca neles quis tomar parte e, no entanto, vemos, por exemplo, como ele era objecto de distinção entre os seus concidadãos, e como todos os que de perto tratavam com ele, independentemente da sua iniciação na sabedoria dos mistérios, dele aprendiam algo de novo e unicamente consideravam como o conhecimento mais valioso, como o bem da sua vida, o que dele adquiriam.

Mas se se fala da mitologia e da religião em geral, então a figura que nelas possui a verdade não é simplesmente um invólucro mas, pelo contrário, o conteúdo deve nelas revelar--se; como também constitui uma expressão inepta, que se tornou muito habitual nos tempos modernos, a de o mundo se apresentar ao homem como um enigma e de ser esta a sua última relação com ele. Pelo contrário, Deus revelou-se na natureza, e é o significado da mesma, a palavra do enigma e, tal como a natureza, o universo espiritual é ainda muito mais a sua revelação; com efeito, o seu conceito mais genuíno é ser espírito; e assim a representação da mitologia e da religião em geral é essencialmente não só um encobrimento, mas também um desvelamento seu. Na realidade, porém, é ao mesmo tempo característica da intuição sensível, bem como da representação das condições sensíveis e finitas – a natureza do simbólico em geral – ser uma existência que não corresponde à ideia infinita; e, por isso, ao desvelar-se nelas, a Ideia encontra-se aí também encoberta. A essência é aquilo mediante o qual o ser determinado é fenómeno, ou em termos mais definidos: o que aparece no fenómeno é a essência, mas ao mesmo tempo ele é também *apenas* fenómeno; contém simultaneamente num só a determinação de não ser a essência. Na diferença que se faz entre o mito e o seu significado, e no facto de que a exibição mítica, a exibição da Ideia para a representação natural, se considera como um encobrimento de tal Ideia, é que reside a confissão de que o significado é o conteúdo genuíno, e semelhante conteúdo existe apenas no seu modo verdadeiro na medida em que é despido da configuração sensível e das relações finitas e se salienta no modo do *pensamento*. No pensamento, já não há diferença alguma entre representações ou imagens e o seu significado; ele é o que a si mesmo se significa e está aí como ele é em si. Por conseguinte, embora a mitologia e as representações religiosas em geral, porquanto são apenas representações, desvelem essencialmente a verdade e o conteúdo da Ideia, em semelhante desvelamento contém-se ainda algo que é inadequado para este conteúdo; mas o pensamento é o que a si mesmo é peculiar.

A mitologia como aquilo que se considera inadequado no modo de representação não mítico, precisa pois de uma *elucidação*; e elucidar o elemento inadequado nada mais significa do que *traduzir*, antes de mais, as configurações sensíveis e as suas relações finitas para relações espirituais, para relações de pensamento. As condições da natureza inorgânica e da natureza viva, bem como do ânimo e do crer natural, como ainda objectos imediatos da natureza, sensações e anelos do espiritual, libertos da figura da imediatidade, e pensados mediante a abstracção, fornecem relações e um conteúdo que, enquanto pensado, é de natureza universal. (Mas se tais pensamentos proporcionam o significado, parece no entanto que, mediante a modificação da forma em relação à infinidade do conteúdo, nada se ganhou; com efeito, as relações finitas e o anterior conteúdo não se transformaram num elemento infinito análogo; não é simplesmente uma analogia entre o conteúdo do mítico, aliás, inadequado, e os pensamentos, mas estes últimos são o próprio conteúdo total na sua determinidade simples. Porque além este vínculo substancial ou fundamento era finito, também o é igualmente na elucidação; de facto, esta nada mais é do que o substancial salientado enquanto substancial. Mas o conteúdo pensado surge assim, enquanto pensado, já como digno de ser determinação do infinito, se, de outra forma, o divino não se assumir apenas como o negativamente infinito, ao qual não compete modo algum de conteúdo determinado em geral.) Pelo que um sentimento determinado como cólera, ou uma relação orgânica como geração, traduz-se assim em determinidade espiritual e universal da *justiça* perante o mal, em *produção* em geral ou *ser-causa*, e não se considera já digno de ser uma propriedade ou relação do absoluto. Desde as configurações de Osíris, Isis, Tífon e através das inumeráveis histórias mitológicas, tornou-se premente, em diferentes épocas, a necessidade de as tomar como expressões de objectos naturais, das estrelas e suas revoluções, do Nilo e das suas cheias, etc., em seguida, de acontecimentos históricos, dos destinos e actos dos povos, de relações e modificações morais no modo natural e político da vida, e de assim as explicar, porque semelhante sentido desvenda-se e acentua-se a partir delas. Esta elucidação tem o fim de as tornar *compreensíveis*; não se compreende como é que a morte de Osíris, etc., deve ser algo de divino. Aqui, o conceito de compreensibilidade modificou-se, e inversamente. As representações sensíveis, ditas antropomórficas, são o que, nesta necessidade de explicação, figuram como o *incompreensível*; há uma outra representação de Deus, que se procurou encontrar em tais configurações, representação essa que é mais espiritual, mais pensada, mais universal. É assim que Deus se compreende, ou apenas o que a esta representação é adequado, o que se compreende e acha compreensível, porquanto se diz de Deus. Se a propósito do que Deus deve ser se diz que lhe foram cortados os membros genitais viris e em seguida, como substituição, lhe foram aglutinados os de um bode, não compreendemos, pois, como coisas semelhantes se poderiam dizer de Deus; ou também não se compreende que Deus houvesse de ordenar a Abraão para imolar o seu filho. Já os antigos tinham começado a deixar de entender, relativamente aos deuses, os roubos e adultérios acima mencionados.

Ou coisas semelhantes se explicam como meros erros e, então, nada são de incompreensível; ou se se declaram como compreensíveis, ou se retém a exigência da compreensão, então isso quer dizer que neles deve residir algo de que me posso apropriar, que tem um sentido correcto ou, pelo menos, um sentido conexo com outro, um sentido formal.

Após eu ter introduzido o fundamento universal, o desenvolvimento no tempo em geral, depara-se-nos:

α) em primeiro lugar, a concepção da perfeição da filosofia como uma *contemplação, pensamento e saber puros* — pelo que esta situação iria

αα) incidir *fora do tempo, e não na história*.

ββ) Mas isto seria contra a natureza do espírito, do saber. A *uni-dade* originária, *franca*, com a natureza nada mais é *do que intuição apática*, consciência *concentrada*, que por isso mesmo é *abstracta*, e não orgânica *em si*. A vida, Deus, *deve* decerto ser concreto, está na minha sensação; mas nada é aí distinto. O sentimento universal, a ideia universal do divino *aplica-se* sem dúvida a tudo; mas o que importa é que a *riqueza infinita da intuição do mundo seja articulada* e se ponha *no seu lugar* como necessária, que eu não *empregue* simplesmente uma e a mesma representação. Vemos a intuição *piedosa*, por exemplo, na Bíblia, no Antigo e no Novo Testamento — no primeiro, sobretudo como *a veneração universal* de Deus em todos os fenómenos naturais (como no livro de Job), no *raio* e no trovão, na luz do dia e da noite, nas *montanhas*, nos cedros do *Líbano* e nas aves que vivem nos seus ramos, nos animais selvagens, *leões, baleias*, na vermina, etc., e também uma Providência universal pelos acontecimentos e situações da vida humana. Mas a contemplação de Deus própria do *ânimo religioso* é inteiramente diversa da concepção *intelectual* da natureza do espírito; não se fala aí da filosofia, da essência pensada e conhecida de Deus; com efeito, a intuição dita *imediata*, o sentimento, a fé, ou como se quiser chamar, é justamente aquilo em que *o pensar se distingue*: ser *a saída* de *tal imediatidade*, da *simples* e mera *intuição* universal, sentimento.

Pensar é o *ir-para-dentro-de-si* do espírito e, assim, transformar em *objecto* o que ele é enquanto intui; é o *recolher--se em si* e, deste modo, *separar-se* de si. Tal separação é, como se disse, a *primeira condição* e o momento da *autoconsciência*, *de cuja recolecção em si enquanto pensar livre* pode brotar apenas o desenvolvimento do universo em pensamentos, isto é, a filosofia. Eis o que justamente constitui o trabalho infinito do espírito: retirar-se da sua *existência imediata*, da *vida natural feliz*, para a *noite* e a *solidão da autoconsciência* e, a partir da sua força e poder, *reconstruir* pensando a realidade efectiva e a intuição dele separadas. A partir da natureza da coisa, esclarece-se que justamente a vida natural imediata constitui o contrário do que seria a filosofia, um reino da inteligência, uma transparência da natureza para o pensamento. Semelhante discernimento não se constitui assim tão facilmente *para o espírito*. A *filosofia* não é *um sonambulismo*, é antes a consciência mais desperta, e o seu despertar sucessivo é justamente a *elevação de si mesmo* para lá dos *estados da unidade imediata* com a natureza – uma elevação e um trabalho que, enquanto diferença incessante de si em relação a si, para suscitar *de novo* a unidade mediante *a actividade do pensamento*, incidem no decurso de uma época e, claro está, de um *longo* tempo. Eis os momentos perante e a partir dos quais se deve julgar o estado natural filosófico.

β) É na verdade um *tempo longo*; e a duração do tempo, que pode *sobressair*, é aquela de que o espírito precisa para elaborar para si a filosofia. Disse a princípio que a nossa filosofia *hodierna* é o *resultado* do trabalho de todos os séculos. Se um tempo tão longo surpreende, importa já saber que semelhante tempo longo se utilizou para adquirir estes conceitos – outrora, isto não podia acontecer como hoje. É preciso em geral saber que o estado do mundo, de um povo, depende do conceito que ele tem de si – no reino do espírito, as coisas não acontecem tal como um cogumelo brota durante a noite. Que para isso ele tenha utilizado tão longo tempo é o que pode surpreender quando, por um lado, não se conhece a natureza e a importância da filosofia e não se tem em conta que ela constitui o seu interesse, o interesse *também* do seu trabalho. Veremos ulteriormente a relação da filosofia com as outras ciências, artes, configurações políticas, etc.. Mas se geralmente nos espantamos com a *duração do tempo*, se falamos de tempo longo, importa lembrar como a *duração* tem algo de extraordinário para a reflexão mais próxima, tal como a grandeza do espaço, de que se fala na astronomia.

No tocante à *lentidão* do espírito universal, deve reflectir-se no seguinte: ele não tem de se apressar; tem *tempo suficiente* – mil anos são diante dele como um dia; tem tempo bastante, justamente porque se encontra fora do tempo, porque é eterno. Os efémeros tresnoitados não têm tempo suficiente para *muitos*, para tantos dos seus fins; quem é que não morre antes de levar a cabo os seus fins? Ele *não só tem tempo suficiente*; *não é só o tempo* que se deve gastar para a consecução de um conceito; custa ainda muito mais: [o espírito] *também não se importa* de

53

utilizar tantas raças humanas e gerações no trabalho do seu *tornar--e-consciente*, de fazer um dispêndio ingente de nascimento e morte; *é* suficientemente *rico* para tal desperdício; exerce a sua obra no que é grande; tem nações e indivíduos bastantes para dissipar. Eis uma proposição trivial: a natureza chega ao seu objectivo pelo caminho mais curto – correcto! – mas o caminho do espírito é a mediação, o desvio. Tempo, cansaço, desperdício, semelhantes determinações derivadas da vida finita não têm aqui cabida.

Para aduzir um *caso concreto* da *lentidão* e do enorme dispêndio e trabalho do *espírito em se apreender* a si, preciso apenas de apelar para o *conceito da sua liberdade*, um conceito fundamental. Os gregos e os romanos –, de qualquer modo, os asiáticos – nada sabiam do conceito de que *o homem enquanto homem* nasce livre, de que é livre. Platão e Aristóteles, Cícero e os juristas romanos não possuiam semelhante conceito, embora só ele seja *a fonte do direito*; e muito menos ainda os povos. Sabiam, sem dúvida que *um ateniense*, um cidadão *romano* é um *ingenuus*, livre, que há livres e servos; por isso mesmo, não sabiam que o homem enquanto homem, é *livre* – o homem enquanto homem, isto é, o homem *universal*, o homem como o apreende o pensamento e ele mesmo se apreende no pensamento. Na religião cristã, surgiu a doutrina de que, diante de *Deus*, todos os homens são livres, que Cristo libertou os homens, os tornou iguais diante de Deus, os libertou para a liberdade cristã. Estas determinações tornam a liberdade independente do nascimento, da posição social, da cultura, etc., e foi imenso o que assim se avançou; mas elas são ainda diferentes do que constitui *o conceito* de homem como [ser] livre. O *sentimento* de tal determinação germinou ao longo de séculos, de milénios; este impulso suscitou revoluções colossais, mas (*o pensamento*) o conceito de que o homem é livre por natureza não tem este sentido: segundo a sua vida natural, mas natureza no sentido da essência ou do conceito; o conhecimento, o saber de si mesmo *não é muito antigo* – têmo-lo como preconceito; entende-se a partir de si mesmo. O homem não deve ser nenhum escravo; não incumbe a nenhum povo, a nenhum governo declarar guerra para fazer escravos; e só com este conhecimento é que a liberdade é *direito*, não um privilégio positivo, imposto pela violência, pela necessidade, etc., mas o direito em si e por si – conceito idêntico à vida.

Importa, porém, aflorar *um outro aspecto da morosidade da progressão do espírito*, a saber, a *natureza concreta do espírito*, segundo a qual o pensar de si mesmo se conecta *com toda a restante riqueza da sua existência* e das suas relações; o contorno do seu conceito, o seu pensar de si mesmo, é simultaneamente a *configuração de toda a sua extensão, da sua totalidade concreta* na história. A Ideia, que o sistema filosófico de uma época exprime, tem esta *relação* com a sua restante configuração; é a *substância* do seu universo, a sua essência universal, a sua floração, a vida cognitiva *no puro pensar* da simples *autoconsciência*. O espírito, porém, não é apenas isto mas, como antes se disse, um desdobramento *multilateral* do seu ser determinado; e o estádio da autoconsciência, que ele alcançou, é o *princípio* que revela *na história*, nas circunstâncias do seu ser determinado. Ele veste este princípio com toda a riqueza da sua existência: a figura em que existe é um povo, em cujos *costumes, constituição, vida doméstica, civil e pública*, artes, *relações estatais exteriores*, etc., aquele princípio se desenvolve, e toda a forma determinada da história concreta se revela segundo todos os lados da sua exterioridade. Semelhante material é o que o princípio de um povo tem de elaborar – e isto não é o afazer de um dia; mas o que ele tem de configurar segundo tal princípio são todas as necessidades, habilidades, circunstâncias, leis, constituição, artes e ciências; um progresso, não no tempo vazio, mas no tempo infinitamente cheio, repleto de luta; não se trata de um simples progresso nos conceitos abstractos do puro pensar, mas ele avança neste só enquanto progride em toda a sua vida concreta. É necessária a *elevação* de um povo ao estádio em que a filosofia nele pode emergir. Semelhante lentidão do espírito universal é ainda acentuada por aparentes *retrocessos*, épocas de barbárie.

γ) Mas é tempo de abordarmos *diferenças gerais mais precisas*, que residem na natureza do desdobramento. Estas diferenças, para as quais se deve chamar a atenção na presente introdução, concernem apenas ao *formal*, que brota do conceito de desenvolvimento em geral. A consciência a propósito das determinações que aqui se encontram fornece-nos a *elucidação mais pormenorizada* sobre o que em geral se *deve esperar das filosofias particulares* e, logo a seguir, sobre o *conceito determinado* daquilo que se passará com a *diversidade das filosofias*.

Eis uma primeira observação: indicou-se na especificação do desenvolvimento espiritual que ele não é essencialmente apenas uma *erupção inactiva*, como a que imaginamos no despontar, por exemplo, do sol, da lua, etc., um simples mover-se no meio desprovido de resistência do espaço e do tempo, mas é *trabalho*, *actividade* contra algo de existente, e *remodelação* do mesmo. O espírito entra em si e faz-se para si objecto; e a direcção do seu pensar fornece-lhe imediatamente forma e determinação do pensamento. Este actuar que, do conceito em que [o espírito] se apreendeu e ele próprio é, desta sua cultura, deste seu ser, de novo dele separado, fez o seu objecto e a que novamente aplicou a sua *actividade*, prossegue *na formação* do anteriormente formado, dá-lhe mais *determinação*, torna-o *mais definido*, mais elaborado em si e mais profundo. Cada época tem antes de si uma outra e é uma elaboração da mesma e, justamente por isso, uma cultura mais elevada.

a) *Resultados em torno da Visão e do Tratamento da Filosofia* em geral

Depreende-se desta necessidade que o *começo* é o menos formado, o menos em si determinado e *desenvolvido*; é antes o mais pobre, o *mais abstracto*; e depreende-se que a *primeira filosofia* é *o pensamento inteiramente universal, indeterminado*; a primeira filosofia é *a mais simples*; a filosofia *mais recente* é a mais concreta, a mais profunda. Importa saber isto para, *por trás das antigas* filosofias, não buscar mais do que nelas se contém, para não procurar nelas a resposta a *questões*, a satisfação de *necessidades espirituais*, que decerto *não havia* e que *pertencem somente a uma época mais instruída*. Semelhante intelecção impede-nos igualmente de lhe atribuirmos alguma culpa, de passarmos por alto *determinações* que *ainda não existiam para a sua formação*, e também de fazermos *pesar* sobre elas *consequências e afirmações* que por elas não foram feitas e pensadas, quando *já se deixavam* correctamente *derivar* do princípio, do pensamento de uma tal filosofia.

αα) Acharemos assim, na história da filosofia, as antigas filosofias como *sumamente pobres* e *indigentes em determinações* — como crianças —, simples pensamentos que se devem ao mesmo tempo tomar na consideração como *ingénuos*, porquanto não têm sentido de afirmações na *oposição* a outras. Surgiu assim, por exemplo, a questão de se a *filosofia de Tales* teria sido genuinamente um teísmo ou ateísmo, se ele em geral afirmara um *Deus pessoal* ou apenas uma essência impessoal, universal, isto é, um Deus no sentido em que, aliás, entre nós ninguém se toma por Deus. A determinação da *subjectividade da Ideia suprema*, da personalidade de Deus, é um conceito muito mais rico, mais intensivo e, por isso, muito mais tardio. Na *representação da fantasia*, os deuses *gregos* tinham decerto *personalidade*, como o Deus único na religião judaica, mas a *representação da fantasia* é algo de inteiramente diverso da *apreensão* do puro pensamento e do conceito. O filosofar, pelo contrário, deve começar por se *dedicar* inteiramente *por si* à sua *tarefa*, por isolar o pensar de toda a fé popular e se tomar a si como um campo de todo diverso, como um campo à margem do qual fica o mundo da representação, de modo que *eles subsistam lado a lado muito pacificamente*, ou antes, que não se chegue ainda a reflexão alguma sobre a sua oposição — não mais do que o pensamento de os querer reconciliar, de apresentar o pensar na fé popular como apenas numa outra figura externa diversa do conceito, e de assim querer elucidar e justificar a fé popular e *poder também expressar* os conceitos do pensar livre de novo no modo da própria *religião popular* — eis o aspecto e ocupação que, posteriormente, constitui nos *Neoplatónicos* um modo refinado do seu filosofar. Vemos ainda nos filósofos *gregos* de uma época mais instruída como o âmbito das *representações populares* e do pensar abstracto se encontravam calmamente lado a lado; de maneira que com o seu impulso especulativo subsistia conjuntamente o *exercício do culto*, a *invocação piedosa dos deuses*, o sacrifício, etc., *com lealdade* — e não como uma hipocrisia —; a última palavra de *Sócrates* foi ainda indicar aos seus amigos que deveriam sacrificar um galo a Esculápio — *exigência* essa que não poderia subsistir simultaneamente com as ideias de Sócrates conduzidas de um modo consequente acerca da essência de Deus, sobretudo do seu princípio da moralidade. Se discernimos semelhante *consequência*, é algo de inteiramente diverso.

b) *Tratamento das Filosofias Antigas*
Visto que surge a distinção entre o que aí reside de consequência e o que efectivamente se pensou, vem a propósito lembrar que, em *histórias da filosofia*, podemos ver aduzido por um filósofo um grande número de proposições *metafísicas* — menção essa como se fora uma *indicação histórica de afirmações* que ele fizera — das quais não conhecia palavra alguma, e também não se encontra o mínimo vestígio *histórico*. Na grande história de Brucker, aduz-se assim acerca de Tales, e também de outros, uma série de trinta, quarenta, cem filosofemas, dos quais não se encontrou historicamente em tais filósofos ideia alguma. Podemos também

com esse fim procurar por muito tempo proposições, e também citações, de compiladores da mesma ralé. O procedimento de Brucker consiste precisamente em equipar o filosofema simples de um filósofo antigo com todas as consequências e premissas, que, segundo a concepção da *metafísica wolfiana*, deviam ser premissas e conclusões de um filosofema, e alegar de um modo ingénuo essa mera e *pura imputação* como se fosse um real facto histórico. Ora, o que constitui justamente o progresso do desenvolvimento é a diversidade das épocas, da cultura e da *filosofia*, quer tais *reflexões*, tais *determinações do pensamento*, e relações do conceito tenham ou não emergido na consciência. Precisamente nos *pensamentos* que lá estão *dentro*, mas não vieram *para fora*, é que reside apenas a diferença. O *pensamento é* aqui o essencial, e não que conceitos regem a sua vida. Eles devem salientar o pensamento dos mesmos. É necessário ater-se exactamente, com todo o rigor *histórico*, às palavras genuínas, e não tirar inferências e derivar assim outras coisas. Também Ritter afirma na sua *História da filosofia jónica*, p.13: «Tales considerava o mundo como um *animal vivo que tudo engloba,* e que se desenvolvera a partir do *sémen* — e vice-versa, a semente de todas as coisas é húmida — *como todos os animais*. A intuição fundamental de Tales é, pois, que o mundo constitui uma totalidade viva, a qual *evoluira a partir de germes* e, à maneira dos animais, continua a viver graças a uma alimentação adequada à sua essência originária».

À inferência derivada do conceito de desenvolvimento de que as filosofias mais antigas são as mais abstractas, de que nelas aIdeia se encontra muito pouco determinada, junta-se imediatamente a outra de que a filosofia ulterior, mais recente e *mais nova*, em virtude de a progressão do desenvolvimento constituir uma determinação mais ampla, e esta ser um aprofundamento e apreensão da Ideia em si mesma, é a mais desenvolvida, a mais rica e a mais profunda; tudo o que de imediato surge como algo de passado deve nela preservar-se e conter-se; ela deve constituir um espelho de toda a história. O inicial é o mais abstracto, porque é o inicial, porque ainda não se moveu; a última figura que promana de tal movimento como de um determinar contínuo é a *mais concreta*. Não é esta, como logo se pode observar, outra presunção da filosofia da nossa época; com efeito, o espírito de toda esta exposição é justamente que a filosofia mais instruída de uma época ulterior constitui essencialmente o resultado do trabalho precedente do espírito pensante, que ela foi requerida e proporcionada por esses primeiros pontos de vista, e não despontou do solo só por si. Outra coisa que também aqui importa lembrar é que é necessário acautelar-se de dizer – o que está na natureza da coisa – que a Ideia, tal como se concebe e expõe na filosofia *mais recente*, é a mais desenvolvida, a mais rica, a mais profunda. Faço esta advertência porque a filosofia *nova*, *mais nova*, *novíssima*, se tornou um epíteto muito corrente. Os que com tal designação intentam ter dito algo podem tanto mais facilmente benzer e abençoar as múltiplas filosofias quanto mais inclinados estão quer a considerar como sol não só toda a estrela cadente, mas também cada coto de vela, quer ainda a proclamar toda a tolice como uma filosofia e aduzir para demonstração que, pelo menos, há muitos filósofos e diariamente um desaloja os de ontem. Encontraram assim ao mesmo tempo as categorias graças às quais podem deslocar uma filosofia que ganha importância, e de igual modo acabam com ela. Chamam-lhe uma filosofia da *moda*:

> Ridículo, chamas a isto moda, quando sempre de novo
> *O espírito humano luta seriamente pela cultura*.*

Afirmei que a filosofia de uma época contém como resultado da precedente a sua cultura. A determinação fundamental do *desenvolvimento é que uma só e mesma Ideia* – há apenas *uma* verdade – se encontra subjacente a toda a filosofia, e que cada filosofia ulterior contém de igual modo e é as determinidades da anterior Surge assim a opinião, relativa à história, da filosofia, de que nela, embora seja história, não temos a ver com o *passado*. O conteúdo de tal história são os produtos científicos da racionalidade, e estes não são algo de efémero. O que neste campo foi elaborado é o verdadeiro, o qual é eterno, não existe numa época e deixa de existir noutra. Passaram, sem dúvida, os corpos dos espíritos, que são os heróis desta história, passou a sua vida temporal, mas as suas obras não os seguiram; com efeito, o conteúdo das suas obras é o racional, que eles não imaginaram, sonharam e quiseram dizer; e o seu feito foi apenas este: do poço do espírito, em que antes de mais se encontra somente como substância, como essência interna, trouxeram à luz o racional *em si*, transportaram-no para a consciência, para o saber. Tais feitos não se depositam, pois, unicamente no templo da recordação, como *imagens* do que outrora foi, mas são agora, ainda tão presentes, tão vivas como na época da sua emergência.

---

* Uma das *Xénias* de Schiller e Goethe, com o título: *Modephilosophie*

São acções e obras, que não foram removidas e destruídas pelas seguintes: não têm nem a tela, nem o mármore, nem o papel, nem as representações, nem a memória como elemento em que se preservam – elementos, que são também em si transitórios, ou o solo da transitoriedade, mas o pensar, a essência imperecível do espírito, onde não entram nem a traça nem os ladrões*. As aquisições do pensar enquanto elaboradas para o pensar constituem o *ser* do próprio espírito. Tais conhecimentos não são, por isso mesmo, uma *erudição*, o conhecimento do que está morto, sepultado e putrefacto; a história da filosofia tem a ver com o que não envelhece, com o actualmente vivo.

Assim como no sistema lógico do pensar cada configuração sua tem um lugar próprio, em que apenas possui validade e por meio do qual o desenvolvimento *progressivo* ulterior se reduz a um momento *subordinado*, assim também *cada filosofia no todo do movimento constitui um estádio particular de desenvolvimento* e possui *o seu lugar determinado*, no qual tem o seu verdadeiro valor e significado.

c) De acordo com tal determinação, importa essencialmente conceber e reconhecer em parte, segundo este lugar, a sua particularidade e deixar-lhe caber o seu direito; *justamente por isso, não deve dela exigir-se e esperar-se mais* do que cumpre; não há que buscar nela a satisfação que unicamente pode ser garantida por um conhecimento mais evolvido. Cada filosofia, precisamente por ser a exibição de um estádio particular de desenvolvimento, *pertence à sua época* e encontra-se aprisionada na sua *estreiteza*. O indivíduo é filho do seu povo, do seu mundo. O singular pode pavonear-se como quiser; não vai além desse mundo, pois pertence a um espírito universal, que é a sua substância e essência; como havia ele de se desembaraçar deste? O mesmo espírito universal é um espírito apreendido no pensar pela filosofia; esta é o seu pensar de si mesmo e é, consequentemente, o seu conteúdo mais determinado e mais substancial.

Mas, a partir de tal fundamento, uma *filosofia mais antiga* não satisfaz o espírito, no qual *vive agora um conceito mais profundo e mais determinado*. O que ele quer nela encontrar é este conceito, que já constitui a sua determinação interna e a raiz do seu ser determinado, apreendido como objecto para o pensar; quer conhecer-se a si mesmo. *Nesta determinidade,*

---

* Cf. Mat. VI, 19; Luc. XII, 33; Ti. V, 2, 3.

porém, a Ideia ainda não se encontra presente numa filosofia mais antiga. Por isso, a filosofia *platónica, aristotélica,* etc., continua ainda hoje a viver, mas na figura e no estádio em que era a filosofia platónica, aristotélica, a filosofia já não existe. Pelo que hoje em dia já não há *platónicos, aristotélicos, estóicos, epicuristas.* Querer de novo ressuscitá-los, trazê-los ao espírito mais instruído, mais profundamente em si adentrado, seria uma impossibilidade, seria algo de tão louco como se o homem adulto quisesse esforçar-se por ser jovem, o jovem por ser de novo miúdo ou criança, embora o homem adulto, o jovem e a criança sejam um só e mesmo indivíduo. *O tempo da revivescência das ciências,* a nova época dos *séculos XV e XVI,* não se iniciou apenas com o estudo, mas também com o reacender das filosofias antigas. *Marsílio Ficino* foi um platónico; Cosme de Médicis fundou mesmo uma academia platónica e *Ficino* foi posto à sua frente. *Pomponazzi* era um puro aristotélico, *Gassendi,* mais tarde, foi epicurista e filosofou no campo da física; *Lipsius* quis ser um estóico, etc.. Tinha-se em geral a visão do antagonismo: as *filosofias antigas* e *cristianismo*; a partir deste e no seu seio não se desenvolvera ainda nenhuma filosofia peculiar; o que no cristianismo se considerava e podia considerar filosofia era uma daquelas filosofias que de novo se tomaram nesse sentido. Mas *múmias trazidas para o seio do [elemento] vivo* não conseguem aguentar-se no meio dele; o espírito já há muito tinha *em si uma vida mais substancial,* trazia em si de longa data um conceito mais profundo de si mesmo, e tinha assim uma necessidade mais elevada do seu pensar do que a que satisfaziam aquelas filosofias. Semelhante reacender deve, pois, ver-se somente como a *passagem da aprendizagem de si* por formas condicionantes e precedentes, como uma *travessia já conseguida* de estádios necessários da formação; visto que numa época distante tal imitação e repetição de princípios, que se tomaram estranhos ao espírito, emerge na história como um fenómeno *passageiro,* além disso, efectuado também numa língua morta, coisas assim são somente traduções, e não originais; e o espírito satisfaz-se apenas no conhecimento da *sua própria originalidade.* Se, por seu turno, a *época mais recente* é igualmente chamada a regressar ao ponto de vista de uma *filosofia antiga,* como em particular a filosofia *platónica* mais especificamente se recomenda enquanto meio de salvação para esquivança a todas as confusões da época seguinte, um tal retorno já não é a manifestação ingénua da primeira reaprendizagem; mas esta sugestão de modéstia tem a mesma fonte que a exigência feita à sociedade culta de regressar aos selvagens das florestas norte-americanas, aos seus costumes e correspondentes concepções, e que a *recomendação da religião de Melquisedec*, celebrada uma vez por *Fichte* (segundo creio, em *Vocação do Homem*) como a mais pura e a mais simples e, portanto, como aquela a que deveríamos regressar. Por um lado, em tais retrogradações, não deve subestimar-se a nostalgia de um *começo* e de um firme *ponto de partida*; só que este deve buscar--se no pensar e na própria Ideia, e não numa forma autoritária. Por outro lado, a referência do espírito evolvido, enriquecido, a uma tal *simplicidade*, isto é, a algo de *abstracto*, a um estado ou pensamento abstracto, pode ver-se unicamente como o refúgio da impotência, que sente não poder estar à altura do rico material do desenvolvimento que tem diante de si, e que é uma exigência a ser superada e condensada em profundidade pelo pensar e, por isso, busca ajuda na fuga perante o mesmo e na indigência.

A partir do que se disse explica-se porque é que muitos – quer se interessem por ela, quer induzidos por semelhante recomendação particular quer, em geral, atraídos pela fama de um Platão ou da filosofia antiga, de modo a irem *beber* a filosofia às fontes – não se encontram satisfeitos em virtude de tal estudo e o abandonam *sem justificação*. É preciso saber o que se deve procurar nos *filósofos* antigos ou na filosofia de qualquer outra época determinada ou, pelo menos, saber que, em semelhante filosofia, se tem diante de si um determinado estádio de desenvolvimento do pensar e que nela se trouxeram à consciência apenas *as formas e necessidades do espírito* que residem no interior da fronteira de um tal estádio. No espírito da época mais recente dormitam ideias mais profundas que, para se saberem despertas, precisam de um outro envolvimento e de um presente diverso dos pensamentos abstractos, obscuros, cinzen-tos da época antiga. Em *Platão*, por exemplo, as questões sobre a natureza da liberdade, *a fonte do mal e da malícia, da providência* e assim por diante, não deparam com a sua atenção filosófica. A propósito de tais objectos, podem, sem dúvida, ir em parte buscar-se visões piedosas populares às suas descrições belas, em parte, porém, admitir a decisão de, no plano filosófico, deixar tais coisas inteiramente de lado, ou ainda considerar o mal, a liberdade, apenas como algo de negativo. Mas nem uma coisa nem a outra é satisfatória para o espírito, quando objectos semelhantes alguma vez existem para ele, quando a oposição da autoconsciência nele atingiu a força para mergulhar em tais interesses.

A diferença mencionada tem ainda uma outra consequência *para o modo da consideração e tratamento* das filosofias na sua exposição histórica.

III
INTRODUÇÃO

segundo as Lições de Hegel
1823 – 1827/8

Início em 27.X.1823, 31.X.1825 e 29.X.1827.

Esta prelecção é dedicada à história da filosofia. (II). A história da filosofia pode ler-se como uma introdução à filosofia, porque expõe a sua origem. No entanto, o fim da história da filosofia é familiarizar-se com a filosofia, tal como aparece sucessivamente no tempo (II, 2, 29. X. 1827). O que aqui na introdução se pode dizer acerca do fim, do método, do conceito, da determinação e modo de tratamento da história da filosofia, pertence genuinamente à própria história da filosofia; ela mesma é a exposição completa do fim. No entanto, para facilitar a sua concepção e especificar mais em pormenor o ponto de vista a partir do qual se deve considerar a história da filosofia, seria bom antepor aqui algo acerca do fim, do sentido, do método, etc. Ao perguntarmos pelo fim, queremos familiarizar-nos com o universal, graças ao qual o múltiplo se poderia ligar como algo de diverso do conteúdo (III, 1).

Sem introdução, não podemos começar, pois a história da filosofia está conexa com tantos outros círculos, é afim a tantas outras ciências, que importa determinar o modo de pensar que pertence à história da filosofia. Além disso, a representação ou o espírito em geral exige que o todo, o universal, se abarque com a vista, que o fim do todo se apreenda antes de se ir ao particular e ao individual. Queremos ver as partes singulares na sua referên-cia essencial a um todo; nesta referência, é que elas têm o seu valor e significado preferencial. Na história, tem-se decerto a ideia de que não é muito necessário estabelecer o individual na sua referência ao todo; e poderia crer-se que a história da filosofia enquanto história não é uma ciência genuína. Com efeito, a história surge-nos, em primeiro lugar, como uma série contingente de manifestações particulares, como uma enumeração de ocorrências, das quais cada uma é isolada, subsiste por si, e cuja conexão é apenas o antes, o depois e a simultaneidade, ou o tempo. Na história política, porém, exigimos já também uma conexão necessária em que os fenómenos singulares adquirem uma posição e relação essencial a um objectivo, a um fim, e assim um significado para algo de universal, um todo; com efeito, o significado é em geral a conexão com algo de universal, a referência a um todo, a uma ideia. É sobre este aspecto que também, pois, queremos aduzir o universal da história da filosofia.

Segundo o que se disse, temos de estabelecer dois pontos de vista. O *primeiro* é o significado, o conceito e o fim, a especificação da história da filosofia, de onde derivarão as consequências para o seu modo de tratamento. É importante aqui relevar sobretudo a relação da história da filosofia com a própria ciência da filosofia. A história da filosofia não tem por conteúdo acontecimentos e ocorrências exteriores, mas é o desdobramento do conteúdo da própria filosofia, tal como aparece no campo da história. Mostrar-se-á, a este respeito, que a história da filosofia está em consonância, mais ainda, coincide, com a própria ciência da filosofia. O *segundo* ponto concerne à questão sobre o início da história da filosofia. Por um lado, ela encontra-se numa relação muito estreita com a história política, com a arte e a religião, e a sua posição relativamente a estes aspectos proporciona o mais diverso material. Por outro, a filosofia é diferente destes âmbitos com ela aparentados, e há que estabelecer tais diferenças. Daí se depreenderá o que é preciso eliminar na história da filosofia e qual o seu ponto de partida. O conteúdo universal da filosofia está primeiro presente na forma da religião, nos mitos, do que na forma da filosofia. Importa, pois, mostrar tal diferença. Daqui passamos à divisão e falamos ainda com brevidade das fontes (I).

O que aqui temos a considerar é a história. A forma da história consiste em deixar passar numa série perante a representação ocorrências e acções. Quais são, pois, as acções na história da filosofia? São as acções do pensamento livre; é o mundo intelectual, tal como surgiu, se gerou e se produziu. É pois, a história do pensamento, que temos de considerar. É um preconceito antigo que o pensar distingue o homem do animal. Queremos assim deixar as coisas. O que o homem tem de mais nobre do que o animal tem-no mediante o pensamento. Tudo o que é humano só o é na medida em que o pensamento está aí em acção; pode aparecer como quiser: se é humano, só o é graças ao pensamento. Só por este é que o homem se distingue do animal.

Mas o pensamento, por ser assim o essencial, o substancial ou o eficiente no homem, tem a ver com a infinita multiplicidade e diversidade de objectos. Mas encontrar-se-á na máxima excelência onde se ocupa apenas do mais excelente que o homem tem, do próprio pensamento, onde ele apenas a si se quer, unicamente tem a ver consigo mesmo. Com efeito, a ocupação consigo mesmo é distinguir-se, encontrar-se; e isto só acontece enquanto a si se produz. O pensamento só é eficiente, ao produzir-se; produz-se através da sua própria actividade. Não é imediato; existe unicamente na medida em que se produz a partir de si próprio. O que ele assim produz é a filosofia; a série de tais produções, o trabalho multimilenário do pensamento em se produzir a si mesmo, a série de descobertas em que o pensamento visa detectar-se a si próprio, é o que devemos investigar. Eis a especificação universal do nosso objecto; mas é tão universal que é necessário determinar mais em pormenor o nosso fim e a sua realização (II).

No nosso propósito, importa distinguir duas coisas. O pensamento, cuja exposição é a história da filosofia, é essencialmente um; os seus desenvolvimentos são apenas configurações diversas de uma só e mesma coisa. O pensamento é a substância universal do espírito; a partir dele se desdobra tudo o mais. Em todo o humano, o eficiente é pensar, o pensamento. Também o animal vive, partilha com o homem necessidades, sentimentos etc., mas, se o homem houver de se distinguir do animal, é preciso que este sentimento seja humano, não animal, isto é, deve nele haver pensamento. O animal tem sentimentos sensíveis, desejos, etc., mas nenhuma religião, nenhuma ciência, nenhuma arte, nenhuma fantasia; em tudo isto é o pensamento operativo.

A tarefa particular é, pois, elucidar que a intuição humana, a recordação, o sentimento, a vontade, etc., que tudo isto tem a sua raiz no pensar. Temos vontade, intuição, etc., e contrapomos estas ao pensar. Mas o pensar, além do pensar, determina também a vontade, etc., e, numa consideração mais pormenorizada, chegamos ao conhecimento de que o pensar não é algo de particular, uma força determinada, mas o essencial, o universal pelo qual tudo o mais é produzido. A história da filosofia é, por conseguinte, a história do pensamento. O Estado, a religião, as ciências, as artes, etc., são igualmente produções, efeitos do pensamento, mas não são, apesar de tudo, filosofia. Devemos pois fazer uma distinção na forma do pensamento. Ora, a história da filosofia é a história do universal, do substancial do pensamento. Coadunam-se nela o sentido ou o significado e a exposição ou o [elemento] externo do pensamento. Não há nela nem um pensamento exterior nem um pensamento interior, mas o pensamento é, por assim dizer, o mais íntimo. Nas outras ciências, forma e conteúdo cindem-se entre si. Na filosofia, porém, o próprio pensamento é o seu objecto; ocupa-se de si mesmo e determina-se a partir de si próprio. Realiza-se em virtude de se determinar a partir de si ; a sua determinação é produzir-se a si próprio e nisso existir. É em si mesmo o processo, tem actividade, vivacidade, possui em si múltiplas referências e põe-se nas suas diferenças. É unicamente o pensamento que a si se impulsiona.

Se olharmos com maior atenção tais determinações, as suas configurações apresentam-se como desdobramento. A estrutura do desenvolvimento consiste em que algo, velado de início, se desdobra em seguida. Assim, por exemplo, na semente está contida toda a árvore com a sua expansão em ramos, folhas, flores, etc. O simples, o que tal multiplicidade em si contém, a δυναμις no germe não está ainda desenvolvida, não saiu ainda da forma da possibilidade para a da existência. Um outro exemplo é o eu; este é o simples inteiramente abstracto e, no entanto, contém-se nele uma inumerável quantidade de sentimentos, actividades do entendimento, da vontade e do pensamento.

O pensamento é em si livre e puro mas, habitualmente, exibe-se em qualquer figura; é pensamento definido, particular. Como tal, possui determinações de duas espécies: em primeiro lugar, aparece nas produções determinadas no espírito humano, por exemplo, na arte. Só a filosofia é o pensar livre, irrestrito, puro. Nas outras produções do espírito humano, é necessário que o pensamento esteja *vinculado* a um determinado objecto e conteúdo, pelo que surge como pensamento delimitado. Em segundo lugar, o objecto é-nos *dado* em geral. No intuir, temos sempre diante de nós um fim determinado, um objecto particular. Deparamos com a Terra, o Sol, etc., sabemos algo acerca deles, cremos neles como na autoridade dos sentidos. Se, pois, o objecto é dado, então o pensamento, a autoconsciência, o eu não é livre; é algo distinto do objecto; não é eu; não estou, pois, em mim, isto é, não sou livre. Ora, a filosofia ensina-nos a pensar, ensina como aí nos devemos comportar; lida com objectos de uma espécie peculiar: tem como objecto a essência das coisas, não o fenómeno, a coisa em si, como se encontra na representação. A filosofia não considera esta representação, mas a essência do objecto, e esta essência é o próprio pensamento. Também o espírito é livre, porquanto o pensar se ocupa de si, pois está junto de si.

Podemos aqui fazer de imediato uma outra observação. A essência, acabámos de dizer, nada mais é do que o próprio pensamento. À essência contrapomos o fenómeno, a modificação, etc.. A essência é, portanto, o universal, o eterno, o que sempre assim é. Representa-se Deus de formas diversas, mas a essência de Deus é o universal, o que sempre permanece, o que se insinua através de todas as representações. A essência da natureza são as suas leis. (Mas as leis mecânicas, tomadas como essência da natureza, são particulares, contrapostas ao universal.) – O universal é o produto do pensar. No desejar e coisas semelhantes, o universal que nele existe encontra-se misturado com muito de particular, de sensível. Pelo contrário, no pensar, lidamos unicamente com o universal. Tornar-se objecto do pensar significa extrair-se do universal; em seguida, temos o produto do pensar, o pensamento.

Todos admitem que, se se pretende conhecer a essência de Deus, é preciso reflectir. O produto é então um pensamento. Se dizemos pensamentos, representamos algo de subjectivo; dizemos: reflectimos, temos pensamentos *acerca* da coisa; não são, pois, a própria coisa, mas asserem-se a propósito da coisa. Mas esses não são pensamentos verdadeiros; são simplesmente subjectivos e, portanto, contingentes. O verdadeiro é a essência da coisa, o universal. Mas porque o pensamento é universal, é objectivo; não pode ser ora assim, ora assado; é imutável. A filosofia tem, por conseguinte, como objecto o universal; porque o pensamos, somos nós próprios universais. Por consequência, só a filosofia é também livre, porquanto nela estamos em nós, e não dependemos de algo de diferente. A ausência de liberdade reside unicamente em estarmos em algo de diverso, não em nós mesmos. Os que pensam estão em si, portanto, são livres. Visto que a filosofia tem como objecto o universal, é também por isso isenta da mutabilidade do sujeito. Pode alguém ter pensamentos sobre a essência, pode saber isto ou aquilo acerca da verdade; mas semelhante pensamento, tal saber, não é ainda filosofia... (III)

Já no universal — foi por nós dito há pouco — reside o incitamento a fazer uma reflexão mais ampla, e incumbe à consideração filosófica reflectir logo sobre o que se passou, não o deixar ficar tal como imediatamente foi pensado. Dissemos que o nosso objecto é a série das produções do livre pensamento, a história do mundo intelectual. Isto é simples; mas parece haver aí uma contradição. O pensamento, que é essencialmente pensamento, é em si e para si, é eterno. O que é verdadeiro está unicamente contido no pensamento, é verdadeiro não só hoje e amanhã, mas eterno, fora de todo o tempo, e enquanto está no tempo é sempre em todo o tempo verdadeiro. Ora, surge logo aqui a contradição; é a seguinte: o pensamento deve ter uma história. Na história, expõe-se o que é mutável, o que tem de ocorrer, o que aconteceu, passou, mergulhou na noite do passado, o que já não é. Mas o pensamento não é susceptível de mudança alguma; não foi e passou, mas é. A questão é, pois, que coisa tem ele a ver com o que reside fora da história, já que está subtraído à mudança e, no entanto, tem uma história (II).

A representação simples, que alguém para si faz da história da filosofia, é a experiência de que houve uma grande variedade de filosofias, das quais cada uma afirma e se ufana de possuir o conhecimento do verdadeiro, de ter encontrado a verdade. Diz-se que as muitas e diversas filosofias se contradiriam entre si; por isso, ou nenhuma é a verdadeira ou, se alguma é também a verdadeira, não poderia, no entanto, distinguir-se das outras. E agora vê-se isto como prova experimental da vacilação e incerteza da filosofia em geral. A fé na capacidade cognoscitiva do espírito humano seria uma presunção. A outra objecção consiste em dizer que a razão pensante cai em contradições; o erro de todos os sistemas deve-se apenas a que a razão pensante se esforça por apreender o infinito, no entanto, unicamente pode aplicar categorias finitas e assim tornar finito o infinito; em geral, conseguiria simplesmente captar o finito. — Ora, no tocante a semelhante demonstração, constitui uma abstração vazia querer evitar a emergência de contradições. Pelo pensar, gera-se certamente a contradição. É importante, porém, observar que tais contradições não existem na filosofia, mas têm lugar em toda a parte, vagueiam por todas as representações dos homens; só que os homens não se tornam delas conscientes. Somente se apercebem na contradição que o pensar gera, mas que também somente o pensar sabe resolver. — A prova experimental é, pois, que as diferentes filosofias chegaram a contradizer-se entre si. A imagem das múltiplas filosofias que se contradizem é a representação mais superficial da história da filosofia; e é por isso que, perversamente, se usa esta diversidade para a desonra da filosofia. — Mas quando alguém se detém assim na representação das várias filosofias, supõe-se então que, quanto à verdade, deve haver apenas uma, e daí infere-se então que as verdades da filosofia só podem ser opiniões. Chama- -se opinião ao pensamento fortuito. Pode derivar-se de mim; é um conceito que é meu, portanto, de nenhum modo é universal (III, 30. X. 1827).

A concepção seguinte, mais habitual, da história da filosofia é a de que ela relata os diferentes pensamentos e conceitos que os homens tiveram sobre Deus e o mundo, nas épocas mais diversas. Se aceitarmos semelhante concepção, não pode decerto negar-se que a história da filosofia contém os pensamentos sobre Deus e o mundo e os deixa confrontar-se de muitas e variadas formas. Mas o significado adicional desta concepção é, pois, também que aquilo com que a história da filosofia nos familiariza não passa de opiniões. O que de imediato se contrapõe à opinião é a verdade. Diante dela, a opinião empalidece. Mas a verdade é também aquilo perante a qual viram a cabeça os que, na história da filosofia, somente buscam opiniões e afirmam que nela apenas com opiniões se deparará.

Há aqui dois antagonistas, que combatem a filosofia. Outrora, foi a *piedade* que declarou a razão ou o pensar como incapaz de conhecer o verdadeiro. Muitas vezes declarou que, para atingir a verdade, se deveria renunciar à razão, que a razão se deveria dobrar perante a autoridade da fé; que a razão abandonada a si mesma guia o pensar por si para falsos caminhos, para o abismo da dúvida. Mais tarde se falará da relação da filosofia com a religião e a sua história.

O outro aspecto é que a *razão* se vira contra a fé, a representação religiosa, a doutrina herdada, procura racionalizar o cristianismo e alcandora-se tanto diante dele que a compreensão própria, a convicção particular, é que devia ser aquilo pelo qual apenas o homem se veria obrigado a reconhecer algo como verdadeiro. De modo espantoso, esta afirmação do direito da razão alterou-se subitamente e o seu resultado foi que a razão já nada poderia conhecer de verdadeiro. Por conseguinte, a razão começou assim a travar o combate contra a religião, em nome e por força da razão pensante; em seguida, porém, virou-se contra si mesma e tornou-se inimiga da razão, ao afirmar que apenas o pressentimento, o sentimento, a convicção própria, o elemento subjectivo, seria o padrão que deveria valer para o homem. Mas semelhante subjectividade desemboca somente em opiniões. Pelo que a chamada razão elaborou a opinião acerca do que deve constituir o último para o homem e, por seu lado, confirma a afirmação da piedade de que a razão não pode alcançar o verdadeiro; só que assim afirmava ainda ao mesmo tempo que a verdade é em geral algo de inatingível.

Chocamos, pois, logo com estas opiniões. A cultura geral da época transformou em máxima o seguinte: o verdadeiro não pode conhecer-se. Este princípio deve considerar-se como uma característica importante da época. Por isso, também na teologia, sucede que já não se busca o verdadeiro na doutrina, na Igreja, na comunidade, e não se faz já de um símbolo, de uma confissão de fé, o fundamento, mas cada qual apronta para si, segundo a sua própria convicção, uma doutrina, uma Igreja, uma fé e que, por outro lado, as ciências teológicas se cultivam somente de um ponto de vista histórico; leva-se a cabo uma restrição às investigações históricas como se nelas de nada mais se tratasse do que conhecer as diferentes opiniões, pois, não se fala aí da verdade; são apenas considerações subjectivas. Também a instrução da doutrina cristã se considera somente como uma confluência de opiniões, de modo que o verdadeiro não constitui a meta. — A filosofia exige, sem dúvida, a convicção própria como o último, o absolutamente essencial, segundo o lado da subjectividade; mas discrimina se a convicção se funda apenas em razões subjectivas, em anelos, sentimentos, intuições, etc., em geral, na particularidade do sujeito, ou se dimana do discernimento da natureza das coisas, da intelecção do conceito do objecto. A convicção *particular* do sujeito é apenas a opinião.

Esta oposição entre opinião e verdade, muito conspícua, muito florescente e muito pronunciada na nossa época, é também por nós captada na história da filosofia, por exemplo, já no tempo de Sócrates e Platão, tempo esse de ruína da vida grega, em que em Platão emerge a diferença entre δόξα e επιστημη. É a mesma oposição que divisamos, na época da decadência da vida romana pública e política, no reinado de Augusto e, subsequentemente, por exemplo, no epicurismo, como indiferença perante a filosofia. Assim, pois, Pilatos quando Cristo disse – «Vim ao mundo, para dar testemunho da verdade» – respondeu: «Que é a verdade?»* Eis uma expressão refinada e cujo significado é o seguinte: a verdade é algo de abolido, sem o qual passamos muito bem, e para lá do qual já nos encontramos; já não vale a pena conhecer a verdade, querer falar sobre a verdade.

Se, pois, em relação à história da filosofia, partimos do ponto de vista de que não é preciso conhecer a verdade, a razão pensante produziu somente opiniões, então o significado da história da filosofia é muito simples: é o conhecimento, o mero saber acerca das opiniões, isto é, das particularidades de outros; com efeito, porque a opinião é o que é meu, o que somente a mim pertence, e cada qual tem a sua, então, ela é a particularidade de cada sujeito. Mas as particularidades de outros são algo que me é estranho, um assunto que me é extrínseco, simplesmente histórico, morto. A história da filosofia é, então, ociosa e aborrecida e não tem interesse algum, a não ser porventura o da erudição. O que então possuo é uma massa vã, um conteúdo inútil; com efeito, não estou aí implicado, não me diz respeito. Ocupar-se assim com o que é estranho, satisfazer-se no que é vão, é igualmente uma futilidade subjectiva (I)

Por conseguinte, se a história da filosofia se considerar como uma compilação fortuita de pensamentos e opiniões, então é algo de inútil ou tem, pelo menos, somente um interesse erudito. Ser erudito significa ter conhecimentos de coisas estranhas; e saber coisas inúteis passa habitualmente pelo mais erudito. Ocupar-se das opiniões de outros não pode ter interesse pelo próprio espírito, pela verdade. Se as filosofias figurarem como opiniões, não existe aí nenhum interesse verdadeiro (III).

Mas a história da filosofia deve, a este respeito, ter ainda um ulterior interesse, proporcionar uma outra coisa. Deve dela inferir-se que constitui um esforço vão apreender a verdade mediante o pensar. Cícero diz isto na sua história desleixada das ideias filosóficas acerca de Deus**. Põe-no, sem dúvida, na boca de um epicurista, mas ele não sabia dizer a tal respeito

---
* Jo. XVIII, 37-38.
** *De Natura Deorum*, I, c. X-XVI.

nada de melhor. Por aí se vê que ele próprio não teve nenhuma outra opinião. O epicurista afirma que não se chegou a nenhum conceito definido do divino; por conseguinte, a aspiração da filosofia à verdade é nula; o resultado da história da filosofia mostra que os pensamentos diversos, as múltiplas filosofias que surgiram se contrapõem entre si, se antagonizam e contradizem. Este facto, que não se pode negar, apresenta-se então, enquanto facto, como a base para a prova da niilidade da própria filosofia, a partir da sua história. Parece conter a legitimação, mais ainda, a exigência, de aplicar também às filosofias as palavras de Cristo — «Deixai os mortos enterrar os seus mortos, e segui-me!»* — pelo que o todo da história da filosofia é um reino, não só de defuntos e passados no aspecto corporal, mas também de espiritualmente mortos e sepultados. Em vez de «Segue-me!», deveria, pois, certamente dizer-se: «Segue-te a ti mesmo, agarra--te à tua própria convicção, permanece na tua opinião, pois ninguém foi mais longe do que tu!», e isto tem justamente o sentido inverso da exigência de Cristo de não se ocupar com os mortos, mas de retornar a si, buscar em si mesmo, a fim de encontrar o reino de Deus.** Cristo diz: «Se alguém me quer seguir, negue-se a si mesmo»,*** isto é, a sua particularidade, a sua opinião. Sem dúvida, surge então igualmente uma nova filosofia, a qual afirma que as outras ainda não teriam encontrado o verdadeiro. Pretende não só ser, por fim, a verdadeira, mas colmatar igualmente as deficiências das filosofias precedentes. Mas também a esta filosofia se devem aplicar as palavras que o apóstolo Paulo profere a Ananias: «Olha, estão já à porta os pés dos que te hão-de levar»****. Olha, a filosofia pela qual a tua será refutada e repelida, não demorará a vir, do mesmo modo que ela não deixará de acabar noutra.

Se, pois, quisermos conceber a determinação mais específica desta concepção das diferentes filosofias, devemos inquirir e indagar o que é que se passa com a diversidade das filosofias, com a antítese de que a verdade, a razão, é só uma, e também só um o conhecimento da verdade, a razão pensante, isto é, justamente a filosofia e, no entanto, há várias filosofias.

---

* Luc. IX, 60, 59; Mat. VIII, 22.
** Cf. Luc. XVII, 22.
*** Luc IX, 23.
**** Acts. V, 9. [Na realidade, são as palavras que S. Pedro dirigiu à *mulher* de Ananias: «Olha, os pés dos que sepultaram o teu marido, estão já à porta para te levarem.» N. T.]

Queremos a nós mesmos explicar e tornar compreensível esta multiplicidade, esta oposição. Obteremos assim uma introdução acerca da relação das múltiplas filosofias com a única filosofia, a partir da qual então se esclarece também a diferença entre a história da filosofia e a própria filosofia. Veremos, em seguida, que a multiplicidade das filosofias não só não causa qualquer dano à própria filosofia –, mas é pura e simplesmente necessária e foi necessária à existência da ciência da filosofia. – Sem dúvida, nesta consideração, é preciso notar de antemão que partimos do pressuposto de que a filosofia tem o objectivo de pelo pensar conhecer ou apreender a verdade. Não queremos, pois, lidar com opiniões; na filosofia e na história, não nos ocupamos do passado, mas lidamos com ideias filosóficas, nas quais está presente o nosso espírito.

Temos de pressupor que já se conhece qual o objecto da filosofia. Este, embora surgindo como particular, é o ente mais universal, ou antes, o próprio universal, o absolutamente universal, eterno, o que é em si e para si. É possível enumerar igualmente como particulares os objectos da filosofia; são Deus, o mundo, o espírito, a alma, o homem. Mas, em rigor, o objecto da filosofia é somente Deus, ou a sua meta é conhecer Deus. Ela tem este objecto em comum com a religião, mas com a diferença de que a filosofia o considera mediante o pensar, o conceito, ao passo que a religião o contempla pela representação. – O que a história da filosofia nos exibe são os feitos da razão pensante. A história política ou a história universal considera os feitos da razão volitiva, dos grandes indivíduos, dos Estados; ensina-nos como esta razão se revela na origem, na implantação e declínio dos Estados. A história da arte aborda as ideias sob a forma da fantasia, que traz as ideias à intuição; a história da filosofia considera as ideias do pensar. Traz à sua presença a consciência pensante, apresenta-nos os heróis do pensar, do pensamento puro, tal como se devem considerar nos seus feitos. A acção é tanto mais excelente quanto menos a particularidade do sujeito nela imprimiu o seu selo. Na filosofia, o particular, isto é, a actividade particular do filósofo, esvai-se e permanece apenas o campo do puro pensar. Se se comparar este campo com outros, deve, pois, considerar-se como o mais nobre, o mais excelente; com efeito, o pensar é a actividade que distingue o homem. O homem é em tudo pensante; mas, por exemplo, na sensação, na intuição, no querer, na fantasia, não é *puramente* pensante. Só na filosofia se pode pensar puramente; só nela, pois, se pensa independentemente de todas as determinações naturais e das particularidades. Eis o solo que pretendemos considerar no seu movimento. — Aqui desemboca a consequência de que os actos da razão pensante não são aventuras. Também a história universal não é apenas romântica, não é uma compilação de actos e ocorrências fortuitas; não impera nela a casualidade. As ocorrências não são nela as viagens de cavaleiros errantes, os feitos de heróis que inutilmente se guerreiam, se esforçam e sacrificam em vista de um objecto contingente; e a sua eficiência não se desvaneceu sem deixar rasto. Mas, nas suas ocorrências, existe uma conexão necessária. O mesmo acontece na história da filosofia. Não se fala nela nas noções, opiniões, etc., que cada qual teria encontrado segundo a singularidade do seu espírito, ou arbitrariamente forjado; mas porque aqui se deve considerar a pura actividade e a necessidade do espírito, também no movimento total do espírito pensante tem de haver uma conexão necessária e essencial. Com esta fé no espírito do mundo, devemos ingressar na história e, em especial, na história da filosofia (I).

A segunda reflexão concerne ao comportamento da filosofia perante outras configurações e criações do espírito. Afirmámos já que o homem pensa e que isto constitui o seu elemento essencial, mas que o pensamento, fora do que é a meta da filosofia, tem de lidar ainda com uma grande quantidade de outros objectos, que são igualmente produções, actos do pensamento. A religião, a arte, a constituição política e coisas semelhantes são de igual modo obras do espírito essencialmente pensante e, no entanto, terão de ficar longe do nosso tema. Pergunta-se, pois: como se distinguem elas das produções que são o nosso objecto? E ao mesmo tempo: que relação histórica existe entre a filosofia de uma época e a religião, a arte, a política, etc., da mesma?

Estes dois pontos de vista serão por nós debatidos na introdução para nos orientarmos sobre o modo como a história da filosofia se deve abordar nestas lições. Em ambos os pontos de vista reside também a senda para o terceiro, para a divisão, a sinopse geral do decurso histórico do todo. Não quero ocupar-me de reflexões extrínsecas sobre a história da filosofia, a sua utilidade e outros modos de a tratar. A utilidade surgirá por si mesma.

Por fim, porém, farei uma breve referência às fontes, já que isso é tão habitual. A introdução deve ter apenas a finalidade de proporcionar uma representação pormenorizada do que constitui a nossa meta. A representação que aqui se deve desenvolver é o próprio conceito. Semelhante conceito não pode aqui demonstrar-se (pois ele é em si e para si): a sua demonstração incumbe à ciência da filosofia, ao elemento lógico. Pode, sem dúvida, tornar-se susceptível de aprovação e plausível, ao ligar-se a outras representações conhecidas da habitual consciência instruída; mas isso não é filosófico, contribui apenas para a clareza (II).

O primeiro [ponto] é, pois, o conceito, meta da história da filosofia; o segundo, a relação da filosofia com outras criações do espírito humano, arte, religião, constituição política, etc., e, de modo particular, em relação com a história (II-III).

A. CONCEITO DA HISTÓRIA DA FILOSOFIA

O que aqui iremos considerar é uma *sequência* de configurações do pensamento. É este o primeiro modo e, por isso, o mais superficial da emergência da história da filosofia. Logo se lhe associa a necessidade de nos familiarizarmos com a meta, o universal, graças ao qual o múltiplo, o diverso, que ocorre nesta sequência, se liga; esta quantidade refere-se assim como que à sua unidade, pelo que ela constitui um todo e forma uma totalidade; e o que esta unidade é constitui, logo a seguir, o fim, o conceito. Temos, pois, toda a razão em querer de um modo determinado um fim, um conceito, antes de lidarmos com o individual. Queremos, antes de mais, ter uma visão global de uma floresta para, só então, conhecermos as árvores singulares. Quem primeiramente se vira para estas e apenas a elas se atém, não abarca a floresta inteira, perde-se e confunde-se nela. Também assim sucede com as filosofias; existe uma quantidade infinita delas, que se combatem e contrapõem entre si. Por conseguinte, confundir-nos-íamos se, em primeiro lugar, pretendêssemos familiarizar-nos com as filosofias individuais. Perante as árvores genuínas, não se veria a floresta; diante das simples filosofias, não se divisaria a filosofia. Em nenhum lado isto acontece mais facilmente e com maior frequência do que na história da filosofia. A multiplicidade das filosofias faz, muitas vezes, que não se atente na própria filosofia, e esta é assim desprezada. Sobre isto se erige também aquela demonstração insípida, a qual, com ar de entendido, afirma que, na história da filosofia, não se consegue resultado algum; uma contradiz as outras; já a quantidade das filosofias constitui uma prova da niilidade do empreendimento da filosofia. E fala-se assim, mesmo quando se tem ou julga ter o interesse da verdade: deveria buscar-se o uno, a unidade, isto é, a verdade, pois a verdade é uma; e a multiplicidade das filosofias, das quais cada uma afirma ser a verdadeira, opor-se-ia ao princípio de que o verdadeiro é a unidade.

O ponto essencial, que teremos de abordar nesta introdução, relaciona-se com a questão: que se passa com esta contradição da unidade da verdade e da multiplicidade das filosofias? Qual o resultado do longo trabalho do espírito humano, e como se deve este conceber? Em que sentido pretendemos abordar a história da filosofia?

A história da filosofia é a história do pensamento livre, concreto, ou da razão. O pensamento livre, concreto, ocupa-se somente de si mesmo. Nada, que não seja resultado do pensar, é razão — não do pensar abstracto, pois este é o pensar intelectualista, mas do pensar concreto; tal é a razão. Importa, pois, expressar com maior pormenor a questão: em que sentido se deve considerar a história da razão pensante, isto é, em que significado? E a este propósito podemos responder que ela não se pode leccionar em nenhum outro significado a não ser no sentido do próprio pensamento; ou podemos dizer que a própria questão é inadequada. Podemos, em todas as coisas, indagar o sentido ou o significado; inquirir assim, numa obra de arte o significado da figura, na linguagem o significado da palavra, na religião o significado da representação ou do culto, noutras acções o valor moral, etc. Esse significado ou sentido nada mais é do que o essencial, ou o universal, o substancial de um objecto, e o substancial do objecto é o pensamento concreto do objecto. Temos aqui sempre dois aspectos, um interior e outro exterior, uma manifestação extrínseca, que é sensivelmente perceptível, intuitiva, e um significado, que é justamente o pensamento. Mas porque o nosso próprio objecto é o pensamento, não existe aqui de dois modos, mas o pensamento é o significativo por si mesmo. O objecto é aqui o universal; e por isso não podemos aqui indagar um significado separado ou separável do objecto. Por conseguinte, a história da filosofia não tem nenhum outro significado, nenhuma outra determinação, a não ser o próprio pensamento. O pensamento é aqui o mais íntimo, o mais elevado, e por isso não pode *a seu respeito* asserir-se pensamento algum. Numa obra de arte, podemos reflectir, fazer considerações sobre se a figura corresponde ao significado; podemos, portanto, tomar posição a seu respeito. A história do pensamento livre não pode ter nenhum outro sentido, nenhum outro significado, excepto falar sobre o próprio pensamento. A determinação, que aqui entra em vez de sentido e significado, é o próprio pensamento.

Para esta determinação devem aduzir-se agora os pontos de vista mais precisos, de que se trata no pensamento (II). Importa aqui empreender uma série de determinações do pensamento, estabelecer antes alguns conceitos inteiramente gerais, abstractos, a que ulteriormente apelaremos e por meio de cuja aplicação podemos especificar mais perante a representação o conceito da história da filosofia. Mas estes conceitos são aqui apenas pressupostos; não devem abordar-se de um modo lógico, filosófico, especulativo, ou demonstrar-se. Dever-se-á ficar por uma especificação histórica, prévia, destes conceitos (I-III).

I. *Determinações Prévias*

Tais determinações são: pensamento, conceito, Ideia ou razão, e o desenvolvimento dos mesmos (II-III).
Eis as determinações de desenvolvimento e de concreto. – O produto do pensar, o pensamento em geral, é o objecto da filosofia. O pensamento surge-nos, antes de mais, como formal, o conceito como pensamento determinado; a Ideia é o pensamento na sua totalidade, o pensamento em si determinado. A Ideia é o verdadeiro em geral e apenas o verdadeiro. A natureza da Ideia é, pois, desdobrar-se (I).

1. *O Pensamento como Conceito e Ideia*

a. *O Pensamento*

Por conseguinte, primeiro é o pensamento (II).
A filosofia é pensante; já considerámos isso. O pensar é o mais íntimo de tudo, o ηγεμονικον. O pensar filosófico é o pensar universal. O produto do pensar é o pensamento. Este pode ser subjectivo ou objectivo. Sob o aspecto objectivo, chamamos ao pensamento o universal; o νους de Anaxágoras é este universal. Mas sabemos que assim o universal é algo de abstracto, e que o particular se distingue dele. O universal é, pois, somente forma, e contrapõe-se-lhe o particular, o conteúdo. Se permanecermos no pensamento enquanto universal, não é muito o que aí preservamos, ou temos a consciência de que o abstracto não chega, não é suficiente. Daí a expressão: são

apenas pensamentos. – A filosofia tem a ver com o universal, que tem em si mesmo o conteúdo. Mas o primeiro é o universal como tal; este é abstracto; é o pensamento, mas enquanto puro pensamento é abstracção. «Ser» ou «essência», «o uno», etc., são alguns desses pensamentos de todo abstractos (III).

b. *O Conceito*

O pensamento nada é de vazio, de abstracto, mas é determinante e, claro está, a si mesmo se determina; ou o pensamento é essencialmente concreto. A este pensamento concreto chamamos conceito. O pensamento deve ser um conceito ainda que se afigure como abstracto, deve em si ser concreto; ou logo que o pensamento é filosófico, é em si concreto. Por um lado, é correcto dizer-se que a filosofia se ocupa de abstracções, justamente na medida em que tem de lidar com pensamentos, isto é, abstrai do sensível, do chamado concreto. Mas, por outro, é inteiramente falso: as abstracções pertencem à reflexão do entendimento, não da filosofia; e precisamente os que fazem essa censura à filosofia são os que se encontram de regra imersos em determinações reflexivas, embora refiram que estão no conteúdo mais concreto. Ao reflectirem sobre a coisa, possuem apenas, por um lado, o sensível e, por outro, pensamentos subjectivos, isto é, abstracções (II).

O segundo é o conceito. É algo de diverso do simples pensamento. (Na vida comum, o conceito toma-se habitualmente só como um pensamento determinado.) É um verdadeiro saber, não o pensamento como simplesmente universal; mas o conceito é o pensamento na medida em que a si se determina, o pensamento no seu vigor e actividade, ou o pensamento enquanto a si mesmo confere o seu conteúdo. Ou o conceito é o universal, que a si mesmo se particulariza (por exemplo, animal como *mamífero*, acrescenta-se à determinação extrínseca do animal). O conceito é o pensamento que se tornou activo e consegue determinar-se, criar-se e produzir-se; não é, pois, simples forma para um conteúdo, mas forma-se a si mesmo, confere a si próprio um conteúdo e determina para si a forma. (A sua determinação ocorreu na própria história da filosofia.) Condensamos o facto de o pensamento já não ser abstracto, mas determinado, enquanto a si mesmo se determina, com a palavra (concreto). Ele proporcionou a si um conteúdo, tornou-se concreto, isto é, desenvolveram-se em conjunto – onde várias determinações se concebem numa unidade e estão inseparavelmente ligadas — determinações diferentes que não se devem separar. As duas determinações abstractas, a que ele dá a forma do uno, são o universal e o particular. Tudo o que é verdadeiramente vivo e verdadeiro é, pois, algo de composto, tem em si várias determinações. A actividade viva do espírito é, portanto, concreta. — Logo, a abstracção do pensamento é o universal; o conceito é o que a si se determina e se particulariza (III).

c. *A Ideia*

O pensamento concreto, numa expressão mais precisa, é o conceito e, em termos ainda mais definidos, é a *Ideia*. A Ideia é o conceito, enquanto ele se realiza. Para se realizar, tem de a si mesmo se determinar, e tal determinação nada mais é do que ele próprio. Pelo que o seu conteúdo é ele mesmo. O seu comportamento infinito é determinar-se somente a partir de si mesmo (II).

A Ideia ou a razão é também conceito, mas assim com o pensamento se determina enquanto conceito, assim também a razão enquanto pensamento subjectivo. Quando, a propósito de um conceito, dizemos que ele se determina, é então ainda abstracto. A Ideia é o conceito repleto, que consigo mesmo se preenche. A razão ou a Ideia é livre, rica, plena de conteúdo em si própria; é o conceito, que se cumula de conteúdo, e a si proporciona a sua realidade. «Posso, sem dúvida, dizer "o conteúdo de algo", mas não "a Ideia de algo"»; com efeito, ela tem o seu conteúdo em si mesma. A Ideia é a realidade efectiva na sua verdade. A razão é o conceito que a si próprio dá realidade, isto é, consta de conceito e realidade. A *alma* é o conceito; proporciona a si própria realidade efectiva no corpo, na realidade. Se conceito e realidade se cindem, então o homem morre. Esta unificação não deve apenas conceber-se como unidade em geral, mas a razão é essencialmente vitalidade, actividade; a sua actividade essencial consiste em que o conceito se produz a si mesmo, se transforma em conteúdo, mas de modo tal que o produzido lhe é sempre conforme. A realidade está sempre na dependência da Ideia, não é por si. Parece ser um outro conceito, um outro conteúdo, mas não é assim. O que no objecto é diverso do que se encontra no conceito, a diferença, reside somente na forma da exterioridade. — A realidade põe-se idêntica ao conceito (III, 1. XI. 1827).

A Ideia é justamente o que chamamos *verdade* — uma grande palavra. Para o homem imparcial, ela permanecerá sempre grande e inundará o coração. Nos tempos modernos, chegou-se, sem dúvida, ao resultado de que não se pode conhecer a verdade. Mas o objecto da filosofia é o pensamento concreto, e este é, na sua ulterior determinação, justamente a Ideia ou a verdade. Ora, no tocante à afirmação de que a verdade não se pode conhecer, ela encontra-se por si na própria história da filosofia e também aí se considerará de modo mais específico. Aqui, deve apenas referir-se que, em parte, os próprios historiadores da filosofia é que deixam imperar tal preconceito. Tenemann, por exemplo, um kantiano, diz que é um contra-senso pretender conhecer a verdade; é o que nos demonstra a história da filosofia. Só que é inconcebível como é que um homem se pode assim com ela importunar e ainda em geral afligir-se, sem nela ter um fim. A história da filosofia é então somente um relato de todo o tipo de opiniões, das quais cada um afirma falsamente ser a verdade. Outro preconceito é que, sem dúvida, podemos saber da verdade, mas só quando reflectimos a seu respeito (– que a verdade não se vem a conhecer na percepção imediata, na intuição, quer na intuição extrinsecamente sensível, quer na chamada intuição intelectual, pois toda a intuição é sensível enquanto intuição). Apelo para este preconceito. É ainda, com certeza, algo de diverso saber da verdade e ser capaz de a conhecer; mas só pela reflexão é que sei o que existe na coisa. Portanto, em primeiro lugar, podemos não conhecer a verdade e, segundo, sabemos da verdade somente pela reflexão. Se indicarmos com maior pormenor estas especificações, vamos mais longe na nossa concepção (II).

As primeiras determinações que conseguimos são, pois, que o pensamento é concreto, que o concreto é a verdade, e que esta se produz unicamente mediante o pensar. A determinação ulterior é, então, que o espírito se desdobra a partir de si mesmo (II, 1).

2. A Ideia como Desenvolvimento

A primeira [determinação] era, portanto, que o pensamento, o pensamento livre, é em si essencialmente concreto; depreende--se daí que ele é vivo e se move em si mesmo. A natureza infinita do espírito é o seu processo, não de em si repousar, mas de se produzir e existir essencialmente graças à sua produção. Podemos, com maior precisão, conceber este movimento como *desdobramento*; o concreto enquanto activo existe essencialmente como desenvolvendo-se. Depara-se aí com uma diferença; e ao concebermos em pormenor a determinação das diferenças que ocorrem – e, no processo, brota necessariamente outro – o movimento revela-se como desenvolvimento. Tais distinções emergem, quando nos atemos também apenas à representação conhecida do desenvolvimento. Importa apenas que reflitamos sobre a concepção de desenvolvimento (II).

Antes de mais, pergunta-se o que é o desenvolvimento. Toma-se o desenvolvimento como uma representação conhecida e, por isso, julga-se que se está dispensado de uma discussão a seu respeito. Mas o peculiar da filosofia é justamente investigar o que se pressupõe como conhecido, e que todos julgam já saber. Ela assere, indaga e explica precisamente o que se maneja e usa de modo inadvertido, de que nos socorremos na vida comum; com efeito, este conhecido é justamente o desconhecido, quando não se tem uma cultura filosófica. Devemos, pois, realçar os pontos individuais que ocorrem no desenvolvimento, para tornar mais fácil o que se segue. Mas não se pode falar de um discernimento integral deste conceito; para tal requere-se uma explicação ulterior. Pode afigurar-se que tais determinações não dizem muito; mas a sua niilidade é que deveria ensinar a conhecer todo o estudo da filosofia.

A Ideia como desdobramento deve, primeiro, transformar-se no que é. Isto parece ser uma contradição para o entendimento, mas a essência da filosofia consiste justamente em resolver as oposições do desenvolvimento.

No tocante ao desenvolvimento como tal, devemos agora distinguir duas coisas – por assim dizer, dois estados: a disposição, a capacidade, o ser-em-si (*potência,* δυναμις) e o ser--para-si, a realidade efectiva (*actus,* ενεργεια) (I).

a. *Ser-em-si*

O que logo se nos depara no desenvolvimento é que deve existir algo que se desdobra, portanto, algo de embrulhado – o germe, a disposição, a capacidade, é o que Aristóteles chama δυναμις, isto é, a possibilidade (mas a possibilidade real, não uma possibilidade superficial em geral) ou, como se denomina, o em-si, o que é em-si e só primeiramente assim.

A propósito do que é em-si tem-se habitualmente a elevada opinião de que ele é o verdadeiro. Conhecer Deus e o mundo significa chegar a conhecê-los em-si. O que é em-si, porém, não é ainda o verdadeiro, mas o abstracto; é o germe do verdadeiro, a disposição o ser-em-si do verdadeiro. É algo de simples, que contém certamente em-si as qualidades do muito, mas na forma da simplicidade – um contéudo que ainda se encontra encapsulado. Um exemplo disso é proporcionado pelo germe. O germe é simples, quase um ponto; mesmo pelo microscópio pouco nele se descobre. Mas este simples está prenhe de todas as qualidades da árvore. No germe, está contida toda a árvore, o seu tronco, os seus ramos e folhas, a sua cor, o seu odor e gosto, etc. E, no entanto, este simples, o germe não é a própria árvore; o diverso ainda não existe. É essencial saber que existe algo de inteiramente simples, que em si contém uma diversidade, mas que ainda não existe para si.

Um exemplo mais importante é o eu. Quando digo eu, trata-se de algo de inteiramente simples, de abstractamente universal, a todos comum; cada qual é eu. E, contudo, é a mais variada riqueza de representações, impulsos, desejos, inclinações, pensamentos, etc. Neste ponto simples, no eu, tudo está contido. Ele é a força, o conceito de tudo o que o homem a partir de si desenvolve. Segundo Aristóteles, pode dizer-se que, no simples, no que é em-si, na δυναμις, *potentia*, na disposição, está contido tudo o que se desdobra. No desenvolvimento, nada mais vem à luz a não ser o que já é em-si. (II).

O germe é o conceito da planta; se o cortarmos, encontraremos nele somente um ponto de partida. Dele brota a planta. É activo, e a actividade consiste em ele produzir a planta. A planta é justamente apenas esta vida, que é a actividade. O que resta, sem vida e movimento, é a madeira; a lenhificação é a morte. Mas a planta, enquanto planta real, é o produzir permanente, o produzir-se a si mesma. Levou a cabo um decurso vital, quando está em condições de suscitar de novo um germe. O germe é dotado de toda a formação da planta; a força e o produzido é uma só e mesma coisa. Nada mais emerge do que já existia. Esta unidade do ponto de partida, do elemento impulsor e do produzido é o essencial, que aqui se deve consolidar (III).

b. *Ser determinado*

A segunda [determinação] é que o em-si, o simples, o embrulhado se desenvolve, se desdobra. Desenvolver-se significa pôr-se, entrar na existência, ser como algo de diverso. Em primeiro lugar, ele é diverso só em si e existe apenas nesta simplicidade ou neutralidade, como a água, que é clara e transparente e, no entanto, contém em si muitas matérias físicas e químicas, mais ainda, possibilidades orgânicas.

Em segundo lugar, pois, ele obtém ser determinado em relação a outras coisas. É uma e mesma coisa ou, antes, um mesmo conteúdo, quer esteja em si, encapsulado, quer se desdobre e exista como desdobrado. É somente uma diferença de forma; mas tudo depende desta diferença (II).

O outro aspecto que aí importa observar é que, enquanto o germe prossegue assim até ao germe, entre o ponto inicial e o ponto terminal se situa *o meio*; este é o *ser determinado*, o ser separado – o desenvolvimento, o desdobramento enquanto tal, que, em seguida, se concentra de novo no germe simples. Tudo o que se produziu, a planta inteira, reside já implicada na força do germe. A forma das partes singulares do todo, todas estas diferentes determinações, que residem na formação do germe, só são proporcionadas pelo desdobramento, pelo ser determinado. Importa consolidar este. Existe igualmente na alma do homem, no espírito humano, um mundo inteiro de representações. Tais representações encontram-se envoltas no eu inteiramente simples. Designo assim somente o germe; mas todas estas representações se desdobram a partir dele e de novo retornam ao eu. Eis o movimento da Ideia, do racional. O nosso esforço por reter este grande número de representações novamente na unidade, nesta idealidade é actividade do nosso espírito; tal como o racional em geral, segundo a sua determinação fundamental, se deve conceber assim: duplicar o conceito, recolhê-lo na sua simplicidade e nela o manter. O que chamamos ser determinado, existência, é, pois, uma exposição do conceito, do germe, do eu. Na natureza, ele é algo de exposto; cada determinação parece existir como separada, de modo particular. Ao ser determinado na consciência, no espírito, chamamos o saber, o conceito pensante. Por conseguinte, o espírito consiste em trazer-se a si ao ser determinado, isto é, à consciência. Como consciência em geral, tenho um objecto; eis-me aí e também o que está diante de mim. Mas porque o eu é o objecto do pensar, também o espírito consiste justamente em produzir-se, extrair de si, saber o que ele é (III).

A grande diferença reside em que o homem sabe o que ele é; só então é efectivamente. Sem isso, a razão, a liberdade, é nada. O homem é essencialmente razão; o homem, a criança, o culto e o inculto, é razão; ou antes, a possibilidade de ser razão está presente e dada em cada um. E, no entanto,

85

ela de nada serve à criança, ao inculto. Constitui somente uma possibilidade, se bem que não vazia, mas real e em si germinante. Só o adulto, o instruído, sabe por educação o que ele é. A diferença consiste apenas em que a razão está além presente só como disposição, em si, mas aqui está explicitada, posta na existência a partir da forma da possibilidade (II-III). Assim, por exemplo, dizemos que o homem é racional, e discriminamos muito bem entre o homem, que acabou de nascer, e aquele cuja razão instruída está diante de nós. A criança também é um homem, mas a razão ainda nela não existe; ainda nada sabe e faz de racional. Tem a disposição para a razão, mas esta ainda não existe para ela. Importa, pois, essencialmente que o que o homem em si é venha para ele a ser; e só como este ser-para-si tem realidade segundo qualquer lado, e seja em que forma quiser. – Isto pode também expressar-se assim; o que em si é deve para o homem tornar-se objecto, vir à consciência; tornar-se-á pois, para ele e ele para si próprio. Deste modo se duplica a si mesmo. Uma vez *é* ele razão, pensar, mas em si; outra, *pensa,* transforma em objecto seu no pensar este ser, o seu em-si. Pelo que o próprio pensar é objecto, portanto, objecto de si mesmo; logo, o homem para si. A racionalidade produz o racional, o pensar produz o pensamento. O que é ser--em--si vem à luz no ser-para-si. Se, agora, reflectirmos a este propósito, o homem que em si era racional e disso fez objecto não foi mais longe do que estava no começo. O homem traz para diante de si o que ele é em si. O em-si mantém-se, permanece o mesmo; não brota nenhum conteúdo novo. Isto parece ser uma reduplicação inútil; no entanto, a diferença que reside nestas determinações é enormíssima. Todo o conhecimento, aprendizagem, discernimento, ciência, e até todo o agir, não tem nenhum outro interesse a não ser fazer emergir de si o que é em si, o que é interno, fazer-se uma referência às coisas naturais (I).

Dessa diferença promana toda a diversidade na história universal. Os homens são todos racionais; o formal de tal racionalidade é que o homem seja livre; eis a sua natureza, que pertence à essência do homem. E, no entanto, em muitos povos existiu a escravatura e, em parte, ainda existe; e os povos estão satisfeitos. Os orientais, por exemplo, são homens e, como tais, em si livres; mas todavia ainda o não são, porque não têm a consciência da liberdade e toleram todo o despotismo da religião e das condições políticas. A diferença total entre os povos orientais e os povos em que não domina a escravatura é que estes sabem que são livres, que lhes cabe ser livres (II-III).

Aqueles também o são em si, mas não existem como livres. O que constitui a ingente modificação da situação histórico-universal é que se o homem é livre apenas em si, ou se sabe que o seu conceito, a sua determinação, a sua natureza, é existir como indivíduo livre (II).

O europeu sabe de si, é para si objecto; a determinação, que ele conhece, é a liberdade; sabe-se como livre. O homem tem como substância sua a liberdade. Quando os homens falam mal do saber, não sabem o que fazem. Saber-se a si mesmo, fazer de si mesmo objecto, eis o que certamente poucos fazem. Mas o homem só é livre quando se sabe. Pode igualmente falar-se em geral tão mal do saber como se quiser; todavia, semelhante saber é que faz o homem livre. O saber-se é, no espírito, o ser determinado (III).

Isto é, pois, a segunda determinação – apenas a diferença da existência, da separação. O eu é livre em si, mas também é livre para si mesmo, e eu sou somente enquanto existo como livre (II).

c. *Ser-para-si*

A terceira determinação é que o que em si é, e o que existe e é para si, é apenas um só e o mesmo. Eis o que significa justamente desenvolvimento. Se o em-si já não fosse o em-si, deparar-se-ia aí com um outro, portanto, uma modificação. Nesta, algo é e torna-se algo de diverso. No desenvolvimento, podemos sem dúvida falar também de alteração, mas esta alteração deve ter uma condição tal que o outro, o que emerge, é, no entanto, ainda idêntico ao primeiro, pelo que o simples, o que é em-si, não se aniquila. É algo de concreto, algo de diverso mas, no entanto, está contido na unidade, no em-si originário. – O germe desenvolve-se de modo a não se alterar; se se altera, se se tritura e pisa, não pode desenvolver-se. Esta unidade do existente, que existe, e do que é em-si é o essencial do desenvolvimento. É um conceito especulativo, a unidade do diverso, do germe e do evolvido; ambos são dois e, no entanto, um só. É um conceito da razão; todas as outras determinações a este respeito são somente intelectualistas. O entendimento abstracto, porém, não o pode conceber; permanece só na indiferença, apenas pode conceber abstracções, e não o concreto, o conceito.

No desenvolvimento, contém-se assim ao mesmo tempo a mediação; um só é enquanto se refere ao outro. O que é em-si tem o impulso a desdobrar-se, a existir, a transitar para a forma da existência; e a existência unicamente é por meio da disposição. Não há efectivamente algo de imediato. Na época moderna, falou-se muito do saber imediato, da intuição, etc.; mas é apenas uma abstracção má, unilateral. A filosofia tem a ver com o efectivamente real, com conceitos. O imediato é somente o irreal. Em tudo o que se chama saber imediato, etc., existe a mediação, e é fácil de revelar. Logo que algo é verdadeiro, contém em si a mediação, do mesmo modo que a mediação, se não for apenas abstracta, contém em si a imediatidade (II).

O movimento, que constitui a realidade efectiva, é a tradução do subjectivo em objectivo. Tal transição é, em-parte, simples, imediata e, em parte, também não simples, mas um caminho através de muitos estádios. Assim a duplicação das plantas de germe para germe. As ínfimas espécies de plantas são, por exemplo, fios e nós, e a passagem é de semente para semente, de nó para nó ou de bolbo para bolbo, portanto, imediatamente. Mas a duplicação do germe da planta para um novo germe é imediata. No meio, surge a raiz, o tronco, a folha, a flor, etc. É, portanto, um caminho mais desenvolvido, mediato. Também no espírito há, pois, algo de imediato, como a intuição, a percepção, a fé e outras coisas, mas mediado pelo pensar.

Importa notar agora que, no caminho do desenvolvimento, existe uma sucessão. Raiz, tronco, ramos, folhas e flores, todos estes estádios são entre si diversos. Nenhuma destas existências é a verdadeira existência da planta (mas elas são simplesmente percorridas), porque são estados interinos, sempre iterativos, dos quais um contradiz o outro. Deve aqui notar-se a contradição, o comportamento negativo, dos momentos entre si; mas, ao mesmo tempo, devemos insistir também na vitalidade única da planta. Este uno, simples, persiste ao longo de todos os estados. Todas estas determinações, momentos, são pura e simplesmente necessários e têm como fito o fruto, o produto a partir de todos estes momentos, e o novo germe.

Resumindo, temos assim *uma* vitalidade que, a princípio está encapsulada, em seguida, porém, avança para o ser determinado e se dispersa na multiplicidade das determinações, as quais, enquanto estádios diferentes, são necessárias e constituem, por outro lado, *um* sistema. Esta representação é uma imagem da história da filosofia (III).

Se o primeiro era o em-si da realização, o germe, etc., e o segundo a existência, o que emerge, então o terceiro é a identidade de ambos, mais precisamente, o fruto do desenvolvimento, o resultado de todo este movimento; e a isso chamo eu abstractamente o ser-para-si. É o ser-para-si, do homem, do próprio espírito; com efeito, a planta não tem o ser--para-si logo que falamos numa linguagem que se refere à consciência. Só o espírito se torna verdadeiramente para si, idêntico a si (II).
O germe é o simples, o informe; nele pouco se pode ver. Mas tem o impulso para se desenvolver; não pode suportar ser apenas em si. O impulso é a contradição de ser-em-si e, no entanto, de o não dever ser. Tal contradição dispersa o que é em-si; o germe expõe-se a partir de si como existências diversas. Mas o que emerge, o múltiplo, o diverso, nada mais é do que o que se encontrava naquela simplicidade. No germe, encontra--se já tudo contido, sem dúvida, embrulhado, de um modo ideal, indeterminado, indiferenciável. No germe, está já determinado que figura, cor e odor deve a flor receber. – O germe, pois, desenvolve-se, expõe-se. Ora, o acabamento de tal expor vai tão longe como o em-si. Estabelece para si um objectivo, tem uma restrição, um termo, mas um termo antes determinado, não casual – o fruto. E no fruto o essencial é tornar-se de novo germe. Por conseguinte, o germe tem como fim produzir-se a si mesmo, retornar novamente a si. O embrulhado, o que é em-si está, pois, em-si plenamente determinado, dispersa-se e, em seguida, reúne--se novamente na primeira unidade.

Nas existências naturais, acontece sem dúvida que aquilo que começou, ou subjectivo e, em seguida, o existente, e aquilo que constitui o termo, o resultado, o fruto, enquanto semente, são dois indivíduos. O germe é um indivíduo diferente do fruto, o novo germe. Portanto, nas existências naturais, a duplicação calha em dois indivíduos; ou tem o resultado aparente de se dividir em dois indivíduos, pois, segundo o conteúdo, são o mesmo. Também no animal é assim: os filhos são indivíduos diferentes dos pais, embora da mesma natureza. – No espírito, pelo contrário, é diferente; justamente porque o espírito é livre, coincidem nele o começo e o termo. O germe faz-se algo de diferente e reúne-se de novo na unidade; mas esta unidade não é novamente para si benefício. No espírito, existe decerto também duplicação, mas o que aqui é em si vem a ser para ele. O termo regressa ao *seu* começo; vem a ser para este e para nenhum outro; e assim ele vem a ser para si próprio.

O fruto, como semente, não é para o primeiro germe, mas para nós – o mesmo conteúdo; o fruto não é, pois, para o germe, e este não é para si. Só no espírito é que, ao ser para outro, é a este respeito para si. Transforma o seu em-si em objecto para-si e, por isso, é objecto para si próprio, conflui com o seu objecto num só. O espírito encontra-se deste modo em-si no seu outro. O que ele produz, o seu objecto, é ele mesmo, é um chegar-a-si próprio no seu outro. O desenvolvimento do espírito é um dispersar-se, um disseminar-se e, sob este aspecto, ao mesmo tempo um chegar-a-si próprio (I). Tal é o conceito de desenvolvimento – um conceito inteiramente geral. É a vitalidade, o movimento em geral. A vida de Deus em si mesmo, da universalidade na natureza e no Espírito, de todo o vivente, tanto do mais fraco como do mais elevado, é este desenvolvimento. É um diferenciar-se, um trazer à existência, ao ser para outro, e um permanecer aí idêntico a si. É a eterna produção do mundo, na outra forma do Filho, e o eterno retorno do Espírito a si – um movimento absoluto, que é ao mesmo tempo repouso absoluto – eterna mediação consigo. Eis o estar-em-si da Ideia, a capacidade de a si retornar, de se amalgamar com o outro e de a si mesmo se ter no outro. Esta capacidade, esta força, de estar em si no negativo de si mesmo é também a liberdade do homem (II).

O estar-em-si, o chegar-a-si do Espírito pode expressar-se como a sua meta suprema. O que acontece no céu e na terra acontece unicamente em vista de consecução desta meta. A eterna vida de Deus é encontrar-se a si mesmo, vir a ser para si, reunir-se consigo próprio. Nesta promoção, reside uma alienação, uma cisão; mas a natureza do Espírito, da Ideia, é alienar-se para se reencontrar. Tal movimento é justamente o que a liberdade é; com efeito, já ao reflectirmos de modo superficial, dizemos: livre é o que não é dependenete de outro, o que não sofre violência, o que não está enredado noutro. O Espírito, ao retornar a si, consegue ser como algo de livre. Tal é a sua meta absoluta, o seu objectivo supremo. Torna-se assim verdadeiramente propriedade sua – verdadeira certeza de si mesmo. – Daqui se depreende que o Espírito em nenhum outro elemento chega a esta meta, ingressa nesta liberdade, a não ser no pensar. Na intuição, tenho sempre um outro como objecto, que permanece outro; são objectos que me determinam. Igualmente no sentimento: *encontro-me* aí determinado, não sou livre; com efeito, *estou* assim determinado, não fui eu que assim me *pus*; e se tenho também consciência desta situação, sei, no entanto, somente que sinto, que estou determinado. Na vontade, também não estou em mim próprio: tenho interesses determinados; estes são decerto os meus, mas tais fins contêm, todavia, sempre um outro ainda diante de mim, um outro que é para mim outro, ao qual estou referido de um modo natural. Em tudo isto, não estou plenamente em mim. Somente o pensar é a esfera em que toda a alienação se desvaneceu e, por isso, o Espírito é absolutamente livre, está em si mesmo. Alcançar semelhante meta é o interesse da Ideia, do pensar, da filosofia (I).

3. O Desenvolvimento como Concreção

Aqui, interessa-nos agora mais especificamente o formal (II, 1).

Se o desenvolvimento absoluto, a vida de Deus e do Espírito, é *somente* processo, apenas *um* movimento, então é só como abstracto. Contudo, este movimento universal enquanto concreto é uma *série* de configurações do Espírito. Semelhante série não deve imaginar-se como linha recta, mas como círculo, como um retorno a si. Este círculo tem por periferia uma grande quantidade de círculos; *um* desenvolvimento é sempre um movimento através de muitos desenvolvimentos; o todo desta série é uma sucessão, com retrocessão para si, de desenvolvimentos; e cada desenvolvimento particular é um estádio do todo. Há um progresso no desenvolvimento, porém, não vai até ao (abstractamente) infinito, mas retorna a si mesmo.

– O Espírito deve saber-se a si próprio, expor-se, ter-se por objecto, para saber o que é, para em seguida se esgotar inteiramente e se tornar integralmente objecto; para de todo se desvelar, para descer ao mais profundo de si e o desvendar. Quanto mais intensamente se desenvolve o Espírito, tanto mais profundo ele é, é então realmente profundo, e não apenas em si; em si não é nem profundo nem elevado. O desdobramento é justamente um aprofundamento do Espírito em si, de maneira a trazer a sua profundidade à consciência. A meta do Espírito, ao falarmos nesta aplicação, é que ele se apreenda a si próprio, que já não esteja de si oculto. E o caminho para tal é o seu desenvolvimento; e a série de desenvolvimentos são os estádios do seu desdobramento.

Ora, na medida em que algo é resultado do estádio de um desenvolvimento, constitui, por seu turno, o ponto de partida de um novo e ulterior desenvolvimento. O último de um é sempre ao mesmo tempo o primeiro de outro estádio. É pois com razão que Goethe afirma algures: «O produzido torna-se sempre de novo material». A matéria, que é estruturada, tem forma, é por sua vez matéria para uma nova forma (II).

O Espírito entra em si e faz-se objecto; e a direcção do seu pensar proporciona-lhe a forma e a determinação do pensamento. Transforma o conceito, em que se apreende a si mesmo e que ele é, a sua formação, o seu ser de novo dele separado, outra vez em objecto, desvia-se novamente da sua actividade. O agir proporciona assim uma forma ulterior ao previamente formado, dá-lhe mais determinações, torna-o mais determinado em si, mais estruturado e mais profundo (I, 3).

Os estádios são diferentes; cada estádio seguinte é mais concreto do que o precedente. O ínfimo estádio é o mais abstracto; as crianças são assim as mais abstractas, segundo o Espírito; estão cheias de intuições sensíveis, mas pobres de pensamentos. No início das nossas preleções, teremos muitos materiais sensíveis. São os mais pobres de pensamentos. Os nossos primeiros pensamentos são determinações do nosso pensar mais abstractas do que as mais tardias. Embatemos assim, em primeiro lugar, na determinação de coisa; não há uma coisa, há somente um pensamento; e, no começo, ocorrem, pois, somente tais determinações abstractas do nosso pensar. O abstracto é simples e fácil. Os estádios seguintes são mais concretos. Pressupõem as determinações dos estádios anteriores e desenvolvem-se ainda mais. Por conseguinte, cada estádio ulterior ao desenvolvimento é mais rico, ampliado nestas determinações, por conseguinte, mais concreto. Não há, por conseguinte, pensa-mento algum, que não progrida no seu desenvolvimento (II).

Pode agora, no desdobramento, indagar-se o *que* se desenvolve, qual o *conteúdo* absoluto que se desdobra; com efeito, imagine-se que o desenvolvimento, enquanto actividade, é somente formal e, portanto, precisa de um substracto, mas a actividade não tem outras determinações a não ser a acção; o que se desenvolve nada mais pode ser, pois, do que aquilo que a actividade é. Deste modo se determina logo, com efeito, a natureza geral do conteúdo. No desenvolvimento, discriminamos somente diversos, a saber, o em-si e o para-si; e a acção consiste decerto em conter em si tais momentos diferentes. A acção, enquanto totalidade dos momentos, é, pois, essencialmente o que denominamos em geral o concreto; e podemos acrescentar: não só a própria acção é concreta, mas também o em-si; o sujeito da actividade, o que principia, começa e impele o desenvolvimento. Com efeito, a Ideia em si é justamente também concreta. O que referimos ser somente o curso do desenvolvimento é também o seu conteúdo. Por conseguinte, o concreto é algo de uno, a saber, o em-si, e também um outro, a saber, a actividade do expor de tal concreto. Ambos os momentos se encontram assim nesse único; e este é o terceiro. Este tem o significado de que o único está em-si no outro, por conseguinte, não tem o outro fora de si, mas nele retornou a si.

A Ideia é essencialmente concreta, pois o verdadeiro não é abstracto; o abstracto é o inverdadeiro. Sem dúvida, a filosofia move-se nas regiões do puro pensar, mas o seu conteúdo deve conceber-se como mais concreto. É talvez difícil conceber que as determinações diversas ou diferentes, contrárias, se encontrem num só, mas apenas para o entendimento. O entendimento resiste ao concreto, quer nivelá-lo. Só a reflexão do entendimento produz o abstracto, o vazio, e o retém perante o verdadeiro. A sã razão humana exige o concreto. – Por isso, a Ideia enquanto puro pensar é certamente abstracta, mas em si absolutamente concreta; e a filosofia encontra-se na máxima oposição ao abstracto; é justamente a luta contra o abstracto, a guerra incessante com a reflexão do entendimento.

Tais são as determinações que devíamos antepor e aduzir historicamente.

Se combinarmos estas determinações do desenvolvimento e do concreto, temos o concreto no movimento (da autoprodução do seu ser-em-si em ser-para-si) e o desenvolvimento como concreção. Visto que o em-si já é concreto em si mesmo e o desenvolvimento em geral é o pôr do que é em si, nada assim se acrescenta de estranho, de novo; só que agora *aparece* como diverso o que já existia não desenvolvido, velado. O desdobramento deixa *aparecer* somente este interno originário, *expõe* o concreto já aí contido, que pelo desenvolvimento vem a ser para si mesmo, se constrange a este ser-para-si. – O concreto é em si diverso, mas primeiramente só em si, segundo a disposição, a capacidade, a possibilidade; o diverso está ainda na unidade, não foi ainda posto como diferente. É em si diverso e, no entanto, simples; contradiz-se em-si. Graças a tal contradição, constrange-se a sair da disposição, do íntimo para a dualidade, para a diversidade; ab-roga, pois, a unidade para fazer justiça aos diferentes. Por conseguinte, a unidade das diferenças ainda não postas como diferentes constrange-se à sua dissolução. O diferente vem deste modo ao ser determinado, à existência. Mas igualmente se faz justiça à unidade, pois o diferente, que é posto, de novo se ab-roga. Deve retornar à unidade; com efeito, a verdade do diverso é ser num só. E só mediante este pensamento a unidade é verdadeiramente concreta. Tal é a vitalidade em geral, tanto a vitalidade natural, como a do Espírito; é a vitalidade da Ideia. A Ideia nada é de morto, não é uma essência abstracta. Por conseguinte, é injusto, insensato e péssimo imaginar Deus, que nada pode ser de abstracto, em semelhantes expressões abstractas como *être suprême*, ser supremo, a cujo respeito nada mais se pode dizer. Semelhante Deus é produto do entendimento, inerme, morto.

– Importa considerar e distinguir, no movimento, primeiro, o emergir do uno para a dualidade e, em segundo lugar, o retorno ao uno. Devemos orientar a nossa observação de modo que a diferença, porquanto é tal, seja uma diferença evanescente, ideal, ab-rogada, mas somente para que a plena e concreta unidade, não a unidade vazia do entendimento, chegue ao ser-para-si.

Tais são as determinações do desenvolvimento do concreto. Mas, a fim de apreendermos mais facilmente estas determinações, e as trazermos com maior pormenor ainda à representação, queremos agora aduzir alguns exemplos do concreto, antes de mais, das coisas sensíveis.

As coisas naturais revelam-se-nos imediatamente como concretas. A *flor*, por exemplo, tem múltiplas qualidades, cor, odor, figura, etc., mas encontram-se num só; nenhuma destas qualidades pode faltar; não estão aqui e acolá, o odor aqui, a cor além, mas a cor, o cheiro, etc., estão constituídas numa recíproca implicação, se bem que como diferenças. Também não é possível inseri-las numa composição mecânica. De igual modo, uma *folha* é em si concreta; cada parte individual da folha tem todas as propriedades, que a folha inteira possui. Igualmente o *ouro* contém, de modo inseparável e indiviso em cada um dos seus pontos, todas as suas qualidades; onde ele é amarelo, possui também o seu peso específico; não é num lugar amarelo e, noutro, especificamente pesado. Deixemos valer imediatamente esta concreção no sensível; só no espiritual, no pensamento, é que importa conceber os diversos como entre si opostos. Não achamos contraditório e não nos deixamos perturbar por o cheiro da flor ser algo de diverso da sua cor, por o cheiro e a cor serem, também entre si, diferentes e, não obstante, se encontrarem pura e simplesmente entre si conexos. Não estabelecemos aqui uma oposição recíproca. O entendimento, o pensar intelectual, chega antes a determinar até que ponto o reciprocamente diverso se contrapõe, e de que modo ele se pode conceber como entre si incompatível. Se falarmos, por exemplo, da matéria ou do espaço, sabemos, pois, que a matéria é composta, o *espaço* é contínuo, ininterrupto. Posso encher o espaço de modos diversos, mas ele não se deixa interromper. Por outro lado, podemos em toda a parte, no espaço, estabelecer pontos, torná-lo pontual. O mesmo se aplica à *matéria*. Ela é em toda a parte composta, por conseguinte, por toda a parte visível, até aos átomos; e, no entanto, é por toda a parte pura e simplesmente contínua, um contínuo em si. (Cada átomo é ainda ulteriormente divisível.) Apesar de tudo, falamos dos átomos. Temos assim a determinação dupla da divisibilidade *e* continuidade da matéria. O entendimento, pelo contrário, diz: ela é contínua *ou* pontual, atomística; o entendimento contrapõe firmemente entre si as duas determinações. Os átomos, afirma ele, excluem a continuidade. Mas, na realidade, a matéria não é pura e simplesmente uma destas duas determinações; a razão ab-roga as duas determinações como contrapostas e afirma: todo o contínuo é átomo, e todo o átomo é contínuo.

Ou um exemplo tirado de uma esfera mais elevada: dizemos, a propósito do homem, que ele tem *liberdade*; a determinação contrária é a *necessidade*. «Se o espírito é livre, então não está sujeito à necessidade»; e, em seguida, o *oppositum*: «o seu querer, pensar, etc., é determinado pela necessidade, portanto, não é livre»; «um — afirma-se agora — exclui o outro». Em tais opiniões, tomamos as determinações diversas como reciprocamente exclusivas, como não constituindo um concreto. Mas o verdadeiro é a unidade dos contrários; e temos de dizer que o espírito é livre na sua necessidade, só nela tem a sua liberdade, como também a sua necessidade subsiste na sua liberdade. Assim se estabelecem os diversos na unidade. Sem dúvida, é com maior dificuldade que nos aproximamos desta unidade, e desta unidade não quer acercar-se o entendimento; mas deve aspirar a ela e consegui-la. É sempre mais fácil dizer que a necessidade exclui a liberdade *et vice versa* do que insistir no concreto. — Há decerto figuras que são apenas necessárias, subjazem à necessidade, pertencem unilateralmente à necessidade; são as coisas naturais; mas, por isso, estas são também existências inverdadeiras – com isto não se dirá que elas não existam, mas apenas que não têm em si próprias a sua verdade. A natureza é, justamente por isso, abstracta, não chega à existência verdadeira. Mas o espírito não pode ser unilateral. Se se concebe como simples liberdade, sem necessidade, é então arbítrio, liberdade abstracta ou formal, vazia.

São estas as determinações e relações que eu antes de mais queria apresentar. Por elas são determinadas as categorias que constituem o conceito da história da filosofia.

Quando persistimos nestas determinações da natureza do concreto e do desenvolvimento, a multiplicidade das filosofias recebe logo assim um outro sentido. Com efeito, o múltiplo já não aparece então, segundo é hábito tomá-lo, como algo de firme, reciprocamente indiferente, autónomo, vário e coisas semelhantes. Mas o múltiplo deve apreender-se com incluído no movimento – movimento esse que funde todas as diferenças firmes e as reduz a momentos temporários (I).

Assim é suprimido de uma só vez e posto no seu lugar o palavreado acerca da diversidade das filosofias, como se o múltiplo fosse algo de estável, firme e persistente na recíproca exterioridade – palavreado esse em que o desdém perante a filosofia julga possuir uma arma insuperável contra ela e, ao mesmo tempo, no seu orgulho quanto a determinações tão mesquinhas – um verdadeiro orgulho de pedinte – é de todo ignorante do pouquíssimo que possui e deve saber – por exemplo, aqui, a multiplicidade, a diversidade. Eis a categoria que, no entanto, cada um entende, não acha nela mal algum e com ela está familiarizado e julga assim poder manejá-la e usá-la como se fosse uma categoria plenamente entendida; é evidente que ele sabe o que isto é. Mas os que têm a multiplicidade por uma determinação absolutamente firme, não conhecem a sua natureza e a dialéctica da mesma (I, 3).

São estas as especificações que eu pretendia previamente propor. Não as demonstrei, mas apenas as enumerei de modo histórico e tentei torná-las plausíveis, segundo a nossa representação (I).

Temos agora de fazer a aplicação de tais determinações e de ver as consequências concretas; foi por isso que as aduzi. Passamos agora, pois, a uma mais nítida especificação da história da filosofia (I-II).

II. Aplicação destas determinações à História da Filosofia

a

α) Segundo estas determinações, a *filosofia* é o pensamento que a si se traz à consciência, se ocupa de si mesmo, se faz objecto seu, se pensa a si próprio e, claro está, nas suas determinações diversas. A ciência da filosofia é, pois, um desenvolvimento do pensamento livre ou, antes, é o todo deste desenvolvimento, um círculo que a si retorna, em si permanece inteiramente, ele próprio é totalmente, que apenas a si mesmo quer retornar. Quando nos ocupamos do sensível, não estamos em nós mesmos, mas no outro. O caso é diferente na ocupação com o pensamento; o pensamento está apenas em si mesmo. A filosofia é, portanto, o desenvolvimento do pensamento, que não é incomodado na sua actividade. – Por isso, a filosofia é um sistema. Sistema tornou-se, na nossa época, uma palavra de reprovação porque se lhe associa a noção de que ele se atém a um princípio unilateral. Mas o significado genuíno do sistema é totalidade, e ele só é verdadeiro enquanto tal totalidade, a qual começa no mais simples e, mediante o desdobramento, se faz sempre mais concreta.

β) A *história da filosofia* é, pois, a mesmíssima coisa e não outra. Na filosofia enquanto tal, na filosofia de hoje, a última, está contido tudo o que o trabalho de milénios produziu; ela é o resultado de tudo o que precedeu. E este mesmo desenvolvimento do espírito, historicamente considerado, é a história da filosofia. Ela é uma história de todos os desenvolvimentos do espírito a partir de si, uma exposição destes momentos, estádios, como se sucederam uns aos outros no tempo. A filosofia é a exposição do desenvolvimento do pensamento, como ele é em si e para si, sem acessórios; a his.- tória da filosofia é este desdobramento no tempo. Por conseguinte, a história da filosofia é idêntica ao sistema da filosofia. A identidade de ambos é, sem dúvida, ainda uma afirmação de que não se pode aduzir aqui a prova genuína e especulativa. Tal prova concerne à natureza da razão, do pensar, e esta deve considerar-se na própria ciência da filosofia. A história da filosofia proporciona a prova empírica. Deve mostrar que o seu decurso é a sistematização do próprio pensamento. Nela deve expor-se o mesmo que na filosofia, simplesmente com o acessório do tempo, com as circunstâncias históricas complementares da região, dos diversos indivíduos, etc. *Quando* a filosofia emerge no tempo – é um outro ponto que consideraremos no segundo lado da introdução.

O espírito em si e por si é completa e integralmente concreto; ao actuar, tem não só a forma de se tornar consciente de si no puro pensamento, mas produz-se a si na totalidade do que pertence à sua configuração; e esta é uma figura da história universal. Se o espírito progride, então deve progredir na sua totalidade; e visto que o seu avanço incide no tempo, também no tempo se centra o todo do seu desenvolvimento. O pensamento, o princípio de uma época, é o espírito que tudo penetra. Este tem de progredir na consciência de si mesmo, e tal progresso é o desenvolvimento de toda a massa, da totalidade concreta; e esta incide na exterioridade e, por conseguinte, no tempo.

Visto que a história da filosofia tem a ver com o puro pensamento, é ela própria uma ciência, isto é, não um agregado de conhecimentos, ordenados de um certo modo, mas um desdobramento do pensamento que em si e por si é necessário. Deve, porém, tomar em consideração a necessidade com que a produção do pensamento tem lugar no tempo. Com efeito, é uma lição histórica; temos, pois, de nos comportar historicamente, isto é, acolher estas configurações como elas se seguiram umas às outras no tempo e surgem decerto como casuais nesta espécie de emergência separada; mas devemos também ter em conta a necessidade de tal emergência.

Eis o sentido, o significado da história da filosofia. A filosofia desdobra-se a partir da história da filosofia, e inversamente. Filosofia e história da filosofia; uma é imagem da outra. O estudo da história da filosofia é estudo da própria filosofia e, claro está, principalmente do lógico. Mais à frente, falaremos do concreto. Para assim a podermos conceber, importa, claro está, saber antes o que é a filosofia e a sua história, mas não considerar *a priori* a história da filosofia segundo o princípio de uma filosofia; o pensamento manifesta-se de um modo puramente histórico, como ele por si mesmo progride.

γ) Ora, como é que se manifesta, mais em pormenor, o desenvolvimento da filosofia no tempo? Dissemos: no pensamento, não se pode indagar um significado, porque ele próprio é o significado; não há nada por trás dele – mas, em sentido inverso, como aliás se usa este modo de falar; com efeito, o próprio pensamento é o último, o mais profundo, o mais derradeiro; é inteiramente ele próprio. Mas o pensamento tem também uma manifestação e, enquanto esta se distingue dele próprio, pode falar-se de uma significação do mesmo. Uma manifestação do pensamento é a representação que do pensamento se tem; a outra, é a histórica.

A primeira manifestação do pensamento é que o pensar, o pensamento, surge como algo de particular. Além de pensarmos, de haver pensamentos, há percepções sensíveis, impulsos, tendências, determinações da vontade, etc. Temos, pois, ainda outras potências ou actividades da alma, que têm o mesmo direito que o pensar. O pensamento está aí, com efeito, como algo de particular ao lado de outro particular. Mas, na filosofia, deve conceber-se uma representação inteiramente diversa do pensamento. O pensar é a actividade do universal. Esta é decerto algo de particular porquanto há, além disso, ainda outras actividades. Mas a sua verdadeira natureza é que ele compreende já em si tudo o mais. O homem distingue-se, pois, do animal pelo pensar. Sentimentos, impulsos, etc., pertencem tanto ao homem como ao animal. Mas os sentimentos particulares, por exemplo, os sentimentos religiosos, jurídicos, morais, competem apenas ao homem. Os sentimentos em si, enquanto tais, nada são de digno, de verdadeiro; o que neles é verdadeiro, a especificação, por exemplo, de que um sentimento é religioso, deriva somente do pensar. O animal não tem religião, mas sentimentos; o homem tem religião unicamente porque é pensante. O pensar é universal em geral; o pensar concreto tem em si mesmo a particularização; o particular não está ao lado do abstracto. – Uma manifestação do pensar, que se prende com isto é a de que o pensamento é subjectivo. O pensamento compete apenas ao homem, mas não apenas ao homem enquanto indivíduo singular, como sujeito; devemos tomá-lo essencialmente num sentido objectivo. O pensamento é universal em geral; já na natureza, nos seus géneros e leis, descobrimos que existem pensamentos; por conseguinte, não existem apenas na forma da consciência, mas em si e por si e também objectivamente. A razão do mundo não é razão subjectiva. O pensamento é o substancial, o verdadeiro na relação com o singular, que é momentâneo, temporal e mutável. O conhecimento da natureza do pensamento afasta o modo subjectivo da sua manifestação; e o seu significado é, então, que ele não é simplesmente algo de particular, de subjectivo, que apenas advém à nossa consciência, mas é o universal, o objectivo em si e para si.

A segunda manifestação do pensamento é a histórica já mencionada, a saber, que as determinações do pensamento emergiram nesta época, nesta região, neste indivíduo, de modo que a sua emergência surge como uma sucessão casual. Já antes se disse como se rectifica esta manifestação. Acolhemos os pensamentos historicamente, como eles apareceram nos indivíduos singulares, etc.; é um desenvolvimento no tempo, mas segundo a necessidade interna do conteúdo. Eis a única visão digna da história da filosofia; ou o verdadeiro interesse da história da filosofia é que ela mostre que isso acontece racionalmente no mundo também segundo este aspecto. Isto tem já de antemão uma grande presunção a seu favor; a história da filosofia é o desenvolvimento da razão pensante; por conseguinte, no devir desta última, foi decerto racional o que aconteceu. O templo da razão autoconsciente é mais elevado do que o templo de Salomão e outros templos, edificados pelos homens. Foi uma construção racional, não porventura como os judeus e franco-mações edificam no salomónico. Pode ter-se a fé de que tal aconteceu racionalmente. É a fé na Providência, apenas de outro modo. O melhor que existe no mundo é o que o pensamento produziu. Eis porque é inadequado crer que a razão exista apenas na natureza, e não também no espiritual, na história, etc. Se, por um lado, se diz que a Providência regeu o mundo e, por outro, se têm todavia as ocorrências mundanas no campo do espírito — e tais são as filosofias — por casualidades, então semelhante concepção contradiz a primeira; ou antes, não há seriedade na fé na Providência; é apenas um palavreado oco. Mas o que aconteceu, foi mediante o pensamento da Providência que aconteceu.

b.

α) A primeira coisa que, como consequência do que antes se disse, podemos observar é que nós, na história da filosofia, *não temos a ver com opiniões*.

Na vida comum, temos decerto opiniões, isto é, pensamentos sobre as coisas exteriores; um pensa assim, outro assado. Mas ao lidar-se com o espírito do mundo, exige-se uma seriedade de todo diferente; depara-se aí com a universalidade. Trata-se então das determinações universais do espírito, não se fala da opinião de fulano e sicrano. O espírito universal desdobra-se em si mesmo segundo a sua necessidade, a sua opinião é apenas a verdade.

β) Em segundo lugar, vem a resposta à questão sobre *o que se pensa com as múltiplas filosofias*, acerca das quais se ouve falar no sentido de que constituem uma prova contra a filosofia, isto é, contra a verdade. Importa, primeiro, dizer: há somente *uma* filosofia. Isto tem já um sentido formal, pois cada filosofia é pelo menos filosofia (– porquanto é apenas em geral filosofia; muitas vezes, é somente palavreado, noções arbitrárias, etc., o que se chama filosofia). Assim como as diferentes espécies de fruta são, no entanto, fruta, assim se deve também considerar a relação das diferentes filosofias com a única filosofia. Falar de muitas filosofias tem, mais especificamente, o sentido de que elas constituem os necessários estádios do desenvolvimento da razão que chega à consciência de si mesma, do uno, como já antes o concebemos. Por conseguinte, no tocante à sua sucessão, é uma sucessão necessária. Não pode, pois, filosofia alguma emergir, antes de ela aparecer. Sem dúvida, nos séculos XV e XVI, as filosofias antigas surgiram mais uma vez, e isto foi necessário no progresso da cultura cristã. No entanto, quando as filosofias passadas mais uma vez se repetem são então, por assim dizer, apenas múmias do anteriormente pensado. O espírito no mundo foi mais longe, e isto não é o indumento, a forma em que ele encontra ainda expresso o que na realidade é (II).

A razão é só uma; não existe uma segunda razão, sobre-humana. Ela é o divino no homem. A filosofia é a razão que se concebe no modo do pensar, chega à consciência, pelo que ela se torna seu objecto ou se sabe, na forma do pensamento. Este produzir, ou seja, saber de si, é também uma só coisa – um só e mesmo pensar. Por isso, há pura e simplesmente também apenas *uma* filosofia. Sem dúvida, é possível igualmente atribuir o nome de filosofia a muita coisa que o não é. – Nada temos de especial diante de nós, pois a filosofia é o espírito pensante na história universal. Este é livre, as particularidades estão dele afastadas. O espírito pensante, a razão pensante não tem a ver com as bugigangas da ciência e da sabedoria do mundo, mas o espírito pensante tem a ver consigo. Milhares que se ocuparam de particularidades encontram-se esquecidos; só algumas centenas de nomes se preservaram como tais. A Mnemósine da história universal não distribui a sua fama aos indignos; assim como reconhece os feitos dos heróis na história externa, assim também reconhece, na história da filosofia, apenas os feitos dos heróis da razão pensante. São estes o nosso objecto. Não são opiniões, nem casualidades; foi a razão pensante, o espírito pensante do mundo, que neles se revelou. A sucessão de tais feitos é, sem dúvida, uma sucessão; mas é apenas *uma só* a obra que se produz. A história da filosofia considera somente *uma* filosofia, apenas *uma* acção, mas que se segmenta em diferentes estádios. — Por conseguinte, houve desde sempre apenas uma filosofia, o autoconhecer-se do espírito. Esta única filosofia é, pois, o pensamento, que a si se sabe como o universal, quando também não é ainda em si concreto, quando é ainda formal. O diverso, o múltiplo, que ele produz a partir de si, está sob o universal. Por conseguinte, seja qual for a filosofia a que também se chegue, tem-se ainda aí filosofia. A desculpa não é, pois, admissível: deseja-se certamente cultivar a filosofia, só que não se sabe: qual? Assim como as cerejas, ameixas, etc., são fruta, assim cada filosofia é, pelo menos, filosofia.

A filosofia é o pensamento que a si mesmo se apreende; este é concreto, portanto, a razão que a si mesma se apreende. Semelhante auto-apreensão é uma apreensão que se desenvolve. O primeiro modo da razão, da existência do pensamento, é inteiramente simples como o germe. Mas esta existência simples é o impulso para ulteriormente se determinar. A primeira auto-apreensão do espírito é geral, abstracta; a razão, porém, é em si concreta. Este concreto em si deve trazer-se à consciência — o que não pode acontecer de outro modo a não ser deixando emergir sucessivamente as partes individuais, isto é, cada especificação de per si após as outras, como acontece na planta. — Mas justamente digno de nota é que a sucessão e a separação dos conceitos se unificam ao mesmo tempo no conhecimento dos sistemas individuais. Os conceitos da razão concreta aperfeiçoam-se sem que os primeiros se percam nos sistemas de pensamentos dos ulteriores. Na história, é como no desenvolvimento do indivíduo singular. Aprendemos pouco a pouco. A capacidade da escrita, cuja aprendizagem constituía para nós, enquanto crianças, o ponto essencial, mantém-se no homem; mas o aspecto elementar de um estádio anterior unifica--se com o ulterior num todo da formação. Igualmente se mantém na história da filosofia o que veio antes; nada se deita fora. — Haveremos de conhecer melhor o futuro desta progressão na história da filosofia. Em tal desenvolvimento, porém, deve pressupor-se que se avançou de um modo racional, que lhe preside uma Providência. Se isto já se terá de pressupor na história, quanto mais não se conjecturará no curso da filosofia, pois esta é o que o espírito possui de mais santo, de mais íntimo?

Desvanece-se, portanto, assim a representação de que aqui um teve casualmente esta opinião, e o outro, aquela; aqui, não se fala de opiniões de indivíduos; – representação essa que, certamente, se pode ter em conta no saber contingente. A expressão da filosofia é necessária. Cada filosofia teve necessariamente de surgir *na* época em que apareceu; cada filosofia surgiu assim na época justa, nenhuma saltou por cima do seu tempo, mas todas elas apreenderam pelo pensamento o espírito da sua época. Representações religiosas e determinações do pensamento, conteúdo do direito, conteúdo da filosofia, etc. – tudo isso é um só e mesmo espírito. As filosofias trouxeram à consciência o que, na sua época, existia a propósito da religião, do Estado, etc. Pelo que é uma concessão inadequada admitir que uma filosofia mais antiga se repete. – Mas importa agora determinar mais profundamente este ponto de vista (III, 2. XI.1827).

A primeira consequência a partir do que se disse é que, em geral, o todo da história da filosofia constitui em si uma progressão consequente, necessária; esta é em si racional, livre, determinada por si própria, pela Ideia. A contingência de poder ser assim ou assado é repelida e banida de uma vez por todas, ao ingressar no estudo da história da filosofia. Tal como o desenvolvimento dos conceitos na filosofia é necessário, também o é na sua história. Semelhante progressão determina-se com maior pormenor, se-gundo a contradição de conteúdo e forma. O elemento condutor é a dialéctica interna das configurações. O configurado é algo de determinado. Deve, pois, ser constituído; a sua determinidade implica que ele seja, que exista. Mas é assim algo de finito, e o finito não é o verdadeiro, não é o que deve ser. Contradiz o seu conteúdo, a Ideia; tem de perecer. Mas, por existir, implica também, por outro lado, que tem em si a Ideia. Por ser determinado, porém, a sua forma é uma forma finita, a sua existência uma existência unilateral, limitada. A Ideia como o interno deve demolir esta forma, destruir a existência unilateral, para a si conferir a forma absoluta, idêntica ao conteúdo. Nesta dialéctica do infinito em si da Ideia, a qual existe na forma unilateral e deve ab-rogar esta existência, é que reside o elemento condutor. Este é a única determinação que nos deve guiar na história da filosofia. A progressão enquanto todo é necessária. Isto segue--se da natureza da Ideia. A história da filosofia tem o *a priori* de apenas verificar o que reside na natureza da Ideia; constitui somente um exemplo seu.

A segunda determinação, mais pormenorizada, é a de que cada filosofia singular, tomada por si, existiu e ainda existe necessariamente, pelo que nenhuma pereceu, mas todas se preservam. As filosofias são pura e simplesmente necessárias e, deste modo, momentos imperecíveis do todo, da Ideia; eis porque se preservam, porém, não apenas na lembrança, mas de um modo afirmativo. Devemos assim distinguir somente entre o princípio particular de uma filosofia enquanto tal e a realização deste princípio, ou a aplicação ao mundo. Os princípios como tais preservam-se; são necessários, são eternos na Ideia. Por isso, a mais recente filosofia contém os princípios de todas as filosofias precedentes, é o resultado de todas as anteriores (I).

As diferentes filosofias não só se contradisseram, mas também se refutaram. Pode agora perguntar-se *que sentido tem esta recíproca refutação*. A resposta provém do que até agora se disse. Refutável é apenas que qualquer modo concreto ou forma de Ideia surja agora e em cada época como a mais elevada. Foi no seu tempo a mais alta; mas, ao concebermos a actividade do espírito como a si mesmo se desdobrando, deixou de ser a mais elevada, já não se reconhece como tal e, por assim dizer, degradou-se a ser apenas um momento para o estádio seguinte. O conteúdo não foi refutado. A refutação é apenas a redução de uma determinação a subordinada. Não se perdeu nenhum princípio filosófico, mas todos os princípios se preservam no seguinte. Somente se alterou a posição que tinham tido.

Semelhante refutação ocorre em cada desenvolvimento, assim na germinação da árvore a partir da sua semente. A flor, por exemplo, é a refutação das folhas. Parece ser a mais alta e verdadeira existência da árvore. Mas a flor é refutada pelo fruto. O fruto, que é o último, contém o que o antecedeu, todas as forças que antes se desenvolveram. Não pode vir à realidade efectiva sem a precedência de todos os estádios anteriores. Ora, tais estádios têm lugar separadamente nas existências naturais, tal como a Natureza em geral é a Ideia na forma da mútua separação. No espírito, também existe esta sucessão, esta refutação, mas de modo tal que os estádios anteriores permanecem na unidade. A última e mais recente filosofia deve, pois, conter em si os princípios de todas as filosofias anteriores, por conseguinte, ser a mais elevada.

Refutar é, portanto, mais fácil do que justificar, isto é, reconhecer o elemento afirmativo em algo e realçá-lo. A história da filosofia mostra, por um lado, o limite, o negativo dos princípios, mas, por outro, também o elemento afirmativo das mesmas. Nada é mais fácil do que mostrar o negativo. Por se estar acima do que importa julgar, ao reconhecer aí o negativo, proporciona-se a si a satisfação da consciência. Isto adula a vaidade. Se algo se refuta, fica-se por cima. Se se está acima da coisa, então não se mergulhou nela. Mas encontrar o afirmativo implica mergulhar no objecto, tê-lo como justificado; e isto é de longe mais difícil do que refutá-lo. – Na medida, pois, em que as filosofias se revelam como refutadas, devem também mostrar-se como preservadas (II).

A este respeito, importa ainda observar que nenhuma filosofia foi refutada; e, no entanto, todas foram também refutadas. Bem, o que foi refutado não foi o princípio, mas apenas a peculiaridade, ínsita no princípio, de ele ser o último, o absoluto, e ter como tal validade absoluta. É a redução de um princípio a um momento determinado do todo. Por isso, o princípio enquanto tal não se desvaneceu, mas apenas a sua forma de ser o absoluto, o último. Eis o sentido da refutação das filosofias. – A filosofia atomista, por exemplo, tem a determinação de que o átomo é o absoluto; é o indivisível, o uno – na sua determinação ulterior, o individual e, ainda mais determinado, o subjectivo. Também eu sou um Um, um indivíduo; mas – sujeito, logo, sou espírito. Mas o átomo é o ser-para-si inteiramente abstracto, o simples um; e a atomística, ao tentar apreender o absoluto na determinação abstracta do um, chegou a determiná-lo como muitos uns, infinitamente muitos uns. Ora, já não somos atomistas; o princípio atomístico foi refutado. O espírito é decerto também um Um, mas já não o um nesta abstracção. O simples um é uma determinação e definição demasiado indigente do abstracto, para o conseguir esgotar. Por conseguinte, o um não expressa o absoluto. Mas tal princípio também se preservou (manteve-se até ao Eu fichteano), apenas não como determinação total do absoluto. Portanto, nenhuma filosofia, nenhum princípio de tal filosofia foi apenas refutado, mas todos os princípios igualmente se preservam; nenhum se pode dispensar. Na filosofia verdadeira, todos os princípios se devem preservar.

E, por isso, há dois aspectos na relação ao comportamento perante o princípio de uma filosofia, um negativo, e outro afirmativo. O negativo é a intelecção da unilateralidade de um princípio; o positivo ou o afirmativo é a compreensão de que ele constitui um momento necessário da Ideia. Só tendo em conta os dois, fazemos justiça a uma filosofia. Ambos os aspectos se devem conter em cada juízo. Em tudo se deve reconhecer a deficiência, mas também em tudo o verdadeiro. É fácil reconhecer o que é deficiente. Mas encontrar o bem exige um estudo mais profundo, uma idade mais madura. Não é preciso muito, sobretudo no nosso tempo, para declarar uma filosofia mais antiga como deficiente; mas é mais difícil discernir como é que a necessidade imperiosa do espírito a suscitou. – É esta, pois, a segunda consequência, que se deve observar na história da filosofia (I).

Quanto ao facto de as filosofias terem sido refutadas, se terem desvanecido, devemos dizer que nelas se preservou, apesar de tudo, a verdade, de que ela foi uma só e a mesma verdade em todas. A refutação não tem, pois, nenhum outro sentido a não ser o de que a filosofia de uma época é, sem dúvida, o ponto de vista mais elevado do espírito que se desenvolve de cada vez na sua constituição; mas que não se pode dizer que ela tenha atingido o ponto de vista supremo, para além do qual não existe nenhum A unilateralidade de uma tal filosofia consistiu, então, apenas em que ela se teve a si mesma como o derradeiro ponto de vista, como o objectivo último da filosofia. A progressão para além dele – e eis o que significa refutação – consiste, pois, somente em semelhante filosofia descer, em seguida, desse ponto de vista para um estádio, para uma secção do todo. Por conseguinte, a progressão do espírito que se aprofunda consiste em tornar-se particular o que inicialmente era universal. Eis porque, na Lógica, parto do ser. Na progressão, este preserva-se, sem dúvida, mas é sobre ele que se continua o construir. O ser, a princípio o totalmente universal, recebe uma determinação particular. É no ser que se funda o pensamento. O conceito, por seu turno, é um estádio mais elevado: o pensamento que a si se determina. Assim se preserva o pensamento enquanto universal; elucida-se somente segundo um aspecto. O mesmo se passa com os princípios da filosofia; o conceito universal persiste sempre. Eles assumiram apenas uma outra posição (III).

Na consideração da refutação de uma filosofia por outra, deve ainda propor-se uma especificação mais pormenorizada, que ocorre na própria história da filosofia e nos mostra em que relação as filosofias se encontram umas com as outras e até que ponto os princípios das mesmas modificaram a sua posição. A refutação engloba, como vimos, uma negação em si. Esta consiste em não ser correcto o que se acreditou a propósito de um sistema da filosofia. Ora, tal negação tem uma dupla forma. Uma das formas é que o sistema seguinte revela a insustentabilidade do precedente, pois qualquer filosofia se contrapõe à anterior e se apropria do princípio da seguinte. Todo o princípio do entendimento é em si unilateral; e esta unilateralidade revela-se no facto de outro princípio se lhe contrapor. Este outro princípio, porém, é igualmente unilateral. A totalidade, portanto, não existe como a unidade que os unifica; existe somente como integralidade no decurso do desenvolvimento. Assim, por exemplo, o epicurismo contrapõe-se ao estoicismo, como também a substância espinosista enquanto unidade absoluta ao uno da mónada leibniziana, à individualidade concreta. O espírito que se desdobra integra deste modo a unilateralidade de um princípio, ao trazer o outro à manifestação.

– O segundo modo, mais elevado, da negação é a unificação das diferentes filosofias num todo, de maneira que nenhuma subsiste por si, mas todas aparecem como partes de uma. Os seus princípios unificam-se, ao reduzirem-se a elementos da única Ideia; ou existem apenas ainda como momentos, determinantes, lados da Ideia única. E tal é o concreto, o que em si unifica os outros e constitui a verdadeira unidade destas determinações. – Semelhante concreto deve distinguir-se do ecléctico, isto é, do simples composto de princípios, opiniões diferentes, por assim dizer, de diversos farrapos num vestido. O concreto é a identidade absoluta, perfeita, dessas diferenças, e não a composição intrínseca das mesmas – tal como a alma humana é o concreto das almas em geral, pois a alma vegetativa está incluída na animal e esta, por seu turno, na humana. – Familiarizar-nos-emos também na história da filosofia com tais nós, em que semelhantes particularidades, semelhantes filosofias se encontram num só. Um destes nós é, por exemplo, a filosofia platónica. Se pegarmos nos diálogos de Platão, descobrimos que alguns têm um carácter eleático, outros pitagórico e ainda outros heraclítico; e, no entanto, a filosofia de Platão unificou em si as filosofias anteriores e iluminou assim as insuficiências das mesmas. Não é uma filosofia ecléctica, mas uma absoluta e verdadeira penetração e unificação dessas filosofias. Um outro nó é a filosofia alexandrina, que se pode chamar igualmente neoplatónica, neopitagórica, neo-aristotélica; ela unificou em si justamente tais oposições (II).

Dissemos que a razão é somente uma, que esta racionalidade única constitui um sistema e, por isso, o desdobramento das determinações do pensar é igualmente racional. Os princípios universais surgem segundo a necessidade do conceito subjacente. A posição dos anteriores é determinada pelo que vem a seguir. O princípio de uma filosofia reduz-se na seguinte a um momento. Por isso, uma filosofia não foi refutada, mas simplesmente se refutou a posição que ela tinha. Assim como, de início, as folhas são o modo mais elevado da existência da planta, em seguida o botão, o cálice, que mais tarde se tornará o envólucro ao serviço do fruto, assim também o primeiro é sempre deposto pelo seguinte. Semelhante refutação tem de ocorrer para que se mostre o fruto, o qual tudo em si unifica. As filosofias são as formas do uno. Vêmo-las decerto como diversas umas das outras; mas o verdadeiro que nelas existe é o αρχόμενον, o uno em tudo. Numa consideração mais atenta, veremos como, nos seus princípios, tem lugar uma progressão de modo que o seguinte constitui somente uma determinação ulterior do precedente; somente nisto consiste a diferença. – Mas os princípios surgem também na oposição e, claro está, quando a reflexão pensante mais se desenvolveu, se tornou intelectual; assim o princípio estóico e epicurista. O estoicismo faz do pensar enquanto tal um princípio; e é justamente o contrário que o epicurismo determina como o verdadeiro: a sensação, o prazer; o primeiro determina, pois, o universal, o outro o particular, o individual; o primeiro especifica o homem como pensante, e o segundo determina-o como sensiente. Os dois em conjunto é que constituem primeiramente a integralidade do conceito, tal como efectivamente o homem consta de ambos, do universal e do particular, do pensar e do sentir. Os dois em conjunto é que constituem o verdadeiro; mas aparecem sucessivamente em oposição. No cepticismo surge, em seguida, o negativo contra estes dois princípios. Realça a unilateralidade de cada um deles, mas erra quando julga tê-los aniquilado; com efeito, ambos são necessários. – Portanto, a essência da história da filosofia é que princípios unilaterais se reduzam a momentos, a elementos concretos e, por assim dizer, se preservem num nó. O princípio do subsequente é mais elevado ou – o que é a mesma coisa – mais profundo. O eclectismo não deve tolerar-se, porque é muitas vezes guiado pela futilidade. A filosofia platónica não é, pois, nenhum eclectismo, mas uma unificação das filosofias anteriores num todo vivo, uma conexão numa unidade viva do pensar. Também a filosofia neoplatónica ou alexandrina não é eclectismo algum; a contradição da filosofia platónica e aristotélica, que nela ocorre, é apenas uma unilateralidade da determinidade, que se toma por absoluta. Por conseguinte, o essencial é que, primeiro, se conheçam os princípios dos sistemas filosóficos e, segundo, que cada princípio se reconheça como necessário. Porque é necessário, sobressai na sua época como o mais elevado. Se então se prosseguir, o precedente é na determinação mais recente e ulterior apenas um ingrediente; mas é assumido, não rejeitado. Assim todos os princípios se mantêm. Por exemplo, o um, a unidade, subjaz absolutamente a tudo; o que se desenvolve na razão vai apenas à frente na sua unidade. Não podemos dispensar a determinação do pensamento do um, embora a filosofia que tenha feito do um princípio supremo, a de Demócrito, seja para nós vazia. Para conhecer verdadeiramente cada sistema, importa tê-lo em si justificado. Não se compreende nenhuma filosofia, se simplesmente se refuta; é necessário igualmente ter nela reconhecido o verdadeiro. Nada é mais fácil do que criticar, isto é, discernir os limites, o negativo de qualquer outra coisa; e, em particular, a juventude é propensa a criticar. Mas se unicamente se conhece o negativo, não se conhece o conteúdo; com efeito, este é algo de afirmativo. Está-se, então, mais além, isto é, não dentro. Conhecer a verdade dos sistemas filosóficos, eis a dificuldade; e só depois de em si ela se ter justificado, é que se pode falar dos seus limites, da sua estreiteza (III, 4. XI. 1827).

γ) Uma terceira consequência do que até agora se disse é que *não temos a ver com o passado*, mas com o pensar, com o nosso próprio espírito. Não é, pois, uma história genuína, ou é uma história que ao mesmo tempo o não é; com efeito, os pensamentos, os princípios, as ideias, que temos diante de nós são algo de presente; são determinações no nosso próprio espírito. O histórico, isto é, o passado enquanto tal, já não é, está morto. A tendência histórica abstracta para se ocupar de objectos mortos implantou-se muito em tempos recentes. Morto deve estar o coração, quando se pretende encontrar a satisfação em lidar com o que está morto e com cadáveres. O espírito da verdade e da vida só vive no que é. O espírito vivo fala: «deixai os mortos enterrar os seus mortos e segui-me!» Pensamentos, verdades, conhecimentos, se os sei apenas de um modo histórico, encontram-se fora do meu espírito, isto é, estão para mim mortos; não tenho neles o meu pensar, não se encontra aí o meu espírito; não se encontra aí patente o meu pensamento, não está aí presente o meu íntimo. A posse de conhecimentos simplesmente históricos é como a posse jurídica de coisas, com as quais nada mais sei encetar. Se se fica apenas no conhecimento do que este ou aquele pensou, do que vem da tradição, então dá-se também uma rendição de si mesmo, renuncia-se àquilo por que o homem é homem, ao pensar. A ocupação é então apenas com o pensar e o espírito dos outros, investiga-se somente o que para outros foi verdade. Mas importa pensar por si mesmo. Se alguém se ocupa da teologia apenas de um modo histórico, porventura aprendendo o que os concílios eclesiásticos, os hereges e não hereges conheceram acerca da natureza de Deus, pode assim, decerto, ter pensamentos edificantes; mas não possui o espírito genuíno. Para se estar na posse deste último, não é necessária qualquer erudição teológica. Quando numa época prevalece a tendência histórica, pode então supor-se que o espírito se encontra enredado no desespero, está morto, que deixou de consigo se satisfazer; de outro modo, não se ocuparia de tais objectos, que para ele são mortos. – Na história do pensamento, deve lidar-se com pensamentos; devemos considerar como o espírito em si se aprofunda para chegar à consciência de si mesmo, como o homem a si mesmo dá contas da consciência do seu espírito. Para tal conseguir, deve defrontar-se com o *seu* espírito. – Mas, aqui, fá-lo apenas contra a conduta puramente histórica. De nenhum modo se deve assim tornar desprezível em geral o estudo da história. Nós próprios desejamos ocupar-nos da *história* da filosofia. Mas quando uma época trata tudo historicamente e se ocupa, pois, sempre apenas do mundo que já não é, vagabundeia, por conseguinte, no meio de sepulcros, então o espírito abandonou o seu próprio corpo, que consiste no pensar de si mesmo (II).

Tudo se preserva. Por conseguinte, na história da filosofia, temos a ver com o passado, mas igualmente com o presente, isto é, com algo que tem necessariamente interesse para o nosso espírito pensante. Temos a ver, como na história política, com grandes caracteres, com o direito e a verdade; isso é humano, atrai-nos, move o nosso ânimo. Não temos apenas diante de nós algo de abstractamente histórico. Não pode haver interesse no que já está morto, no passado; isso só tem interesse para a erudição, para a vaidade (III).

Conjugada com o modo de tratamento puramente histórico encontra-se também a exigência de que um docente da história da filosofia deve ser imparcial. Semelhante *exigência de imparcialidade*, na maioria dos casos, não tem nenhum outro sentido a não ser que o docente da história da filosofia se deve comportar como morto na exposição das filosofias, que as deve abordar como algo de separado do seu próprio espírito, como algo de extrínseco; que com elas deve lidar de um modo genuinamente irreflectido. Tennemann, por exemplo, assume assim este ar de imparcialidade. Mas, num exame mais rigoroso, ele encontra-se inteiramente fincado na filosofia kantiana, cuja proposição fundamental é a de que o verdadeiro não se pode conhecer. Mas, então, a história da filosofia é uma ocupação triste se, de antemão, se sabe que se terá de lidar somente com tentativas mal sucedidas. Tennemann louva os mais diversos filósofos pela sua investigação, o seu génio, etc.; mas também os censura por não se encontrarem ainda no ponto de vista kantiano ou, em geral, por terem filosofado. Não se deve, pois, tomar partido pelo espírito pensante. Mas se se pretende estudar dignamente a história da filosofia, a imparcialidade consiste então em não se tomar partido algum pelas opiniões, pensamentos e conceitos dos indivíduos. No entanto, há que tomar partido pela filosofia e não se restringir e contentar apenas com o conhecimento do pensar dos outros. A verdade só se conhece quando alguém se defronta com o seu espírito; a mera informação não mostra que realmente aí se esteja (II).

Tal como em toda a história, assim também se deve ser imparcial sobretudo na história da filosofia: eis a exigência principal por muitos feita porque, de outro modo, se parte do seu sistema e por ele se julgam os outros. Parece ser uma exigência razoável. Mas, com a imparcialidade, passa-se aqui alguma coisa – de modo análogo ao que acontece na história. Numa biografia, descrição histórica, por exemplo, de Roma, César, há certamente que tomar partido; tem-se diante de si um determinado objecto, deve julgar-se o que é correcto, essencial, conforme o seu objectivo, e omitir o que não é adequado a tal objectivo. Também sobrevém ainda o juízo sobre o justo e o injusto; importa tomar partido pelo justo e pelo bom. De outro modo, tudo se enumera sem ordem e sem ligação. Sem juízo, a história perde interesse. Por isso, importa igualmente tomar partido na história da filosofia, pressupor algo, ter um fim; e este é o pensamento puro, livre. O que com este se relaciona deve aduzir-se. Mas a história da filosofia não deve, em rigor, ter semelhante fim; deve abordar-se de um modo imparcial. Se se pretender a imparcialidade na história da filosofia, nada mais, então, se pretende do que ela seja sem pensamento, sem conteúdo, uma simples seriação, narrativa, sem estabelecer uma ligação entre as diversas partes. Desejamos, porém, conceber os princípios da história da filosofia na sua ordem e tentar desenvolver a sua necessária conexão (III).

Tenho ainda de acrescentar aqui algumas observações sobre o modo de tratamento da história da filosofia (II).

III. Consequências para o Tratamento da História da Filosofia

Depreende-se já de antemão que o tempo de um semestre é demasiado curto para expor de um modo integral a história da filosofia, o trabalho do espírito de vários milhares de anos. Deve, pois, restringir-se o campo. A partir do que até agora dissemos acerca do tipo da história, de que pretendemos falar, segue-se, no tocante à extensão, α) que lidamos apenas com os princípios das filosofias e o seu desenvolvimento. É o que acontecerá em especial nas filosofias mais antigas e, decerto, menos por falta de tempo do que por serem elas apenas as que nos podem interessar. São as mais abstractas, as mais simples e, por conseguinte, também as mais indeterminadas, ou filosofias tais em que não se encontra ainda estabelecida a determinidade, embora contenham em si também todas as determinações. Estes princípios abstractos chegam a um certo grau, atingem um certo ponto, que ainda tem interesse. Mas porque o seu desenvolvimento não está ainda completo, ingressam na qualidade do particular; isto é, na aplicação, estendem-se somente a uma esfera determinada. Aí se integra, por exemplo, o princípio do mecanicismo; se quiséssemos considerar como *Descartes*, segundo este princípio, tratou a natureza animal, não ficaríamos satisfeitos. O nosso conceito mais profundo exige para tal um princípio mais concreto. Não seriam para nós suficientes as explicações da natureza vegetal e animal, a partir daquele princípio. Um princípio abstracto possui, na realidade efectiva, uma esfera que lhe é adequada. Pelo que o princípio do mecanicismo tem validade na natureza inorgânica, na existência abstracta. (O vivo é o concreto, o inorgânico o abstracto.) Mas não se ajusta já a uma esfera superior. As filosofias antigas, abstractas, tinham concebido o universo, por exemplo, a partir do princípio atomístico. Semelhante princípio é inteiramente inadequado para uma filosofia mais elevada, para a vida, para o espírito. Por conseguinte, não tem para nós interesse algum a consideração da sua referência à vida, ao espírito. Sob este aspecto, é, pois, o próprio interesse filosófico que nos induz a termos aqui em conta somente os princípios da filosofia.

β) Em seguida, nos antigos, devemos ater-nos simplesmente ao filosófico, não ao histórico, biográfico, crítico, etc., portanto, não ao que se escreveu a seu respeito ou ao que constitui aí apenas assuntos sem importância. Aduziram-se muitas coisas, por exemplo, que Tales terá sido o primeiro a ter predito eclipses do Sol, que Descartes e Leibniz foram analíticos excelentes, e assim por diante. Cortamos com tudo isso. Pouco nos pode também aqui preocupar a história da difusão dos sistemas. O nosso objecto é simplesmente o conteúdo dos sistemas filosóficos, e não a sua história externa. Conhecemos, por exemplo, uma multidão de mestres do Estoicismo que, na sua época, tiveram uma forte influência e também instruíram o indivíduo. Abstraímos de semelhante pormenor e passamos por alto tais homens. Na medida em que se tornaram famosos somente como mestres, a história da filosofia passa-os em silêncio (II).

Em terceiro lugar, no tocante ao tratamento das diferentes filosofias, temos de nos confinar aos princípios. Cada princípio, que se encontra incluído no sistema do pensamento, chegou à sua exteriorização, à sua existência, e durante algum tempo predominou. Que nesta forma tenha, em seguida, levado a cabo o todo da mundividência, eis o que se chama um sistema filosófico. Podemos agora, e importa, familiarizar-nos com a realização total. Mas o mais interessante é o princípio. Ora, se o princípio é ainda abstracto, não é suficiente para apreender as configurações que pertencem à nossa mundividência; e a realização permanece indigente. Mencionámos já o princípio da filosofia atomista. Salta logo aos olhos, ao querermos prosseguir a partir do mecânico e considerar a vida orgânica, que semelhante princípio já não consegue apreender a representação da planta, esse elemento germinativo, que a si se ajusta, se realiza, e muito menos ainda a vida animal. Se nos virarmos para o espírito, vemos que o um muito menos ainda pode expressar a profundidade do espírito. A filosofia cartesiana, por exemplo, também é de molde a que, sem dúvida, por ela se conceba suficientemente o elemento mecânico; mas se quisermos aplicar as suas determinações ao mundo orgânico, então torna-se insuficiente e, por conseguinte, sem interesse. Podemos, pois, omitir semelhantes aplicações à mundividência ulterior. – As filosofias de princípios ou pontos de vista subordinados – pode igualmente dizer-se – não foram consequentes; chegaram a vislumbres profundos, mas que ficaram fora da aplicação dos seus princípios. O *Timeu* de Platão, por exemplo, pode considerar-se como filosofia da natureza; entra também no empírico, mas esta realização, sobretudo na filosofia, revela-se muito indigente. O seu princípio ainda não era suficiente para conceber a natureza como espírito (para englobar o todo da natureza). Mas não carece de alguns vislumbres profundos. Semelhantes vislumbres não se devem ao princípio, mas encontram-se ali por si de um modo inteiramente inconsequente como pensamentos felizes.

Uma ulterior consequência é a de que não temos a ver com o passado, mas com o actual, o presente. Unicamente o elemento extrínseco é passado, os homens, os seus destinos, etc.; mas, quanto à coisa que eles produziram, essa, permaneceu. Não devemos, pois, lidar com conhecimentos históricos, mas com algo de presente, em que nós próprios estamos presentes. Temos a ver com o conceito, que é o nosso. O conhecimento simplesmente histórico é um lucro medíocre; continua sempre a ser para mim algo de estranho, de extrínseco.

Podemos ainda tirar algumas conclusões em relação à comparação do estudo da história da filosofia com o estudo da própria filosofia. O que a história da filosofia expõe é a própria filosofia; eis o que já sabemos. O conteúdo em si e por si e o seu desenvolvimento no tempo são *um* sistema; encontramos repetidamente uma e mesma sucessão de estádios, uma e a mesma totalidade de fases. Somente o espírito precisou, na história da filosofia, de um tempo imensamente longo para chegar ao conceito de si mesmo. Encontramo-lo disseminado nos milénios. Recebemos dos antigos o tesouro do conhecimento racional e podemos apropriar-nos de toda esta riqueza, repartida no tempo. É para isso que a história da filosofia nos proporciona a oportunidade. Ora, tal concerne à conexão estreita da história da filosofia com a própria filosofia. Para, na primeira, se encontrar um sistema, importa já possuir a intelecção do sistema da filosofia. É, pois, afazer do docente, que já a possui, revelar uma sistematização ou desdobramento lógico na história da filosofia.

Pode agora opinar-se que a própria filosofia, no desenvolvimento dos seus estádios, deveria ter uma ordem diversa daquela em que eles emergiram no tempo. Mas, no universal, no todo, a ordem é a mesma.

Uma segunda especificação mais pormenorizada, que aqui se deve ainda assinalar, conecta-se imediatamente com a do desenvolvimento e do concreto, dizíamos: o concreto é o que é em si e para si, a unidade do ser-em-si e do ser-para-si. Neste conceito universal, existem, em relação à progressão das fases do desenvolvimento, as diferenças seguintes: o que constitui o começo é o em-si, o imediato, o abstractamente universal. O que constitui o começo ainda não progrediu, não chegou ainda a nenhum outro. O segundo é o para-si, o terceiro o em-si e para-si. O mais concreto é, pois, o mais tardio. Surge assim a diferença de que o primeiro é o mais abstracto, o mais indigente, o mais pobre em determinações, ao passo que o mais avançado é o mais rico. Esta diferença mostra-nos logo a justeza dos estádios na sua oposição. Isto, pode sem dúvida, parecer contraditório à representação, pois o primeiro – poder-se-ia opinar – é o concreto. A criança encontra-se ainda na totalidade originária da sua natureza e está unida ao todo do mundo. O homem já não é semelhante totalidade; restringe-se, apropria--se, de um lado determinado do todo, proporciona a si *uma* ocupação: conduz assim uma vida abstracta. O mesmo se passsa igualmente na sucessão dos estádios da inteligência, do conhecimento: o sentimento e a intuição são o primeiro, o inteiramente concreto; em contrapartida, o pensar é o mais tardio, a actividade da abstracção. Na realidade, porém, aqui é ao invés. Temos de considerar em que solo nos encontramos. Na história da filosofia, estamos no campo do pensamento. Se compararmos o sentimento com o pensamento, revela-se que, sob um aspecto, o sentimento, tal como a consciência sensível em geral, é decerto o mais concreto; é o mais concreto *em geral*; mas, ao mesmo tempo, é o mais pobre *em pensamentos*. Temos assim de distinguir o naturalmente concreto do concreto do pensamento. O natural é múltiplo em confronto com a simplicidade do pensamento. Comparado à multiplicidade da intuição sensível, o homem é pobre; mas, em relação com o pensar, a criança é o mais pobre, e o homem o mais concreto; este é o mais rico em pensamentos. Temos aqui a ver com o concreto do pensamento; e aí o pensar científico é o mais concreto em comparação com a intuição sensível.

Por conseguinte, a fase inicial do espírito é a mais pobre; e a ulterior, a mais rica. Aplicando isto às diferentes configurações da filosofia, segue-se, antes de mais, que as primeiras filosofias são as mais pobres de conteúdo; atêm-se inteiramente a generalidades, que são incompletas. Eis o que importa saber para não se exigirem determinações às filosofias antigas, que só uma consciência ulterior, mais concreta, está em condições de dar. Se, por exemplo, se perguntar se a filosofia de Tales foi ou não um teísmo*, toma-se assim como base a nossa representação de Deus. Não há ainda que procurar nos antigos semelhante concepção mais profunda; e, por um lado, é correcto, pois, considerar a filosofia de Tales como ateísmo. Mas, por outro,

---

* Flatt, *De Theismo Thaleti Milesio abjudicando*, Tub. 1785, 4. (H.)

comete-se deste modo uma grande injustiça; com efeito, o pensamento enquanto pensamento do começo não podia ainda ter o desenvolvimento, a profundidade, a que chegámos. A profundidade, enquanto elemento intensivo, parece contrapor-se ao extensivo; mas, no espírito, a maior intenção é ao mesmo tempo a mais ampla expansão, a maior riqueza. A verdadeira intensidade do espírito é chegar à força da oposição, da separação, da cisão; e a sua difusão é o poder de se estender além da oposição, de superar a separação. — Assim era também, em tempos recentes, a questão de se Tales afirmara um Deus pessoal ou uma essência impessoal, simplesmente universal. Aqui, depende da determinação da subjectividade, do conceito de personalidade. Mas a subjectividade, tal como a concebemos, é uma determinação muito mais rica e intensiva do que a que poderia ocorrer em Tales; não há que buscá-las nas filosofias mais antigas em geral.

Uma segunda consequência, que resulta do que se disse, concerne de novo ao modo de tratamento das filosofias antigas. Nelas, deve ir-se rigorosamente às obras apenas de um modo histórico, importa atribuir-lhes só o que imediatamente por elas é oferecido como história. Em muitas, mais, na maior parte das histórias da filosofia, ocorrem a este respeito incorrecções, pois habitualmente encontra-se atribuída a um filósofo uma multidão de proposições metafísicas, de que ele não soube palavra alguma. Sem dúvida, podemos reformular, segundo o nosso estádio reflexivo, um filosofema, com que deparamos. Mas o mais importante na história da filosofia é justamente saber se uma tal proposição já está ou não desenvolvida; com efeito, é neste desdobramento que consiste precisamente a progressão da filosofia. Para conceber tal progressão na sua necessidade, devemos considerar cada estádio por si, isto é, ater-nos ao ponto de vista do próprio filósofo que consideramos. Em cada proposição, em cada ideia, acoitam-se certamente outras determinações interiores e daí se depreendem com justeza; mas é outra coisa inteiramente diferente se elas se encontram ou não já extraídas. Toda a diferença das configurações da história da filosofia é somente a do ser em-si e da extracção dos pensamentos. Importa apenas a extracção do conteúdo interno. Por conseguinte, não é possível ater-se com suficiente rigor ao histórico, às palavras dos filósofos. De outro modo, introduzem-se igualmente ulteriores determinações de pensamento que ainda não pertenciam à consciência dos mesmos. Aristóteles afirma*,

---

* *Met.* I, 3.

pois, que Tales dissera: o princípio (αρχη) de todas as coisas é a água. Mas, por outro lado, aduz-se historicamente que o primeiro a utilizar a palavra αρχη, no significado de princípio, foi Anaximandro. A palavra αρχη era talvez já corrente na época de Tales, porventura como começo no tempo, mas não como pensamento do que serve de fundamento, do universal. Por conseguinte, não podemos ainda atribuir a Tales a determinação intelectual de causa, princípio; para tal requer-se um ulterior desenvolvimento do entendimento. A diferença da formação (*Bildung*) consiste somente na diferença das determinações do pensamento, que ingressaram na consciência da época. Para ainda prosseguir com os exemplos, poderia também dizer-se com Brucker que Tales pressupusera tacitamente a proposição: *Ex nihilo nihil fit*; com efeito, considerara a água como elemento *eterno*, como algo que *é*. Tales contar-se-ia assim entre os filósofos que negam a criação a partir do nada. Mas semelhante consequência não pode atribuir-se ao próprio Tales; acerca de uma tal proposição, ele — numa visão histórica — nada soube (I).

Também o Senhor Professor Ritter, cuja história da filosofia jónica foi escrita com diligência, e que nela, no todo, se coíbe de nada introduzir de estranho, atribui no entanto a Tales talvez mais do que é histórico. Afirma: «Devemos, pois, considerar o estudo da natureza, que encontramos em Tales, como inteiramente dinâmico...»* Eis algo inteiramente diverso do que Aristóteles diz. De tudo isto nada se refere entre os antigos acerca de Tales. Semelhante consequência sugere-se, mas historicamente não se pode justificar. Não nos é permitido, a partir de uma filosofia antiga, fazer mediante semelhantes inferências algo de inteiramente diverso do que ela originariamente é (I, 3).

Uma terceira consequência é a de que não devemos julgar encontrar respondidas, nos antigos, as questões da nossa consciência, do nosso interesse. Com efeito, tais questões pressupõem uma maior instrução, uma determinação mais profunda do pensamento do que a que existia nos antigos, cujo conceito ainda não chegou à intensidade do nosso pensar. Cada filosofia é a filosofia da sua época, é um membro na cadeia total do desenvolvimento espiritual; pode, pois, garantir apenas a satisfação dos interesses que são adequados à sua época.

---

* *Geschichte der ionischen Philosophie*, p. 12-13. (H.)

Como já antes observámos, todas as filosofias sobrevivem, decerto, quanto aos seus princípios; os estádios, nos quais elas tiveram vida, são também estádios na nossa filosofia. Mas a nossa filosofia foi além desses estádios; e, por isso, as filosofias mais antigas não se podem novamente ressuscitar; não mais pode haver uma filosofia platónica, aristotélica. Os conceitos e as formas, que elas tiveram, já não se ajustam à nossa consciência. Ocorrem, sem dúvida, tentativas de reviviscência, por exemplo, nos séculos XV e XVI, quando se fundaram escolas platónicas, aristotélicas, epicuristas e estóicas. Mas estas escolas jamais poderiam tornar-se o mesmo que as da antiguidade. – Uma razão principal para tais reviviscências era por se pensar que, com o Cristianismo, toda a filosofia terminara. Se, pois, em geral se quisesse ainda praticar a filosofia, dizia-se, unicamente se poderia escolher uma das antigas filosofias. Mas tal retrocesso é apenas uma travessia dos estádios mais antigos, tal como cada indivíduo os percorreu na sua formação. – Eis porque se pode ao mesmo tempo declarar que os que estudam somente as filosofias antigas as abandonam com insatisfação. Só até certo grau se encontra nelas aprazimento. Podem apreender-se as filosofias de Platão e Aristóteles; mas elas não respondem às *nossas* questões; com efeito, tinham outras necessidades. Em Platão, por exemplo, não encontramos uma resposta nem para a questão sobre a natureza da liberdade, nem ainda sobre a origem do mal, do maligno; e são justamente estas questões que nos ocupam. O mesmo se passa com as questões acerca da faculdade de conhecer, da oposição entre objectividade e subjectividade, etc. A infinita exigência da subjectividade, da autonomia do espírito em si, era ainda estranha aos atenienses. O homem ainda não retornara a si como nos nossos tempos. Era certamente sujeito, mas ainda não se estabelecera como tal; sabia-se apenas na unidade essencialmente ética com o seu mundo, nos seus deveres perante o Estado. O ateniense, o romano, sabia que a sua essência é ser um cidadão livre. Que o homem é livre em-si e para-si, segundo a sua substância, eis o que nem Platão nem Aristóteles souberam... e, por isso, eles não nos satisfazem nestas questões (I).

Terceira consequência. As primeiras filosofias serão necessariamente de todo simples, abstractas e gerais. Só mais tarde deparamos com uma consciência madura de si mesmo, um saber-se do espírito, um pensar em-si mesmo – muitas determinações condensadas num só. No início, porém, não se está ainda na indiferença, mas no mais simples, no mais abstracto. Este é ulteriormente elaborado, torna-se objecto do espírito, o qual acrescenta ao anterior um nova forma. Ao concreto pertence o um e o outro, e ainda várias coisas; portanto, só gradualmente se constitui o composto, o concreto, ao acrescentarem-se novas determinações aos princípios e determinações precedentes. Eis o que se deve ter em conta na avaliação de uma filosofia mais antiga para saber o que nela se deve procurar, a fim de, por exemplo, não se pretender encontrar na filosofia platónica tudo o que a nossa época busca. Não podemos satisfazer-nos inteiramente numa filosofia mais antiga, por mais excelente que seja. Também não se pode supor e propor uma filosofia mais antiga como agora válida. Pertencemos a um espírito mais rico, que condensa e tem concretamente em si a riqueza de todas as filosofias precedentes. Este princípio mais profundo vive em nós, sem ser consciente de si mesmo. O espírito toma sobre si tarefas, que não eram ainda as tarefas de uma filosofia mais antiga, por exemplo, a oposição de bem e mal, de liberdade e necessidade. Estas não foram abordadas, nem solucionadas pelos mais antigos. Seria, pois, algo de tosco pretender revalidar agora as antigas filosofias. A familiarização com Platão e com os neoplatónicos na reviviscência das ciências foi, sem dúvida, necessária; mas não se pode permanecer em tais filosofias. – Na filosofia mais recente, encontram-se unidos os princípios das precedentes. A filosofia mais recente é necessariamente um sistema desenvolvido, que contém, na sua organização, as mais antigas como membros. A filosofia mais recente chama-se muitas vezes panteísmo, eleatismo, etc. Isto é apenas tirado da superfície. Os pontos de vista mais antigos são, mais tarde, ulteriormente determinados, superando-se assim as suas unilateralidades (III).

No que até agora se disse, condensa-se o conceito, o significado da história da filosofia. Temos de considerar as filosofias singulares como os estádios de desenvolvimento de *uma* Ideia. Cada filosofia expõe-se como uma necessária determinação do pensamento da Ideia. Na sucessão das filosofias não tem lugar arbitrariedade alguma; a ordem em que emergem é determinada pela necessidade. Como é que esta é constituída mostrar-se-á mais em pormenor na realização da própria história da filosofia. Cada momento apreende o todo da Ideia numa forma unilateral, ab-roga-se por causa desta unilateralidade e, ao refutar-se assim como algo de último, congrega-se com a sua determinação oposta, que lhe faltava, e torna-se deste modo mais profunda e mais rica. Eis a dialéctica destas determinações. Tal movimento, porém, não se unifica com nada, mas as próprias determinações ab-rogadas são de natureza afirmativa. É neste sentido que temos de tratar a história da filosofia (I).

A história da filosofia é, por isso mesmo, ciência. A filosofia no seu desdobramento não histórico, é a mesma coisa que o da história da filosofia. Numa filosofia, deve começar-se pelos conceitos mais simples e avançar até aos mais concretos. O mesmo acontece na história da filosofia. Temos em ambas uma progressão necessária; em ambas é ela a mesma. O interesse da história da filosofia é, pois, o pensamento que se determina a si mesmo numa progressão rigorosamente científica (III, 6. XI. 1827).

A história da filosofia é um par da filosofia, só que o seu desdobramento leva-se a cabo no tempo, na esfera do fenómeno, na exterioridade. Semelhante desdobramento funda-se decerto na Ideia lógica e no seu desenvolvimento, não podemos, no entanto, conduzir o nosso objecto perfeitamente por seu rigor lógico. Mas devemos, pelo menos, sugerir algo nesse sentido.

Passemos agora, porém, a mencionar uma segunda diferença, a saber, a da história da filosofia com outros campos que lhe são afins. Deve a este respeito trazer-se à luz o que se deve entender por filosofia em geral (I).

O segundo ponto da introdução é a relação da filosofia com as restantes configurações do espírito e da sua história com as outras histórias (II).

O segundo é que falemos brevemente da conexão da história da filosofia com as outras exteriorizações do espírito, produtos do espírito, para especificar o que delas se pode ligar à filosofia e o que, por seu turno, se deve deixar de fora (III).

B. *RELAÇÃO DA HISTÓRIA DA FILOSOFIA COM AS OUTRAS CONFIGURAÇÕES DO ESPÍRITO*

Semelhantes configurações do espírito, ligadas à filosofia, são, pois, as religiões dos povos, a sua arte, a cultura (*Bildung*) em geral ou as ciências, a constituição, o direito, a história política e as restantes condições externas (III).

A primeira coisa, que aqui temos a anotar, é a seguinte: consideramos a história da filosofia como em ligação com as outras histórias (I).

Sabemos que a filosofia não é por si, mas tem uma ligação com a história em geral, tanto com a história externa como com a da religião, etc.; e é natural que recordemos os momentos principais da história da política, o carácter da época e o estado global do povo em que a filosofia surgiu. Além disso, porém, esta conexão é uma conexão intrínseca, essencial, necessária, e não apenas exterior, também não é simples simultaneidade (a simultaneidade não é relação nenhuma) (I-II). Há, pois, dois lados que devemos aflorar, primeiro o lado genuinamente histórico de tal conexão; segundo, o contexto da coisa, isto é, a conexão da própria filosofia com a religião e as outras ciências, que lhes são afins. Estes dois lados devem considerar-se de modo mais circunstanciado para se diferenciar com maior pormenor o conceito, a determinação da filosofia.

I. *A Situação Histórica da Filosofia*

No tocante à situação histórica da filosofia, a primeira, que importa observar é a relação universal da filosofia de uma época com as suas restantes configurações.

α) Diz-se habitualmente que as circunstâncias políticas, a religião, a mitologia, etc., se devem aflorar na história da filosofia, porque exerceram uma grande influência sobre a filosofia da época e esta, por seu turno, sobre a história e as restantes figuras do tempo. Mas se alguém se contenta com categorias como «grande influência», efeito recíproco ou coisa semelhante, isto é, parte-se do ponto de vista de que ambas são, por si, reciprocamente independentes. Mas devemos aqui considerar esta relação a partir de um lado inteiramente diverso; a categoria essencial é a unidade, a conexão intrínseca de todas estas diferentes con-figurações. Deve aqui reter--se que é somente *um* espírito, *um* princípio, o qual tanto se expressa na situação política como se manifesta na religião, na arte, na eticidade, na sociabilidade, no comércio e na indústria, pelo que estas diferentes formas são apenas ramos de um tronco principal. Eis o ponto de vista fundamental. O espírito é apenas um; o único espírito substancial de um período, de um povo, de uma época, é que se configura, porém, de múltiplos modos; e estas diferentes configurações são os momentos, que se mencionaram. Não deve, pois, imaginar-se que a política, as constituições estatais, as religiões, etc., são a raiz ou a causa da filosofia ou, vice-versa, que esta é o fundamento daqueles. Todos estes momentos têm um *único* carácter, que é o que serve de fundamento e penetra todos os lados. Por múltiplos que sejam estes lados diversos, nada há neles, no entanto, de contraditório. Nenhum dos lados contém algo de heterogéneo ao fundamento, por mais que eles também pareçam contradizer-se. São unicamente ramificações de uma raiz; e aí se insere a filosofia (II).

Pressupõe-se aqui que tudo isto se encontra numa conexão necessária, pelo que somente *esta* filosofia, *esta* religião poderia ocorrer justamente *nesta* constituição estatal, *nesta* situação das ciências. Há somente *um* espírito, o desdobramento do espírito é *uma* progressão – um princípio, *uma* ideia, *um* carácter, que se expressa nas mais diversas configurações. Eis o que denominamos o espírito de uma época. Este nada é, pois, de superficial, nada de exteriormente determinado, não deve conhecer-se a partir das pequenas exterioridades, mas das grandes configurações. A filosofia é uma delas, por isso, é contemporânea a uma determinada religião, constituição política, arte, eticidade, ciência, etc., (III).

β) A filosofia é, portanto, *um lado* da configuração total do espírito – a consciência do espírito, a sua mais elevada floração; com efeito, o seu anelo é saber o que o espírito é. Tal é em geral a dignidade do homem: ele sabe o que é, e sabe isto do modo mais puro, ou seja, chega ao pensar do que ele é. – Daqui resulta, pois, mais especificamente a posição da filosofia entre as restantes configurações do espírito.

αα) A filosofia é idêntica ao espírito da época em que ela emerge; não está acima do seu tempo, é unicamente a consciência do elemento substancial do seu tempo, ou o saber pensante do que existe no tempo. De igual modo nenhum indivíduo está por cima da sua época, é filho do seu tempo; o elemento substancial da sua época é a sua própria essência; ele manifesta-o somente numa forma particular. Ninguém pode sair para fora do substancial da sua época, do mesmo modo que não sai da sua pele. – Por isso, na perspectiva substancial, a filosofia não pode saltar por cima da sua época.

ββ) Mas a filosofia encontra-se também por cima do tempo, a saber, segundo a forma, já que ela é o elemento substancial do tempo. Porque sabe isso, isto é, o faz objecto seu, se lhe contrapõe, o substancial é o seu conteúdo; enquanto saber, porém, ela também vai mais além. Mas isto é apenas formal e, na realidade, não tem nenhum outro conteúdo (II).

A filosofia é o próprio espírito na mais alta floração de si mesmo, é o saber de si próprio já apreendido. Portanto, numa perspectiva formal, ela está mais além, pois é o espírito que sabe o seu conteúdo (III).

γγ) Este próprio saber é, sem dúvida, a realidade efectiva do espírito; só sou na medida em que me sei. É o saber-se do espírito que, anteriormente, ainda não existia. Por isso, a diferença formal é também uma diferença real, efectiva. Este saber é, então, o que uma nova forma suscita no desenvolvimento do espírito. Os desenvolvimentos são aqui somente modos do saber. Graças ao saber-se, o espírito põe-se como diferente do que ele *é*, põe-se para si, desdobra-se em si; isto contém uma nova diferença entre o que ele é em si e o que é a sua realidade efectiva; e deste modo brota uma nova configuração. A filosofia é, portanto, em si já uma ulterior determinidade ou carácter do espírito, é o intrínseco lugar de nascimento do espírito, que emerge mais tarde do que a realidade efectiva. Daí que o concreto ocorra na própria história da filosofia. Veremos assim que o que a filosofia grega foi ingressou no mundo cristão, na realidade efectiva.

E é esta, portanto, a segunda determinação, a saber, a filosofia é antes de mais apenas o pensar do elemento substancial da sua época, não está acima do seu tempo, produz apenas, pensando, o seu conteúdo.

γ) A terceira coisa, que importa observar na situação histórica, diz respeito ao tempo em que a filosofia se suscita na relação com as restantes configurações do espírito (II).

No seio da figura de um espírito, a filosofia emerge para uma época determinada, mas não simultaneamente com as restantes configurações (III).

O espírito de uma época é a vida substancial da mesma, é este espírito imediatamente vivo, efectivo. Vemos assim o espírito grego na época em que a vida grega se encontra na sua floração, na sua frescura, força e juventude, em que não irrompeu ruína alguma, e o espírito romano na época da República, etc. O espírito da época é, pois, o modo como um espírito determinado aí está como vitalidade efectiva. Mas a filosofia é o pensar de semelhante espírito; e o pensamento, por mais que ele seja também apriórico, é essencialmente resultado do espírito; com efeito, é a vitalidade, a actividade, para se distinguir; é o resultante, o proeminente, o eficiente. Semelhante actividade contém, como momento essencial, uma negação. Se há algo a produzir, alguma outra coisa deve ser o ponto de partida; e justamente então se nega esta outra coisa. O pensar é assim a negação do modo natural da vida. Por exemplo, a criança existe como homem, mas ainda de um modo imediato, natural; a educação é, em seguida, a negação deste modo natural, a disciplina que o espírito inflige a si mesmo, para se elevar a partir da sua imediatidade. De igual modo, o espírito pensante encontra-se primeiro, enquanto movimento incipiente, na sua figura natural; em seguida, torna-se reflexivo, vai além da sua figura natural, isto é, nega-a; e, por fim, torna-se conceptualizante, auto-realizador. Surge o pensar. A consequência a tirar é que se nega o mundo presente, o espírito na sua eticidade real, a força da vida; que o pensamento assalta e faz oscilar o modo substancial da existência do espírito, o costume simples, a religião simples, etc.; e surge assim o período da destruição. O progresso interior consiste então em que o pensamento se concentra, se torna concreto e produz para si um mundo ideal em oposição ao real. Se, pois, a filosofia houver de emergir num povo, terá então de acontecer uma ruptura no mundo efectivamente real. A filosofia é então a reconciliação da destruição, que o pensamento iniciara; tal reconciliação acontece no mundo ideal, no mundo do espírito em que o homem se refugia, quando o mundo terreno já não o contenta. A filosofia começa com a decadência de um mundo real. Quando a filosofia entra em cena e — pintando com as cores mais tenebrosas — difunde as suas abstracções, acabou-se já o fresco matiz da juventude, da vitalidade. É uma reconciliação o que ela, em seguida, produz, mas somente no mundo dos pensamentos, não no terreste. Assim se retiraram também do Estado os gregos, quando começaram a pensar; e começaram a pensar quando fora, no mundo, tudo era violência e miséria, por exemplo, na época da guerra do Peloponeso. Os filósofos retiraram-se então para o seu mundo de pensamentos; tornaram-se, tal como o povo os chamava, ociosos. E assim, em quase todos os povos, a filosofia só emerge quando a vida pública já não satisfaz e cessa de ter o interesse do povo, quando o cidadão já não pode ter qualquer participação na constituição política.

Eis uma determinação essencial, que se preserva na própria história da filosofia. Com a decadência dos Estados jónicos, começou a filosofia jónica. O mundo externo já não satisfaz o espírito. Também entre os romanos se começou a filosofar só com o colapso da República, quando demagogos monopolizaram para si a constituição política e tudo se encontrava enredado na decomposição e na ânsia de novidade. E só com a decadência do império romano, que era tão grande, rico, magnificente, mas interiormente já estava morto, é que as filosofias gregas mais antigas experimentaram o seu elevado e máximo desenvolvimento, mediante os neoplatónicos ou alexandrinos.

Igualmente encontramos, na decadência da Idade Média, a reviviscência das filosofias antigas. Tal é a conexão histórica mais pormenorizada da filosofia com as outras existências do espírito (II).

A figura histórica da filosofia encontra-se assim numa conexão necessária com a história política; com efeito, já o facto de em geral se filosofar implica que um povo atingiu um certo grau de formação do pensamento. Deve ter providenciado à indigência da vida, e o anseio do apetite deve estar esmorecido; há que ter-se esgotado o interesse simplesmente finito do sujeito, e a consciência deve ter ido longe para ter interesse em objectos universais. A filosofia é um agir livre (daí, a necessidade da filosofia). Pode, pois, considerar-se como luxo; com efeito, o luxo é a satisfação do que não pertence à necessidade imediata; nesta perspectiva, ela é decerto dispensável. Mas o que importa é o que se denomina necessário. Por parte do espírito pensante, a filosofia deve ver-se como o mais necessário.

Portanto, para ela poder surgir, um povo deve já ter abandonado a obtusidade da necessidade, do interesse pelo individual; há que ter-se tornado indiferente ou transfigurado o apetite. Pode, a este respeito, dizer-se que a filosofia entra em cena quando um povo sai da sua vida concreta, quando se rompeu o poderoso laço entre a existência externa e o interior da sua vida, e o espírito já não se contenta com a sua presença imediata, a figura até então existente da sua religião, etc., e se torna perante ela indiferente. Emerge, pois, quando a vida ética de um povo se dissolve e o espírito se refugia nos espaços do pensamento, a fim de procurar para si um reino da interioridade (I).

O primeiro modo da existência de um povo é o costume simples, a religião simples, a vida na particularidade (portanto, egoísmo). A elevação do espírito é mais tardia do que a realidade efectiva no modo da sua individualidade imediata. Um povo deve já começar a sair da sua vida concreta, da satisfação na sua realidade efectiva, quando a filosofia está prestes a surgir. No filosofar, contraponho a mim a minha vida, eu próprio; ele pressupõe que já não me contento com a minha vida. A filosofia mostra assim quando é que tem lugar a cisão da vida, a dissociação em realidade efectiva imediata e pensamento, a reflexão a seu respeito. É a época da decadência incipiente, da destruição dos povos; o espírito refugiou-se então nos espaços do pensamento, e constitui-se a filosofia (III).

Sócrates e Platão surgiram assim quando já não havia qualquer participação nos negócios públicos. A realidade efectiva e a vida política já não os contentava, e procuraram tal satisfação no pensamento; buscaram, pois, em si algo de mais excelente do que o que era mais elevado, relativamente à constituição política. De igual modo a filosofia só se difundiu em Roma com a decadência da vida romana autêntica, da República, na época do despotismo dos imperadores romanos, da infelicidade do império, em que a vida política ética e religiosa se tornou vacilante. É o que também se nos depara novamente nos séculos XV e XVI, em que a vida germânica da Idade Média adquiriu uma outra forma, em que o espírito dos povos já não encontrava satisfação onde antes a achara. Antigamente, a existência política estava ainda na unidade com a religião, e a Igreja, embora o Estado contra ela lutasse, era ainda dominante. Mas agora ocorreu a ruptura entre o Estado, a vida civil, ética e política, e a Igreja; e foi neste tempo que se começou a filosofar, se bem que inicialmente apenas na forma da aprendizagem das filosofias antigas e só mais tarde, na forma do pensar autónomo (I, III).

É imperioso que venha sempre à luz primeiramente uma cisão com o exterior. A filosofia desponta quando tem lugar a incongruência interna entre o que o espírito quer e aquilo em que ele se deve satisfazer (III).

A filosofia só emerge, pois, em geral numa certa época de formação (*Bildung*) do todo. Acontece então, porém, que não só em geral se filosofa, mas é uma determinada filosofia a que se inicia; e a determinidade da autoconsciência pensante é a mesma que constitui igualmente o fundamento de todas as outras existências e aspectos históricos. As leis dos povos, a sua eticidade, a sua vida social, etc., conectam-se do modo mais íntimo com esta determinidade. Importa, pois, essencialmente sustentar aqui que o espírito, o qual alcançou um estádio determinado, insere este princípio em toda a riqueza do seu mundo, elabora-o na multilateralidade da sua existência de modo que todas as outras determinações dependem desta determinação fundamental. A filosofia da nossa época ou, em geral, a filosofia que existe necessariamente no interior do cristianismo não poderia ocorrer na Roma pagã, pois todos os lados, ramos, situações, circunstâncias do todo são expressão apenas de uma só e mesma determinidade, que a filosofia exprime como pensamento puro. Não pode, portanto, dizer-se que a história política é a causa da filosofia, pois um ramo não é causa de toda a árvore; têm uma raiz comum, o espírito da época, isto é, o estádio determinado da formação do espírito num tempo que tem a causa mais próxima (o seu fundamento) no estádio precedente, mas em geral numa forma da Ideia. Mostrar esta unidade, exibir toda esta excrescência, concebê-la como brotando de uma raiz, eis o objecto da história universal filosófica, que aqui devemos deixar de lado. Temos de lidar somente com um ramo, com o pensamento puro desses lados, situações, etc., isto é, com a consciência filosófica de cada época. Mas haveria, pelo menos, que sugerir isto, a conexão do princípio da filosofia com o princípio da restante história.

Foi esta, pois, a primeira observação — acerca do nexo da história da filosofia com as outras figuras do espírito de um povo numa época (I).

Importa agora considerar em que relação se encontram as filosofias com as diversas configurações, especialmente com a religião, pois esta tem uma relação mais estreita com a filosofia do que as restantes configurações (III).

II. *Relação mais pormenorizada da Filosofia com as restantes Configurações do Espírito*

A segunda [observação] concerne à conexão mais precisa, mais determinada da filosofia com as outras configurações do espírito. Deparam-se-nos as ciências, a arte, a mitologia, a religião, a política, etc., cuja ligação geral com a filosofia já foi mencionada. Pretendemos agora considerar a diferença da filosofia relativamente a tais configurações, ao delimitarmos o conceito da filosofia, ao salientarmos para nós os momentos que aí importa revelar, e ao aplicá-los ao nosso objecto, a história da filosofia, para assim podermos justamente separar e incluir o que nela se insere. É fácil dizer que, na história da filosofia, se deve apenas ter em conta a própria filosofia na sua peculiar progressão, deixando de lado tudo o mais, religião, etc. Isto é em geral de todo correcto. Mas perguntamos: que é a filosofia? Imputam-se-lhe muitas coisas que devemos excluir. Se nos ativéssemos apenas ao nome, deveríamos ter em conta muitas coisas com as quais o conceito de filosofia nada tem a ver. No tocante à religião, pode, pois, dizer-se em geral que a devemos deixar de lado. Mas, na história, a religião e a filosofia enredaram-se muitas vezes em recíproca ligação e luta, tanto na época grega como na era cristã; e a sua oposição constitui um momento muito definido na história da filosofia. Que a filosofia deverá deixar de lado a religião é, pois, em rigor apenas uma aparência. Na história, não permaneceram sem se tocar; por conseguinte, também aqui o não iremos permitir.

O que primeiro queremos, a este respeito, considerar são as ciências ou a formação científica em geral; em segundo lugar, a religião e, em particular, a relação mais precisa entre a filosofia e a religião. A consideração de tal relação deve ocorrer de um modo franco e também, justamente, sincero; e não deve dar--se a aparência de pretender deixar-se intocada a religião. Tal aparência nada mais é do que vontade de ocultar que a filosofia se virou contra a religião, isto é, os teólogos fazem decerto por ignorar a filosofia, mas só para não serem incomodados nos seus arrazoamentos arbitrários (II).

Outro ponto que aqui havemos de ter em conta é que devemos dela separar os aspectos individuais, aos quais é afim a história da filosofia, isto é, devemos fixar a filosofia nas suas diferenças rela-tivamente aos ramos que lhe são afins e com os quais ela, por conseguinte, se pode confundir. É sobretudo devido a tal afinidade que, no tratamento da história da filosofia, facilmente se pode incorrer em dificuldades; com efeito, tal parentesco é de um grau elevado. Importa, pois, atender sobretudo ao que a filosofia é. Pode pretender-se enveredar pelas posses da formação (*Bildung*) e, mais especificamente, pela cultura científica em geral, pois esta tem em comum com a filosofia a forma, ou seja, o pensar, a forma da universalidade. Mas é sobretudo a religião que se encontra em afinidade imediata com a filosofia, e igualmente a mitologia. Afirma-se que, nos mitos dos povos, se contém filosofemas; por isso, também se inserem na história da filosofia. Além disso, no seio das próprias religiões, há pensamentos e, sem dúvida, tais que emergiram como pensamentos; por fim, na religião cristã, o especulativo veio já à luz como tal. Se, na história da filosofia, se pretendesse enveredar por todos estes modos, o seu material tornar-se-ia ilimitado. Ora, na separação, não podemos ater-nos apenas historicamenete ao nome da filosofia, pois então introduzir-se-ia todo este material, a mitologia, a filosofia popular, etc., na sua história. Na Inglaterra, por exemplo, dá-se ainda hoje aos instrumentos físicos o nome de instrumentos filosóficos, e os físicos apelidam-se de filósofos. O nome revela-se, pois, imediatamente como insuficiente.

Há sobretudo três aspectos, segundo os quais podemos empreender tal separação. O primeiro é o que em geral se coordena com a cultura científica; são os começos do pensar intelectual sobre as coisas naturais e espirituais; tais começos não são ainda filosofia. O segundo campo é a religião; este âmbito é justamente aqui de interesse mais imediato porque a filosofia se encontra numa relação essencial, se bem que muitas vezes hostil, em parte, com a mitologia, em parte, com a própria religião. O terceiro aspecto é o filosofar arrazoador; integra-se aqui na sua maior parte o que antes se denominava metafísica intelectualista. Na consideração destes três lados, salientar-se-á que determinações se exigem para que um pensar se considere filosofia (I).

1. *Relação da Filosofia com a Cultura Científica em geral*

O que vem em primeiro lugar é, pois, a cultura científica em geral. Mais especificamente, são as ciências empíricas, que se fundam na observação, na experiência e no raciocínio; e, claro está, devemos considerá-las, tendo em conta que também a elas se chamou filosofar. Têm em comum com a filosofia o lado do pensar. O seu elemento é a experiência, mas também são pensantes porque se esforçam por aí procurar o universal. É, pois, o elemento formal que a cultura científica tem em comum com a filosofia. Pelo contrário, a religião tem em comum com a filosofia o outro lado, o substancial, a saber, Deus, o espírito, o absoluto; o conhecimento da essência do mundo, da verdade, da ideia absoluta é o seu solo comum.

No tocante ao assunto que pertence à formação científica, propuseram-se, por um lado, os princípios em vista do agir, mandamentos, deveres; por outro, conhecem-se as leis, forças, géneros da natureza, causas das coisas; o assunto é, pois, o que na natureza externa são as forças, as causas, e também o que no mundo espiritual, ético, moral, constitui o substancial, o movente, o suporte. Este conteúdo tem o pensar em comum com a filosofia; e a tudo o que a este respeito se pensou chamou--se também filosofia. Deparamos, na história da filosofia, em primeiro lugar, com os sete sábios da Grécia; chamaram-se também filósofos, sobretudo porque expressaram algumas sentenças e princípios morais sobre os deveres éticos gerais e relações essenciais. Em tempos mais recentes, vemos em seguida que o homem começou a lançar um olhar sobre as coisas naturais. Tal foi o caso em particular após a filosofia escolástica. Abandonou-se o arrazoamento apriórico sobre as coisas naturais a partir da religião ou da metafísica e ingressou-se na própria natureza, observando-a, tentando conhecer as suas leis e forças; e entrou-se em seguida igualmente nas relações éticas, no direito constitucional, etc.; e também a isto se chamou filosofia. Falou--se, por exemplo, da filosofia *newtoniana*, a qual se ocupou de preferência apenas das coisas naturais. Esta é, pois, em geral a forma de se aceitarem princípios universais a partir da experiência sobre a natureza, o Estado, o direito, a religião, etc., e se expressarem como princípios formais, inteiramente gerais. A filosofia, afirma-se, considera as causas universais, os últimos fundamentos das coisas. Por isso, em toda a parte onde se expressaram, nas ciências, causas universais, fundamentos e princípios essenciais, eles têm justamente em comum com a filosofia o facto de serem universais e, mais especificamente, de tais princípios e fundamentos se derivarem da experiência e da sensação interna. Por muito que este último ponto pareça também contrapor-se ao princípio da filosofia, é, no entanto, implícito em todas as filosofias que *eu* o obtive mediante o *meu* sentido, através da minha sensação interna, isto é, pela experiência, e que só assim me surge como verdadeiro. Esta forma do saber, do acolher-em-si surgiu não só em oposição à religião, mas também numa relação negativa com as outras filosofias; e denominou-se igualmente filosofia, porque ela se contrapunha a todo o positivo. A filosofia *newtoniana* contém apenas o que agora chamamos ciência natural — ciência que se funda na experiência, na percepção e contém conhecimentos acerca das leis, forças e condições gerais da natureza.

Grande foi a época em que despontou este princípio da experiência, em que o homem a si mesmo começou a ver-se, a sentir-se, a saborear-se, a valorizar a natureza, a deixar figurar o testemunho dos sentidos como algo de importante e de seguro, a ter por verdadeiro apenas o que era conhecido pelos sentidos. Esta convicção segura e imediata mediante os sentidos foi o fundamento da filosofia mencionada; deste testemunho dos sentidos brotam justamente as ciências da natureza. E o testemunho dos sentidos opunha-se aos modos precedentes de considerar a natureza; antes, partia-se de princípios metafísicos. Ao tomar agora como ponto de partida a representação sensível, entrou-se em colisão com a religião e o Estado. Não foi, porém, apenas o testemunho dos sentidos que se instituiu contra a metafísica intelectualista, mas também se teve em grande consideração um outro testemunho, a saber, o de que o verdadeiro só poderia ser válido na medida em que se encontra no ânimo, no entendimento do homem; e graças a este entendimento, em virtude deste próprio pensar e sentir, ainda mais se entrou em oposição com o positivo da religião e o direito constitucional dessa época. O homem aprendeu agora a observar--se, a pensar e a conceber ideias contra as verdades estabelecidas, os dogmas da Igreja, e também contra o direito constitucional vigente; ou buscou pelo menos novos princípios para o antigo direito constitucional, a fim de o emendar segundo tais princípios. Justamente na perspectiva em que é positiva, é que dominaram os princípios da obediência dos súbditos perante a autoridade dos príncipes; dominam mediante a autoridade divina, pois a autoridade devia ser instituída por Deus. O ponto de vista para tal foram as leis judaicas, segundo as quais os reis são os ungidos do Senhor. (As leis mosaicas vigoraram também particularmente no casamento.) Foi contra todo o positivo, contra tudo o que foi introduzido por autoridade, que se revoltou o entendimento particular, o pensar livre próprio. Vem aqui a propósito também *Hugo Grotius*, o qual estabeleceu um direito dos povos segundo o que em todos os povos figura como direito, segundo o *consensus gentium*. O fim do Estado estabeleceu-se assim mais sobre o fim próprio, sobre o que de imanente há no homem, do que sobre um mandamento divino. O que vale como direito derivou-se do que pode ser fundamento para o reconhecimento dos homens, ao passo que antes tudo se orientava pelo positivo. A esta substituição de um outro fundamento diverso do da autoridade chamou-se o filosofar e, por isso, também a filosofia se denominou sabedoria mundana. Porque semelhante filosofar tem como objecto o mundo, a natureza externa e os direitos da natureza humana, e porque tais conteúdos se produziram mediante a actividade do entendimento humano, mundano, da razão mundana, tem-se o direito de lhe chamar sabedoria do mundo. A filosofia não se confina, porém, simplesmente aos objectos internos, mas alarga-se a tudo o que existe no mundo exterior, ocupa-se igualmente das coisas terrenas e finitas. Mas, por outro lado, não se restringe ao mundano; tem também o mesmo fim que a religião; e o mundano que ela tem por objecto permanece como determinidade na ideia divina. Em tempos recentes, Schlegel pegou de novo no nome de sabedoria mundana para a filosofia, mas como alcunha; quis assim dizer que a filosofia deveria omitir-se, ao falar-se das coisas superiores, por exemplo, da religião; e teve, depois, muitos seguidores.

Na Inglaterra, entende-se por filosofia a ciência natural. Deste modo, acontece, por exemplo, que uma revista que escreve sobre a agricultura (o estrume), a economia, a tecnologia, a química, etc. (como o Jornal de Hermbstaedt) e informa sobre as invenções se denomine filosofia*, e que instrumentos ópticos, barómetros, termómetros, etc., se intitulem instrumentos filosóficos. Também as teorias, sobretudo acerca da moral, que derivam mais dos sentimentos do coração humano e da experiência do que do conceito, das determinações do direito, cabem na Inglaterra à filosofia. Há que mencionar aqui em particular os filósofos morais escoceses; eles arrazoam à maneira ciceroniana, tomam como ponto de partida os impulsos, as tendências, a certeza imediata, portanto aquilo que *Cícero* chama *insitum natura*. Igualmente se adscrevem à filosofia as recentes teorias inglesas sobre economia política, por exemplo, de *Adam Smith*** e dos que por ele foram estimulados; e honra-se assim pelo menos, em Inglaterra, o nome da filosofia, pois tudo o que se pode derivar de princípios gerais ou reduzir da experiência a princípios determinados se chama aí filosófico. Vai já para algum tempo, realizou-se um banquete em honra de *Canning****; nas suas palavras de agradecimento, depara-se com uma felicitação à Inglaterra porque nela se empregam princípios filosóficos na administração pública. Pelo menos a filosofia não é aí uma alcunha (II).

No tocante ao primeiro aspecto, a saber, o assunto, que cabe à cultura científica, encontramo-nos assim em menores dificuldades, pois na nossa época, pelo menos na Alemanha, só raramente se incluem na filosofia as ciências particulares, empíricas. Há, no entanto, ainda alguns resquícios, por exemplo, nas universidades, existe uma faculdade filosófica que contém muitas ciências que nada têm a ver com a filosofia e constituem somente especialidades para a preparação no funcionalismo público.

Mais especificamente, porém, depara-se-nos esta mescla nos primórdios da cultura, em que o elemento genuinamente filosófico e os outros [modos] de representar e pensar não se encontravam ainda assim separados. Quando num povo desponta a época em que a reflexão se aplica a objectos gerais, em que

---

* Cf. *Enciclopédia das Ciências filosóficas* 1827, 1830, Nota 1 ao §7.
** A saber, *Inquiry into the nature and causes of the wealth of nations*, Londres 1776.
*** Cf. *Enciclopédia*, Nota 2 ao §7.

as coisas naturais como também o espiritual se introduzem em determinadas relações intelectuais, diz-se que esse povo começa a filosofar. Pode igualmente ouvir-se dizer que a filosofia é o pensar que conhece as causas das coisas. Causa-efeito é uma relação intelectual, pois ambas se tomam como reciprocamente autónomas. Chama-se, pois, filosofia à busca das causas. Ou então, no espiritual, quando se expressaram princípios gerais sobre relações éticas, aos que os expressaram deu-se-lhes o nome de σοφοι ou φιλόσοφοι, sábios ou filósofos. Por isso, encontramos logo no princípio da cultura grega os Sete Sábios e os filósofos da escola jónica, dos quais se aduz um conjunto de noções e descobertas como proposições filosóficas. Tales, por exemplo, deve considerar-se como o primeiro que explicou a origem dos eclipses solares e lunares mediante a interferência da Lua entre o Sol e a Terra, e da Terra entre o Sol e a Lua. Esta descoberta é, sem dúvida, correcta, mas não constitui filosofema algum. Pitágoras inventou o princípio que produz a harmonia dos sons; e também a isto se chamou filosofia. Muitos imaginaram assim as mais diversas coisas sobre as estrelas, por exemplo, que o firmamento, a abóbada celeste, seria de metal, e nele se encontrariam buracos através dos quais se poderia ver o empíreo, o fogo eterno. Semelhantes proposições e representações é que se trazem habitualmente para a história da filosofia. São, naturalmente, produtos da reflexão, do entendimento; vão além do trato sensorial, e não são também apenas imaginadas, como os mitos, mediante a fantasia. A terra e o céu são deste modo despovoados dos deuses, o entendimento entra para o lugar das imagens, do jogo da fantasia, das emanações do sentimento, e estabelece leis gerais e contrapõe-se assim à unidade imediata da natureza e do espírito, à determinidade simplesmente externa, natural, do espírito. Mas tais representações não chegam para apreender em si a essência das coisas. Encontramos igualmente em tais épocas máximas gerais sobre os homens, as suas relações, os deveres éticos, etc., bem como sobre o acontecer geral na natureza.

 A este respeito, pode também aqui chamar-se a atenção para uma época particular, a saber, a época da reviviscência das ciências. Sobressaiu então um momento que pertence ao conceito da filosofia, mas que não o esgota. É o lado da reflexão sobre a natureza, o direito, a eticidade, o Estado, etc., que aqui vem de novo à luz do dia. Se considerarmos as obras filosóficas desta época, por exemplo, de Hobbes, Descartes, encontramos nelas concebidos muitos objectos que, segundo a nossa abordagem, não se integram na filosofia. O sistema do último começa decerto com pensamentos gerais, com a metafísica; em seguida, porém, surge uma massa de material empírico – filosofia da natureza, mas que é em rigor o que agora chamamos física. Vem também aqui a propósito a *Ética* de Espinosa, da qual, como poderia afigurar-se, se deveria extrair apenas o lado ético; mas ela contém ideias gerais, o conhecimento de Deus, da natureza, etc. – O que importa ter em conta nesta época da reviviscência das ciências é sobretudo o seguinte: ganhou relevo uma diferença geral no modo do conhecimento dos objectos. Por um lado, havia objectos que pertenciam à religião cristã e foram estabelecidos pela Igreja mediante a autoridade. Acrescentaram-se-lhes outros que se referiam ao direito constitucional e civil. Em geral, estes também eram estabelecidos pela religião, porquanto se tomava como fundamento a proposição de que os reis tinham a origem do seu direito em Deus. O ponto de partida era aqui o direito mosaico, a unção dos reis. A teologia e a jurisprudências eram deste modo ciências positivas. Por fim, o terceiro género de objectos, a saber, os que pertenciam à natureza, em parte, eram deixados livres pela Igreja e, em parte, também não estavam longe de ser ciências positivas. A medicina, por exemplo, era em parte um empirismo crasso, uma compilação de particularidades, em parte, uma cocção de astrologia, alquimia, teosofia milagreira, etc.

Afirmava-se, entre outras coisas, que a cura dos doentes dependia das influências dos planetas; é uma evidência que também havia curas mediante relíquias. – Contra este modo do saber, do conhecimento, surgiu agora a observação da natureza em geral, um estudo que tomava os objectos no seu ser imediato e, em seguida, visava neles reconhecer o universal. Igualmente se investigou então, segundo outras fontes de dedução, o que concerne ao Estado, ao direito. O que o direito é abstraiu-se do que vigorou e valera como direito nos mais diversos povos. Também relativamente ao poder dos príncipes se procurou um outro fundamento, diverso da autoridade de Deus, por exemplo, o fim do Estado, o bem-estar do povo. Erigiu-se como princípio a liberdade do homem, da razão humana, e de-clarou-se como o fundamento e o fim da convivência humana. Abriu-se uma outra sabedoria, uma fonte inteiramente diversa da verdade, uma sabedoria que se opunha totalmente à verdade dada e revelada.

Este novo saber era assim um saber acerca das coisas finitas; o mundo era o conteúdo de tal saber; e ao mesmo tempo este saber promanava da razão humana; partia-se agora da visão pessoal, e não já de representações religiosas dadas. Os homens olharam para as suas mãos, tornaram-se activos; e embora, por um lado, tivessem honrado a autoridade, no entanto, por outro, privilegiaram de igual modo a visão pessoal, o pensar por si mesmo. A este saber chamou-se agora sabedoria humana, sabedoria do mundo. Eis a sabedoria que tem o mundo por objecto e conteúdo e provém do mundo. Tal foi o significado da reviviscência das ciências para a filosofia (I).

Todos estes aspectos, mesmo se ostentam o nome da filosofia, serão por nós excluídos do tratamento do nosso objecto, embora em todos eles resida um princípio que lhes é comum com a filosofia, a saber, a visão pessoal, o sentimento de si, o pensar por si mesmo, o estar-presente-em-pessoa. Eis o grande princípio contra a autoridade, seja em que campo for. Na percepção, sou eu próprio quem percepciona; igualmente na sensação, no entendimento, no pensar. Tudo o que houver de valer para o homem deve ser no seu próprio pensar. «No seu próprio pensar» é, em rigor, um pleonasmo; cada homem deve pensar por si mesmo, ninguém pode pensar por outro, como também não comer e beber. Este momento e, em seguida, a forma que é suscitada pelo pensar, a forma das leis, princípios e determinações fundamentais gerais, portanto, o si mesmo e a forma da universalidade são o que a filosofia tem em comum com as ciências, as concepções e representações filosóficas, etc., e o que lhes deu o nome de filosofia (II).

Aduzimos isto mais em pormenor para podermos especificar o que incumbe à filosofia. No que se disse, não encontramos decerto o conceito integral da filosofia, mas deparamos, no entanto, com um seu princípio fundamental: o saber enquanto tal, que se dobrou sobre si, que se funda no conhecer do espírito, não se atém ao que é dado. Esta auto-actividade do espírito é o momento inteiramente determinado que semelhante saber tem em comum com a filosofia. Não podemos, no entanto, permitir que esta determinação formal aflore o conceito do espírito. Tal determinação refere os objectos finitos e restringe-se mesmo a eles; é um conhecer finito em geral. Com efeito, as ciências particulares distinguem-se também agora da filosofia; e já a Igreja lhes censurava o seu afastamento de Deus, porque têm como objecto somente o terrestre, o finito. Mas elas possuem o momento do pensar por si, que pertence à filosofia e que nelas permanece como algo de essencial. A sua deficiência é apenas que o seu pensar é abstracto e, portanto, os próprios objectos, com que elas lidam, são algo de abstracto (finito). Esta deficiência, enquanto concebida pelo lado do conteúdo, leva-nos à religião e, deste modo, à ulterior especificação do segundo lado da diferença entre a filosofia e as outras ciências, com ela aparentadas.

2. Relação da Filosofia com a Religião

Assim como o primeiro âmbito era afim à filosofia mediante o lado formal do pensamento autónomo, assim também o é o segundo, a religião, quanto ao conteúdo. A religião é nesse ponto justamente o contrário da formação em geral; não tem em comum com a formação (*Bildung*) nem a forma do pensar, nem o conteúdo; com efeito, o seu conteúdo não é o terrestre, mas a religião tem diante de si o infinito. (I)

A segunda esfera das configurações do espírito, que têm uma afinidade mais estreita com a filosofia, é o âmbito da representação religiosa em geral; pertence-lhe sobretudo a religião como tal, em seguida, a mitologia, os mistérios e, em parte, também a poesia. Assim como o primeiro âmbito tem em comum com a filosofia o elemento formal, o eu e a forma da universalidade, assim o outro é aqui o elemento comum, a saber, o substancial, o conteúdo. (II)

Os povos depositaram nas religiões o modo como para si conceberam a essência do mundo, o absoluto, o que é em-si e para-si, o que consideram como a causa, a essência, o substancial da natureza e do espírito e, em seguida, a sua perspectiva de como o espírito humano ou a natureza humana se comporta perante tais objectos, perante a divindade, perante o verdadeiro (I-III).

Observamos, portanto, na religião, logo duas determinações: primeiro, como Deus é conhecido do homem; tal é a consciência representacional, a forma ou determinação objectal do pensamento pelo qual o homem contrapõe a si mesmo a essência da divindade, a representa como um outro diverso de si próprio, como algo de estranho, de ultramundano. Segundo, os actos de devoção e o culto; eis a ab-rogação de tal oposição, ab-rogação essa pela qual o homem se eleva a Deus e ingressa na consciência da unidade com semelhante essência. Eis o sentido do culto em todas as religiões. Nos gregos, o culto eleva-se mais à fruição desta unidade porque, para eles, a essência em si já nada era de ultramundano (II).

O absoluto é, pois, aqui objecto. Como objecto [real], como objecto [pensado], ele é um além, amistoso ou hostil. O espírito é impelido a neutralizar semelhante oposição e ab-roga-a na religião, graças aos actos de devoção e ao culto. Nos actos de devoção e no culto, o homem proporciona a si mesmo a certeza de aniquilar tal antítese, a confiança da unificação com o divino, da unidade de si mesmo e da essência do divino — segundo a concepção cristã — da graça de Deus, da reconciliação com ele; Deus é-lhe benevolente, une-se a ele, adopta-o, assume-o em si (I).

A religião e a filosofia têm, pois, como objecto comum, o que é em-si e para-si verdadeiro — Deus, porquanto ele é em--si e para-si, e também o homem na sua relação com ele. Nas religiões, os homens produziram o que, para além da sua consciência, constitui o que há de mais elevado; elas são, por isso, a suprema obra da razão; e é absurdo crer que os sacerdotes inventaram as religiões para engano do povo — como se o homem engolisse qualquer coisa acerca do que é derradeiro e supremo.

A filosofia tem, pois, o mesmo objecto, a razão universal que é em si e para si, a substância absoluta; o espírito pretende também nela apropriar-se de tal objecto. Mas assim como a religião leva a cabo a reconciliação nos actos de devoção e no culto, isto é, por via do sentimento, assim também a filosofia a quer realizar no pensamento, mediante o conhecimento pensante. A devoção é o *sentimento* da unidade do divino e do humano, mas sentimento *pensante*; na expressão «devoção», encerra-se já o pensar; ela é um compelir ao pensamento, um ponderar sobre, um pensar em torno de si. Mas a forma da filosofia é puro pensar, é saber, conhecer; e é aqui que começa a diferença relativamente à religião. — Está, pois, decidido que ambas as esferas se unificam no conteúdo e no fim; distinguem--se somente pela forma. Mas a afinidade é ainda mais estreita. A filosofia relaciona-se com o seu objecto, o absoluto, na forma da consciência pensante; a religião não se comporta deste modo. Mas a diferença entre as duas esferas não se pode conceber tão abstractamente como se na religião também não se pensasse. A religião tem igualmente pensamentos universais e, claro está, não apenas *implicite*, intrinsecamente, enquanto conteúdo, que primeiro se deve elaborar, como nos mitos, representações fantasiosas, ou também nas suas histórias objectivas; mas de igual modo *explicite,* na forma do pensamento. As religiões persa e indiana, por exemplo, têm pensamentos determinados;

encontram-se nelas expressos, em parte, pensamentos especulativos muito profundos, sublimes, pensamentos que não precisam primeiro de ser interpretados. Aqui se nos deparam, pois, pensamentos como tais. Mais ainda, no seio da religião, deparam-se-nos, além disso, filosofias expressas, como, por exemplo, a filosofia dos Padres da Igreja e da Escolástica; a filosofia Escolástica era essencialmente teologia. Encontramos, portanto, aqui uma conexão ou mescla de religião e filosofia, que nos pode decerto enredar em dificuldades (I).

A filosofia tem o mesmo objecto que a religião; mas, no entanto, chegaram entre si a múltiplas diferenças (II).

A filosofia ocupa-se do verdadeiro, em termos mais determinados: de Deus; é um perene serviço divino. Tem com a religião um só conteúdo; portanto, unicamente as formas de ambas são diferentes e, claro está, de modo tal que, por vezes, parecem opor-se totalmente uma à outra. A primeira aparência é que elas são apenas diferentes entre si; só mais tarde é que ocorre a recíproca posição hostil (III).

Por isso, a questão agora é, primeiro: como se distingue a filosofia da teologia e da religião em geral? E, segundo: até que ponto, na história da filosofia, temos de tomar em consideração o religioso? (II).

Quanto a este âmbito, importa agora distinguir dois aspectos, dos quais se falará mais em pormenor. O primeiro é o aspecto mítico e histórico da religião na sua afinidade com a filosofia; o segundo é a filosofia expressa na religião e também os pensamentos especulativos singulares que nela se encontram (I).

a. *As Formas diversas da Filosofia e da Religião*

Em primeiro lugar, depara-se-nos na religião a forma do mito, da representação metafórica. O verdadeiro existe nela tal como o Espírito para si *imagina*. Traz-se o conteúdo para diante da representação sensível, mas ele brota do Espírito. Por conseguinte, os mitos não são invenções arbitrárias dos sacerdotes para engano do povo, mas produtos do pensar que tem por órgão seu a fantasia, portanto, não são puro pensar. Porque a religião tem o mesmo objecto que a filosofia, poderia afigurar-se que deveríamos tratar também aqui o primeiro modo de manifestação da religião, a mitologia; e, na realidade, os mitos já foram igualmente abordados como se tivessem por conteúdo filosofemas. Importa a este respeito observar que os mitos são, com certeza, fantasias fáceis. Mas deve em si e por si conceder-se que neles se encerram verdades gerais. Creuzer foi atacado por ter atribuído a verdade como conteúdo aos mitos antigos; mas a este respeito não pode, decerto, haver qualquer dúvida. Nos mitos, expressa-se por imagens, em representações metafóricas, o substancial; revela-se o espiritual por meio do órgão da fantasia. Ora, ao buscar pensamentos nos mitos, o estudioso é que lhes atribui tais pensamentos, ao extrair o conteúdo. Mas a filosofia não tem de olhar à sua volta em busca da verdade, não é ocupação sua extrair o conceito a partir desta forma e transmutá-lo em pensamentos; considera apenas o pensamento, onde ele se encontre enquanto tal. Por conseguinte, não tomamos em conta os filosofemas que se encerram nos mitos.

Uma grande parte dos mitos tem de imediato o aspecto de acções particulares. O afazer dos mitólogos é, então, investigar se neles existe ou não um conteúdo universal. Outros, como as teogonias e as cosmogonias mitológicas, apontam manifestamente para verdades gerais. Assim, por exemplo, pensou-se que aos doze trabalhos de Hércules podia estar subjacente algo de diverso, porque ele foi comparado ao Sol, e os doze trabalhos aos signos celestes. Também o mito da queda de Adão e Eva se relata, sem dúvida, como se nele estivesse contido um acontecimento histórico, natural; mas exibe também uma relação espiritual, a saber, a transição do homem do estado paradisíaco para a consciência, para o saber do bem e do mal. Por conseguinte, tal narrativa pode ser a história eterna e a natureza viva do Espírito. Semelhante oposição, a ciência do bem, que pressupõe a ciência do mal – eis a vida espiritual. – As cosmogonias poderiam igualmente ocupar-nos como a emergência cindida das formas a partir de um todo indiviso. Mas embora aqui se indique já que se trata de algo universal, não temos ainda, contudo, a forma do pensamento. Na história da filosofia, incluímos somente as ideias que se expressam na forma determinada do pensamento. Em várias histórias da filosofia, integra-se decerto o religioso, extraído das mitologias.

Em seguida, porém, há também doutrinas na religião que ostentam mais o carácter do pensamento ou em que os pensamentos se mesclam com o figurativo, como as doutrinas acerca de Deus, da criação do mundo, da moral, etc. Denominam-se antropomórficas; ou seja, não se devem tomar nem a sério, nem imediatamente como são, mas como imagens. Se a religião grega foi demasiado antropomórfica, pode dizer-se a propósito da judaica e cristã, que o foram demasiado pouco; mas também nestas existe, em rigor, um antropomorfismo ainda muito mais forte, por exemplo, quando na Bíblia se fala da cólera de Deus. A cólera de Deus é um sentimento humano, e atribui-se a Deus. Por outro lado, tal antropomorfismo é, por seu turno, uma superioridade da religião, porque assim o espiritual se aproxima mais da representação natural. É difícil, porém, traçar o limite entre o que pertence apenas à representação sensível e o que corresponde ao divino. Com efeito, em tais antropomorfismos, não se trata somente de tais representações, que logo se dão a conhecer como afins a relações sensoriais, mas também de pensamentos; e a partir destes descobrir os finitos, segregar os que apenas pertencem ao espírito humano – eis o que é difícil. (Na reflexão sobre Deus, devemos estabelecer com fundamento outras categorias ou formas de pensar.) – Por fim, a religião contém proposições que tratam de algo inteiramente universal, por exemplo, a proposição de que Deus é o todo-poderoso. Deus concebe-se nelas como o agente, como a causa. Eis pensamentos que pertencem imediatamente à história da filosofia; efectivamente, como se disse, o objecto e o conteúdo da religião e da filosofia é um só e o mesmo; e a diferença reside apenas no modo de consideração (III, 7. XI. 1827).

[α) *Revelação e Razão*]

No tocante, em primeiro lugar, ao mítico, combinado com o histórico, é interessante este aspecto em virtude da afinidade e da igualdade do conteúdo com a filosofia, mas mais ainda pela diferença quanto à forma em que semelhante conteúdo se encontra presente nos dois. Tal oposição, que lança o conteúdo para ambos os domínios, não tem lugar só em nós, os observadores, mas é histórica; aconteceu que a filosofia entrou em antagonismo com a religião e, vice-versa, que a religião hostilizou a filosofia e, muitas vezes, a condenou. Espera-se, pois, da própria filosofia que ela justifique o seu começo. Já na Grécia a filosofia entrou em conflito com a religião popular; muitos filósofos gregos foram banidos, alguns até mortos, porque ensinavam algo diferente da religião popular. A Igreja cristã expressou ainda mais este antagonismo.

Assim sendo, a religião parece exigir que o homem leve a cabo a renúncia à filosofia, ao pensar, à razão, porque semelhante acção é apenas sabedoria mundana, somente agir humano, simplesmente conhecimento da razão humana, em oposição à divina. A razão humana, afirma-se, produz apenas confecções humanas; em contrapartida, os feitos de Deus persistiriam – a tal se chegou na nossa época e em tempos anteriores. Segundo esta distinção, o agir humano deprecia-se em comparação com o divino; e tal depreciação contém a determinação mais específica de que, para a intuição, o conhecimento da sabedoria de Deus se remete para a natureza. Segundo esta expressão, parece ter-se dito que as obras da natureza são divinas, mas que o que o homem em geral e, sobretudo o que a razão humana produz, se deveria ver somente como humano; que, por conseguinte, as obras se devem considerar como algo de não divino, em comparação com a natureza. Mas tal concepção não é verdadeira. Às obras da razão humana poderíamos, pelo menos, atribuir igual dignidade, elevação e divindade, como às coisas naturais; e com esta equiparação conferimos ainda mais à acção humana, racional, do que é permitido. Com efeito, se já as coisas naturais, a vida dos animais, e coisas semelhantes, hão-de ser algo divino, mais ainda se deve considerar o agir humano como divino. O agir humano é um agir divino, uma obra do Espírito, ainda no sentido infinitamente mais elevado do que a natureza. Há que reconhecer de imediato a superioridade do pensamento, do pensar humano, face à existência natural. Por conseguinte, semelhante oposição, se se toma no sentido de uma superioridade do natural, deve rejeitar-se; é uma diferença má; com efeito, a diferença entre homens e animais é óbvia. Quando, pois, se inquire onde se deverá buscar o divino, a resposta só pode ser que terá de se procurar sobretudo no produzir humano.

Outra coisa seria que, na religião e sobretudo na religião cristã, existe um conteúdo que é mais elevado do que a razão pensante e que, por conseguinte, poderia ser concebido pela razão apenas como dado. Afirmámos, no tocante à relação da razão pensante, isto é, da filosofia, com a religião, que se exige da filosofia a justificação da sua meta, e tanto mais quanto ela surge em hostilidade com a religião. Põe-se um limite ao espírito humano; afirma-se que ele não pode conhecer Deus; a razão é aconselhada a conhecer Deus na natureza. Mas o espírito é algo de mais elevado do que a natureza. Cristo diz: «Não sois vós muito mais do que as avezinhas?» Portanto, o homem pode conhecer Deus melhor a partir de si do que da natureza. No que ele produz de si manifesta-se mais a divindade do que na natureza. Este era um dos lados. Daí se segue que a razão é uma revelação de Deus e, sem dúvida, mais elevada do que a natureza. O outro lado é que a religião constitui a revelação de Deus pela qual a verdade se proporciona ao homem, à razão humana; que a razão não é capaz de a ir buscar a si própria e, por conseguinte, acede humildemente a deixar-se instruir e cativar*. Temos agora de referir-nos a este aspecto, a fim de concebermos abertamente a relação da filosofia e da religião e não deixarmos porventura a questão principal na obscuridade, como se fora algo demasiado delicado, como se dela não pudesse falar-se em voz alta.

A posição da religião é, pois, esta: a verdade que nos chega pela religião é algo de externamente dado, algo que se nos depara. Já nas religiões pagãs é este mais ou menos o caso; não se sabe donde elas vieram. Mas esta determinação acentua--se ainda mais na religião cristã; o seu conteúdo é um conteúdo dado, a que se adere por cima ou para além da razão; ou é positivo. Em geral, declara-se que a verdade na religião foi proclamada por um profeta qualquer, por um enviado divino. Quem ele seja é, no tocante ao conteúdo da religião, totalmente indiferente. Perante os seus mestres, todos os povos cultivaram um respeito cheio de gratidão; assim em relação a Moisés, a Zoroastro, a Maomé. Mas este aspecto pertence à exterioridade, é algo de histórico. Os indivíduos que foram mestres não pertencem por si mesmos ao conteúdo da doutrina, ao conteúdo absoluto, à verdade eterna, que é em si e para si. A pessoa não é conteúdo da doutrina. A fé em semelhante indivíduo não é a fé na própria religião. Saber quem foi o mestre é abstracto, não é instrução alguma. Mas, na religião cristã, é diferente; a própria pessoa de Cristo é uma determinação na natureza de Deus. Segundo este aspecto, Ele também não é histórico. Tomado apenas como pessoa histórica, como mestre, por exemplo, como Pitágoras, Sócrates ou Colombo, seria, quanto ao conteúdo, igualmente indiferente, sem interesse. Mas, na religião cristã, esta pessoa, o próprio Cristo, integra-se na determinação de ser Filho de Deus, na própria natureza de Deus. O Quem da revelação, por não dizer respeito à natureza de Deus, não seria um conteúdo divino universal; e trata-se do Quê, do seu conteúdo.

Se, pois, se afirmar que o revelado é algo a que a razão humana não teria podido chegar por si mesma, deve então observar-se a este respeito que a verdade, o saber acerca da natureza de Deus, só chega ao homem de um modo externo, que a consciência da verdade como objecto sensorial, algo de externamente presente, algo de sensivelmente representado,

---

* Cf. 2 Co. 10.

constitui o primeiro modo da consciência em geral — como Moisés viu Deus na sarça ardente e os gregos representaram os seus deuses em imagens de mármore ou outras representações, como se encontram nos poetas. É de semelhante modo externo que em geral se começa e, por isso, o conteúdo surge primeiro como dado, como vindo exteriormente ao espírito, vêmo-lo, ouvimo-lo, etc. Acrescente-se, porém, que não permanece e não deve permanecer neste modo externo, nem na religião nem na filosofia. Semelhantes figuras da fantasia ou conteúdos históricos não devem permanecer nesta relação externa, mas tornar-se algo de espiritual para o espírito, deixar de ser de um modo meramente externo, isto é, justamente não espiritual. (Espírito e razão são a mesma coisa. Representamos, é certo, a razão como abstracta; mas a razão activa, ciente, é o Espírito.) Devemos conhecer Deus no espírito e na verdade*. O conteúdo da religião é, pois, Deus como espírito. Perguntamos agora: o que é Deus? Teremos de responder: Deus é o Espírito universal, absoluto, essencial. No tocante à relação do espírito humano com este espírito, é importante ter o conceito do que é o Espírito (I).

O primeiro ponto é, pois, a questão de como a filosofia e a religião se distinguem. Pretendo a tal respeito expor as determinações gerais e — tanto quanto puder ser — submetê-las a discussão.

[β) *Espírito divino e Espírito do Homem*]

Ambos têm em comum o que é em si e para si, o Espírito universal absoluto, Ele é Espírito, mas engloba em si ao mesmo tempo a natureza; é ele próprio e o incluir-se-em-si da mesma. Não é idêntico a ela, segundo o sentido superficial do quimicamente neutro, mas idêntico a ela em si mesmo, ou um só consigo mesmo nela. Encontra-se em identidade tal como a natureza que ela, o seu negativo, o real, se põe apenas como ideal. Eis o idealismo do Espírito. A universalidade de Espírito, a que se referem a filosofia e a religião, é universalidade absoluta, não externa — universalidade que tudo penetra, em tudo está presente. Temos de imaginar o Espírito como livre; a liberdade do Espírito significa que ele está em si, a si mesmo se perscruta. A sua natureza consiste em estender-se além do outro e, nele, encontrar-se a si mesmo, unir-se a si, ter-se e saborear-se.

---

* Cf. Jo IV, 24.

Daqui resulta, pois, a relação do Espírito com o espírito humano. Embora a individualidade se imagine ainda de modo inflexível e isolado, é preciso, no entanto, abstrair de tal atomística. O Espírito, representado na sua verdade, é apenas o que a si mesmo se perscruta. A diferença do individual e do universal deve, então, expressar-se de modo que o espírito subjectivo, individual, seja o Espírito divino universal, enquanto este se percepciona, enquanto se manifesta em cada sujeito, em cada homem. O espírito que per-cepciona o Espírito absoluto é, pois, o espírito subjectivo (II).
O homem deve admitir uma religião. Qual o fundamento da sua fé? O testemunho do Espírito acerca do conteúdo da religião! Este anuncia-se também expressamente na religião cristã; o próprio Cristo censura aos fariseus a fé nos milagres*; o que importa atestar é somente o testemunho do Espírito. Se determinarmos mais especificamente o que seja o testemunho do Espírito, devemos então dizer: apenas o Espírito perscruta o espírito. O milagre e coisas semelhantes são apenas um pressentimento do espírito; é uma outra coisa da natureza, uma interrupção do curso da natureza. Mas a inibição absoluta do natural é só o Espírito; unicamente ele é o verdadeiro milagre perante o curso da natureza, o verdadeiramente afirmativo em confronto com ela. Por conseguinte, só o Espírito a si mesmo se apreende. Ora, Deus é o Espírito universal; em vez de Deus, podemos, pois, dizer: o Espírito divino universal. A universalidade do Espírito não se deve conceber como simples comunidade, mas como o que penetra no sentido da unidade consigo na determinação de si mesmo e na determinação do outro. Eis a verdadeira universalidade. O Espírito universal é α) universal, β) é para si objecto; portanto, determina-se a si, torna-se particular. A verdadeira universalidade consta, pois – em termos populares – de dois, do próprio universal e do particular; não está apenas num só, a que o outro se contrapõe, mas em dois; porém, de modo tal que um se sobrepõe ao outro, o penetra e nele chega a si próprio. O outro é o seu outro, e este seu outro e ele próprio estão num só. Na perscrutação de si mesmo, há uma dualidade; o Espírito *perscruta-se*, ou seja, ele é o perscrutante e o perscrutado; mas é tal só enquanto unidade do que perscruta e do que é perscrutado. O Espírito divino perscrutado é o espírito objectivo; mas o perscrutante é o subjectivo. Porém, o Espírito divino não é somente a passivi-

---

* Mat. XII, 38, 39; XVI, 1-4; Mc. VIII, 11.12; Jo. IV, 48.

dade do tornar-se perscrutado; no seu movimento, tal passividade só pode ser um instante, só pode ser momentânea. Ele é a ab--rogação da diferença do espírito subjectivamente activo e do espírito objectivo, passivo. É uma unidade substancial; é a própria actividade da autoperscrutação. – O espírito subjectivo, que indaga o Espírito divino, é este próprio espírito divino. Eis a verdadeira determinação fundamental do comportamento do espírito para consigo (I).

Se tomarmos como ponto de partida esta determinação, teremos, além disso, apenas diferentes formas de tal indagação. O que chamámos *fé* religiosa é o Espírito divino, perscrutado de modo substancial, universal. Fora da fé, o Espírito divino não é o que ele é segundo a doutrina da Igreja. O Espírito divino não está assim em si, mas está presente no espírito do homem, no espírito dos que pertencem à sua comunidade; e o espírito individual apreende então o Espírito divino, isto é, a essência do *seu* espírito, a *sua essência*, o seu elemento substancial; e esta essência é justamente o universal e o persistente em si e para si. Eis a fé da Igreja evangélica — não uma fé histórica, não uma fé em coisas históricas; a fé luterana é a fé do próprio espírito, a consciência, a perscrutação do elemento substancial do espírito. Segundo uma recente teoria da fé, afirma-se: creio, sei imediatamente que tenho um corpo; chama-se, pois, fé ao facto de estar imediatamente em nós, de se encontrar e produzir na nossa consciência algo de determinado, um qualquer conteúdo. Eis o sentido extrínseco da fé. Mas o sentido interno, religioso, da fé é justamente o saber acerca do Espírito absoluto; e este saber, tal como imediatamente se encontra no espírito humano, é imediato e, portanto, certeza imediata. É apenas um testemunho do seu espírito; e é esta a raiz profunda da identidade do espírito em geral. O Espírito gera-se a si mesmo, manifesta-se, mostra-se, e engendra também a partir de si mesmo, da sua unidade consigo; e tem de igual modo a consciência de si mesmo, a consciência da sua unidade com o seu objecto, porquanto ele próprio é o seu objecto. Quando, pois, a consciência deste objecto emerge e se desenvolve, se configura, semelhante conteúdo pode afigurar-se como um dado da sensação, como sensivelmente representado, vindo a partir de fora; tal é, na mitologia, o modo histórico da génese. É o modo extrínseco. Mas à fé pertence o testemunho do Espírito. O conteúdo pode, sem dúvida, vir, ser acolhido, ser dado, a partir de fora; mas o Espírito deve dele dar testemunho (II).

A perscrutação de si mesmo é o que se chama fé. Mas não é uma fé má, simplesmente histórica, como a da primeira Igreja; nós, luteranos, temos uma fé melhor. Na fé, comportamo-nos perante o Espírito divino como perante nós próprios. Nesta fé, há apenas uma diferença de forma, mas que se ab-roga; ou antes, a fé é a sua eterna ab-rogação; no tocante ao conteúdo, não existe aí qualquer diferença e separação. Este comportamento do espírito para consigo não é, pois, a unidade originária, abstracta, a substância espinosista, o elemento substâncial objectivo, mas a substância ciente, individual, a autoconsciência, que se reconhece no Espírito divino e nele se infinitiza. Eis a determinação que, no comportamento do espírito para consigo, estabelecemos como fundamento na religião. Devemos deixar totalmente de lado a chamada humildade, isto é, a limitação e a incapacidade de conhecer Deus. Pelo contrário, conhecer Deus é o único fim da religião. Se houvermos ter religião, devemo-la ter no espírito, isto é, conhecer. O homem não cognoscente, natural, não tem religião, pois «nada perscruta do Espírito de Deus»*.

A religião é o testemunho do Espírito; e tal testemunho é o testemunho acerca do conteúdo da religião. O próprio testemunho a propósito do conteúdo é, pois, a religião. É um testemunho que testifica. Semelhante testificar é ao mesmo tempo testemunho e exibição do Espírito; com efeito, ele só é enquanto dá testemunho de si, se testifica e se mostra, se manifesta. No seu testemunho, produz-se a si próprio. Eis a ideia fundamental. O que se segue é, então, que o testemunho do Espírito constitui a sua autoconsciência interior, o seu urdir em si, a vida na interioridade da devoção – uma consciência em si unificada, envolta, consciência em que ele não chega à consciência genuína e, deste modo, à objectalidade, porque ainda não se pôs a determinidade, a separação de sujeito e objecto. O que se segue é, pois, que o Espírito, compelido para dentro de si, se abre, se diferencia de si, se faz objecto [pensado], se torna objectal. Em termos da representação: Deus é Espírito ou amor (isto é, um); ou seja, Deus dispõe de si mesmo, partilha-se, passa para o outro. E aqui ocorrem todas as aparências do ser-dado, do ter-concebido,** etc., que também surgem na mitologia. Aqui tem lugar tudo o que é histórico e o que na religião se chama o positivo (I).

---
* 1 Co. II, 14.
** Cf. Jo. IV, 24; Jo. IV, 7, 16; Ro. V, 5.

Para falar mais especificamente da religião cristã, sabemos que Cristo veio ao mundo há quase dois mil anos; mas Ele afirma: «Estou convosco todos os dias até ao fim do mundo»; «Onde dois ou três estão reunidos em meu nome, aí estou eu no meio deles»*, embora não como esta pessoa, não presente de modo sensível; e: Quando eu já não estiver convosco, então o Espírito «conduzir-vos-á a toda a verdade»**; ou seja, a relação da exterioridade deve primeiro ab-rogar-se, não é o verdadeiro. Deste modo obtém a sua explicação o que acima dissemos (I-II).

Por outro lado, existe aí uma consciência representante; este conteúdo é nela objecto; ei-lo aí fora de nós, de nós separado. Outra coisa é a devoção, o culto, o sentimento da unidade com semelhante objecto. Existe aqui uma flutuação; ora é mais forte a exterioridade, ora a devoção. Umas vezes, remete-se Cristo para a Palestina onde habitava há cerca de dois mil anos, toma--se apenas como pessoa histórica neste território, neste ambiente; outras, porém, nos actos de devoção, no culto, predomina o sentimento da sua presença. Encontra-se aqui, por conseguinte, na religião, ainda uma oposição (II).

Há que observar aqui dois estádios: o primeiro é a devoção, o culto, por exemplo, a participação na Ceia vespertina, a comunhão. Cristo está nela imediatamente presente. Eis a perscrutação do Espírito divino, o Espírito vivo, que tem a sua autoconsciência e realidade efectiva na comunidade. O segundo estádio é a consciência desdobrada, em que semelhante conteúdo se torna objectal. Acontece que, neste ponto de vista, o Cristo presente retrocede cerca de dois mil anos, relegado para um canto da Palestina, conhece-se no espaço e no tempo, pode propor--se à consciência como pessoa histórica, mas é longínquo e um outro. O caso é análogo na religião grega, quando o deus, do ponto de vista da devoção, do sentimento, se transforma em estátua prosaica, em mármore e em madeira. Há que chegar a esta exterioridade. Assim, para nós, a hóstia como tal já não é sagrada; segundo a doutrina luterana, o vinho só na fé e na fruição é algo de divino, não na sua existência externa. Para nós, igualmente, uma imagem de santo nada mais é do que pedra, uma tela, e coisas semelhantes. — Eis os dois pontos de vista; e o segundo é justamente aquele em que a consciência começa com uma figura externa, a admite na memória, a representa e

---
* Mat. XVIII, 20.
**Jo XVI, 13.

conhece. Mas se ela permanece nesta representação, semelhante ponto de vista não é espiritual. Se o conteúdo da religião se conhece apenas como histórico, se o Espírito se relega para a distância histórica, morta, então foi rejeitando, chegou à mentira perante si mesmo. Tal mentira é o que, na Escritura*, se chama o pecado contra o Espírito (I).

Não se pode perdoar o pecado a quem mente contra o Espírito Santo. Mas a mentira contra o Espírito Santo consiste justamente em ele não ser universal, não ser santo; isto é, em Cristo ser somente algo de separado, de isolado, somente uma outra pessoa diferente desta pessoa, em ter existido somente na Judeia, ou também em existir ainda agora, mas no além, no céu, Deus sabe onde, e não de um modo efectivamente real, presente, na sua comunidade. Quem fala da razão simplesmente finita, apenas humana, só dos limites da razão — mente contra o Espírito; com efeito, o Espírito enquanto infinito, universal, auto-indagador, não se perscruta num somente, em limites, no finito como tal, não tem com este qualquer relação – perscruta--se apenas em si, na sua infinidade (I, 3).

[γ) *Representação e Pensamento*]

A forma da filosofia distingue-se da forma da religião, e tal diferença deve agora conceber-se de um modo mais pormenorizado. A relação fundamental entre a religião e a filosofia é a natureza do próprio Espírito.

α) No Espírito, deve partir-se do facto de que ele é enquanto se manifesta; é a *única* identidade substancial; mas ao mesmo tempo, ao manifestar-se, é em si diferente; e aqui se inclui a consciência subjectiva e finita do mesmo. (Finito é o que tem um limite no outro, onde um outro começa; e isto só acontece onde existe uma determinação, uma diferença.) Mas o Espírito permanece livre em si mesmo no seu manifestar-se, de modo que não é perturbado por tal diferença. O diverso é-lhe transparente, é para ele algo de claro, e não de obscuro. Ou não é para ele nada de determinado, nenhuma determinação, isto é, nenhuma diferença (pois toda a determinação é diferença). Quando, pois, se fala de um limite do Espírito, da razão humana, isso é, por um lado, correcto; o homem é limitado, dependente, finito — afora segundo o aspecto graças ao qual ele é espírito.

---

* Mat. XII, 31, 32.

O finito diz respeito aos outros modos da sua existência. Enquanto espírito, ao comportar-se de modo não espiritual, refere-se a coisas externas; mas quando como espírito é espírito, então é ilimitado. Os limites da razão são apenas limites da razão deste sujeito; ao comportar-se racionalmente, o homem é sem limites, infinito. (A infinidade não deve decerto tomar--se aqui em sentido abstracto, como conceito do entendimento.) Porque o espírito é infinito, permanece espírito em todas as suas relações, exteriorizações e figuras. A diferença entre o Espírito universal, substancial, e o espírito subjectivo é para ele próprio. O Espírito como objecto e seu conteúdo deve ao mesmo tempo ser imanente ao espírito subjectivo; e só o é de um modo espiritual, não natural e imediato. A determinação fundamental do Cristianismo é que o homem é iluminado pela graça, pelo Espírito Santo (isto é, o Espírito essencial). É-lhe, pois, imanente, por conseguinte, é o seu espírito próprio. Este espírito vivo do homem é, por assim dizer, o fósforo, o material excitável e incendiável que se pode inflamar a partir de fora e de dentro. Tal acontece a partir de fora, por exemplo, quando ao homem se ensina o conteúdo da religião, quando assim se suscita o sentimento e a representação, ou quando ele o aceita por autoridade. Pelo contrário, ao comportar-se espiritualmente, inflama-se em si mesmo; ao buscá-lo em si próprio, manifesta-o também a partir de si, pois é o seu si-mesmo mais íntimo (II).

A religião tem como objecto a essência absoluta, e a filosofia quer conhecer igualmente esta essência. Por isso, devemos, antes de mais, conceber a forma do conhecimento da essência.

Se dissermos: a filosofia conhece a essência, então o ponto principal é que a essência não permanece algo de exterior àquilo de que ela é essência. Se eu disser: a essência do meu espírito, então esta essência está justamente no meu espírito, e não fora dele. Se indago o conteúdo essencial de um livro, abstraio da encadernação, do papel, da tinta empregue para a impressão dos caracteres, etc.; omito muitas frases e páginas e realço apenas o conteúdo simples; ou reduzo o conteúdo múltiplo à sua simplicidade substancial. Ora, a propósito deste conteúdo essencial, não podemos dizer que está fora do livro; não está justamente em lado algum a não ser no próprio livro. Assim a lei não reside fora do indivíduo natural, mas constitui o ser verdadeiro, essencial, deste indivíduo. Por conseguinte, a essência do espírito não lhe é extrínseca, mas é a sua substância mais íntima e o seu ser efectivamente real e presente. É, por assim dizer, o material inflamável que se pode incendiar e trazer à luz. E só porque o fósforo da essência nele existe é possível a inflamação. Se o Espírito não tivesse em si o fósforo da essência, não haveria nenhuma religião, nenhum sentimento, nenhum anelo e, portanto, nenhum saber acerca de Deus; e, por isso, também o Espírito divino não seria o que é, o universal em si e para si. Por conseguinte, importa superar o mal-entendido de fazer da essência um objecto morto e exterior, algo de abstracto. A essência é a forma que em si mesma é um conteúdo essencial, ou o conteúdo como algo de em si essencialmente determinado; o desprovido de contúdo é o indeterminado. Ora, assim como num livro, além do conteúdo essencial, há ainda muitas outras coisas, assim também no espírito individual há ainda uma grande massa de outra existência, de outra consciência, que pertence unicamente à aparência, e não ao essencial. A religião é a posição que o indivíduo tem de conhecer esta essência, de conceber a identidade com esta essência. Mas a identidade de um indivíduo e da sua essência não é abstracta; é antes uma passagem desde o indivíduo, enquanto existente natural, para uma consciência, que é pura e espiritual. Por conseguinte, no individual, deve distinguir-se entre o existente e o que é a sua essência. A essência como existência tem um âmbito de adjacência inessencial; e o inessencial fica imerso neste material que aparece.

O que aqui importa são as determinações. Mas não se demonstram aqui; tal só acontece no ponto de vista especulativo. Aqui, trata-se apenas de uma sua representação (I).

β) O que se segue é o modo como o espírito é objectal, como se comporta no seu ser-para-si.

A figura de como ele aí está pode ser diferente; ele pode configurar-se de modos diversos; e destes diversos modos de configuração brotam, em seguida, as diversas formas de espírito e, assim, a diferença entre filosofia e religião.

Na religião, o Espírito tem uma figura peculiar que pode ser sensível, por exemplo, na forma da arte, pois esta representa a divindade, e na poesia, na qual a representação sensível constitui igualmente a essência da exibição. Podemos em geral dizer que o modo de configuração do espírito é *a representação*. O pensar pertence também já, é certo, à parte da representação religiosa, mas esta contém-no mesclado com um conteúdo habitual e externo. Também o direito e a vida ética, por exemplo, são, como se diz, supra-sensíveis, mas a minha representação deles parte do hábito, das determinações legais existentes ou do sentimento. Ora, a diferença da filosofia consiste em que nela o mesmo conteúdo se concebe na forma do pensar. Na religião, há dois momentos: 1) uma forma ou determinação objectal da consciência em que o Espírito essencial, o absoluto, existe como fora do espírito subjectivo, isto é, como objecto, ocorrendo a representação como histórica, ou figura da arte, afastada no tempo e no espaço; 2) a determinação ou o estádio da devoção, da interioridade; tal afastamento eliminou-se aqui, e foi também superada a separação; o espírito é aqui uma só coisa com o objecto, o indivíduo está cheio do espírito. Na filosofia e na religião, é o mesmo objecto, conteúdo e fim. Mas o que na religião são dois estádios, dois modos da objectalidade, arte, fé e devoção, encontram-se reunidos num só na filosofia; com efeito, o pensamento é α) objectal, segundo a primeira determinação; tem a forma de um objecto; mas β) perdeu também a forma da sua objectalidade; no pensar, conteúdo e forma inserem-se num só. Na medida em que o que eu penso, isto é, o conteúdo do pensar, existe na forma do pensamento, já não se encontra diante de mim.

Aqui, na religião e na filosofia, há pois um *único* conteúdo substancial, e apenas é diverso o modo da configuração. Estas duas configurações não são, porém, apenas diferentes; podem também surgir como contrapostas na sua distinção, mais ainda, como contradizendo-se uma à outra, porquanto o conteúdo se representa como essencialmente ligado à figura. Mas até no interior da religião se admite que este modo diverso não se deve tomar na religião em sentido rigoroso. Por isso, diz-se: Deus gerou o seu Filho. O saber-se, o fazer-se objecto do Espírito divino significa aqui: gerar o seu Filho. O Pai conhece-se a si no Filho, pois é da mesma natureza. Mas esta relação é tirada da natureza viva, não do espiritual; é proferida para a representação. Diz-se, sem dúvida, que não se deve tomar esta relação em sentido rigoroso; no entanto, admite-se. Mas o sentido genuíno é a forma do pensamento. Igualmente, quando a mitologia fala das lutas dos deuses, facilmente se concebe que tal se deve referir, em parte, às forças espirituais, em parte também às forças naturais, as quais, como entre si opostas, se representariam figurativamente deste modo (II).

Mas o que aqui mais precisamente nos interessa é passar para a figura diferente em que se encontra o saber da essência na religião e na filosofia. A filosofia surge, antes de mais, como destruidora perante a relação, tal como a religião a estabelece, como inversa. Na religião, a essência, o Espírito, manifesta-se antes de mais como exterior; mas, como já referimos, o culto, a devoção ab-roga a exterioridade de tal relação. O mesmo faz também a filosofia. – Na consciência religiosa, porém, a forma do saber acerca do objecto é *a representação*, isto é, uma representação que contém mais ou menos elementos sensíveis, por exemplo, circunstâncias dos objectos naturais. Na filosofia, não diremos que Deus gera o seu Filho; mas o pensamento que semelhante relação encerra, o elemento substancial da tal relação, é ainda, pois, reconhecido na filosofia. Em virtude de a filosofia ter por objecto o conteúdo, o absoluto, na forma do pensamento, tem por si a vantagem de que nela é uma só coisa o que na religião é ainda algo de separado e constitui ainda momentos diferentes. Na religião, Deus, por exemplo, representa--se como pessoa; surge assim à consciência como algo de exterior; e só no acto de devoção a determinação ingressa na unidade. Eis os dois estádios acima separados. Encontram--se ligados no pensamento, transformam-se deste modo *numa* unidade. O pensamento pensa-se a si; pensa e é pensado. O conteúdo é o absoluto, o divino enquanto pensamento; ao ser pensado, ele é, pois, o meu [conteúdo] (I).

γ) É natural que estas diversas formas, no seu primeiro apareci-mento determinado, e cientes das suas diversidades, sejam reciprocamente hostis; mais ainda, tal é necessário. Com efeito, a primeira emergência do pensamento é abstracta, ou seja, não é completa na sua forma; e também assim é na religião, pois a primeira e imediata consciência religiosa, embora seja consciência do Espírito, do ente em si e para si, encontra-se ainda, mesclada com figura sensível, com uma adjacência sensível, a saber, é igualmente abstracta. Ora, o pensar apreende-se, mais tarde, de modo mais concreto, mergulha mais profundamente em si e traz à consciência o conceito do Espírito como tal. Apreendendo-se assim, já não se encontra enredado na determinação abstracta. O conceito do Espírito concebe-se a si ou implica que ele se concebe essencialmente a si mesmo, tem em si a determinação (– determinação, que é o que se atribui ao entendimento, à essência do fenómeno). O entendimento abstracto nega toda a determinidade em si e nada mais retém de Deus do que a suprema essência abstracta. Pelo contrário, o conceito concreto não tem a ver com semelhante *caput mortuum*, mas com o espírito concreto, isto é, com o espírito, que em si se determina, com o Espírito vivo. O que tem lugar ulteriormente é, pois, que o Espírito concreto na religião reconhece o concreto, a determinidade em geral, não o sensível, mas o essencial. Por exemplo, o Deus Judeu, Deus Pai, é algo de abstracto. O espírito ulterior conhece dele o essencial. O concreto, porém, não é apenas Deus em geral, mas que Ele se determina a si, põe algo diferente de si mesmo; não o deixa, porém, ficar como um outro, mas nele está em si próprio. Tal é, antes de mais, o espírito divino integral. Mas o concreto na religião só pode ser conhecido e reconhecido pelo próprio conceito concreto; e aqui reside a possibilidade de reconciliação da religião e da filosofia, embora o entendimento abstracto lute contra a primeira (II).

Estas duas formas, a da representação e a do pensamento, surgem primeiro como postas em antagonismo recíproco; e é natural que, em primeiro lugar, sejam conscientes apenas da sua diversidade e, portanto, irrompam numa hostilidade recíproca. Só mais tarde é que o pensar se apreende concretamente, se aprofunda em si e arriba à consciência como o concreto. O concreto é universal, o que em si é determinado, portanto, contém em si o seu outro. A princípio, o Espírito é abstracto, embaraçado na sua abstracção; neste embaraço sabe-se apenas como diferente em oposição ao outro. Ao tornar-se concreto, apreende o seu negativo, retoma-o em si, reconhece-o como seu, e em tal é afirmativo. Assim, na juventude, somos essencialmente negativos perante o mundo; só na idade madura entramos na lenidade para, no que foi tido por negativo, no negado, no que foi rejeitado, reconhecer o positivo ou o afirmativo; e isto é mais difícil do que tornar-se simplesmente consciente da oposição (I).

O decurso histórico desta oposição é, mais ou menos, o seguinte: o pensar começa por se abrir dentro e, em seguida, ao lado das representações da religião de maneira que a oposição ainda não chega à consciência. Mas o pensar ulterior, ao fortalecer-se e ao fundar-se em si mesmo, ao elucidar-se a si perante a forma da religião, não quer nela reconhecer o próprio conceito e busca-se apenas a si. No mundo grego, a luta contra a forma da religião teve lugar já muito cedo. Deparamos já com Xenófanes a atacar com extrema violência as representações da religião grega popular; e, mais tarde, vemos que tal antagonismo se tornou ainda mais duro, quando surgiram filósofos que negaram expressamente os deuses e, deste modo, o divino da religião popular. Sócrates foi acusado de ter introduzido novos deuses. Sem dúvida, o seu δαιμόνιον e em geral o princípio do seu sistema opunha-se à forma da religião e da eticidade gregas; mas ele, no entanto, participava nos usos da sua religião, e sabemos que, ao morrer, mandou sacrificar um galo a Esculápio. Só muito mais tarde é que os neoplatónicos reconheceram, na religião popular, o conteúdo universal expressamente atacado ou posto de lado pelos filósofos. Vemos não só que eles traduziram as representações mitológicas para o significado do pensamento, mas também que as utilizaram como uma linguagem figurativa do seu sistema (II).

O decurso desta oposição, tal como se manifesta na história, é, pois, o seguinte: o pensar sobressai primeiro no interior da religião, encontra-se neste conteúdo substancial, por isso, não é livre para si. O segundo passo consiste em ele se reforçar, em conceber-se como fundando-se em si e apoiando-se na sua forma e – por não se reconhecer na outra forma – em virar-se contra ela de um modo hostil. O terceiro passo consiste em se reconhecer também nesta forma, em chegar a conceber o outro como um momento de si mesmo. Vemos assim, no início da cultura grega, que a filosofia se encontra primeiro ligada no interior do círculo da religião popular. Em seguida, põe-se fora dela e assume perante ela uma posição antagónica até apreender o seu interior e nela se reconhecer. Em tal oposição apareceram muitos ateus. Sócrates foi acusado de honrar outros deuses diferentes dos da religião popular. Platão lançava invectivas contra a mitologia dos poetas e queria ver banidas da educação na sua «República» as histórias dos deuses narradas por Homero e Hesíodo. Só muito mais tarde, nos neoplatónicos, é que a religião popular foi de novo integrada, reconhecendo-se nela o universal, o significado dos pensamentos (I).

O decurso desta oposição encontra-se também na religião cristã. A princípio, o pensar é dependente, não livre, em ligação com a figura da religião. Assim acontece nos Padres da Igreja. O pensar desenvolve neles os elementos da doutrina cristã. (Esta tornou-se, pois, em primeiro lugar, um sistema nas mãos dos Padres da Igreja filosofantes. Este [elemento] culto da fé eclesial surgiu sobretudo no tempo de Lutero. Então e depois, muitas vezes, em épocas mais recentes, pretendeu-se reconduzir a religião cristã à sua figura primeira. Isso tem, sem dúvida, um sentido bom, porquanto se traz à consideração o autêntico e originário da doutrina cristã, e tal foi particularmente necessário na época da Reforma; mas também aduz consigo o pensamento deformado de que não se deveriam ter desenvolvido os elementos.) Em primeiro lugar, pois, o pensamento formou a doutrina e desenvolveu-se em sistema; em seguida, a doutrina consolidou-se e converteu-se em pressuposto absoluto para o pensar.

O primeiro [estádio] é, portanto, o desenvolvimento da doutrina; o segundo, a sua consolidação. Só depois emerge a oposição entre fé e pensar, entre o assentimento imediato à doutrina e a chamada razão. O pensar firmou-se sobre si; a jovem águia da razão elevou-se primeiro por si, como predadora, ao sol da verdade e combateu a religião. Em seguida, porém, faz também justiça ao conteúdo religioso, porque o pensar se cumpre ao tornar-se conceito concreto do Espírito e ao entrar em polémica contra o entendimento abstracto (II).

Vemos também, já de início na religião cristã, o pensar a mover-se dentro da religião, a pô-la como fundamento e a tomá--la como pressuposto absoluto. Mais tarde – depois que para o pensamento se fortaleceram as rémiges e ele, como jovem águia, se elevou por si ao sol, mas – animal predador – embateu hostilmente na religião – emerge a oposição entre fé e razão.

O último [passo] é que o conceito especulativo faça justiça à fé e conclua a paz com a religião. Para se imbuir de espiritualidade concreta, o conceito deve ter-se apreendido a si mesmo, e também a sua natureza concreta (I).

Por conseguinte, a religião tem assim um conteúdo comum com a filosofia e só se distingue da filosofia pela forma; e, para a filosofia, trata-se apenas de cumprir com amplidão a forma do conceito de modo a poder apreender o conteúdo da religião. Este conteúdo é sobretudo o que recebeu o nome de Mistérios da religião; é o elemento especulativo na religião. Compreende--se por tal, antes de mais, algo de misterioso, que deve permanecer secreto e não se pode tornar conhecido. Os mistérios são, sem dúvida, segundo a sua natureza, isto é, justamente como conteúdo especulativo, algo de recôndito para o entendimento; mas não para a razão. São o racional no sentido do especulativo, isto é, no sentido do conceito concreto. A filosofia é antagónica ao racionalismo sobretudo na teologia recente. Esta tem decerto a razão sempre na boca; mas é apenas o entendimento árido, abstracto. Da razão nada mais aí se deve conhecer do que o momento do pensamento de si mesmo; mas é um pensar inteiramente abstracto. Semelhante racionalismo é antagónico à filosofia segundo o conteúdo e segundo a forma. Segundo o conteúdo: tornou o céu vazio – transformou o divino num *caput mortuum* – e degradou tudo o mais a simples finidades no espaço e no tempo. E também segundo a forma se opôs à filosofia; com efeito, a forma do racionalismo é o discutir, um polemicar não livre; e declara-se contra a filosofia sobretudo para poder eternamente continuar a polemicar. Isto não é filosofar, não é compreender. No interior da religião, ao racionalismo opõe-se o sobrenaturalismo; e este, no tocante ao conteúdo verdadeiro, está em uníssono e coincide com a filosofia, mas é diferente segundo a forma; com efeito, o sobrenaturalismo tornou-se de todo desprovido de espírito, tosco, e toma como autenticação e justificação a autoridade simplesmente positiva. Os Escolásticos, pelo contrário, não eram assim sobrenaturalistas; compreenderam mediante o pensamento, o dogma da Igreja.

A filosofia, enquanto pensar conceptualizante deste conteúdo, tem, em comparação com o representar da religião, a vantagem de os compreender a ambos; com efeito, entende a religião e pode fazer-lhe justiça; entende o racionalismo e o sobrenaturalismo; e compreende-se também a si mesmo. Mas não inversamente; a religião como tal, por se fixar no ponto de vista da representação, conhece-se apenas na representação, não na filosofia, isto é, em conceitos, em determinações universais do pensamento. Muitas vezes, não se comete injustiça para com uma filosofia, se alguém lhe censurar a sua oposição à religião; mas, com frequência, tal injustiça também lhe acontece, a saber, quando se lhe faz isso a partir do ponto de vista religioso; justamente porque a religião não compreende a filosofia.

A filosofia não se opõe, pois, à religião: *compreende-a*. Mas, para a Ideia absoluta, para o Espírito absoluto, deve existir a forma da religião; a religião é, com efeito, a forma da consciência do verdadeiro, tal como é para todos os homens. A sua cultura é 1) percepção sensível, 2) incorporação nesta da forma do universal, isto é, reflexão, pensar, mas pensar abstracto que ainda contém muita exterioridade. O homem transita em seguida para a cultura concreta dos pensamentos, especula sobre o verdadeiro, torna-se dele consciente na sua forma verdadeira. Mas o elemento especulativo que se apresenta na formação não é a forma do pensar extrinsecamente universal, comum a todos os homens. Por isso, a forma da religião deve ter a consciência do verdadeiro em si (II).

A filosofia dos tempos modernos está já em si ligada à religião, pois surgiu no seio do mundo cristão. O espírito é um só, embora seja consciente de si ora na forma da representação, ora do pensar; não pode ter dois conteúdos. E se o espírito se compreendeu primeiramente a si mesmo na filosofia, compreende também a figura da religião, que até então lhe era estranha, como a sua. – Mas a figura particular da religião é necessária; com efeito, a religião é a forma da verdade para todos os homens. Apreende a essência do Espírito na forma da consciência representante, que se detém no exterior. Esta forma contém tudo o que é místico e histórico, tudo o que atribuímos ao elemento positivo de uma religião; é a forma que pertence à intelectualidade. Um dos momentos da religião era o testemunho do Espírito; o outro, o modo como este elemento substancial se torna objecto da consciência. A essência contida no testemunho do Espírito só se torna objecto para a consciência quando aparece em forma intelectual. Para a consciência representante apenas a forma da representação – ser determinado sensível e pensar intelectual – é inteligível; precisa das condições com que já está familiarizada a partir da vida, da experiência (I).

Tal é a justificação geral desta figura (II).

[δ) *Autoridade e Liberdade]*

O que se produziu a partir da forma do livre pensamento, e não mediante a autoridade, pertence à filosofia. Neste princípio – forma do pensamento, reprodução do pensamento – é que persiste a filosofia, em contraste ou em oposição à religião. O elemento distintivo entre a filosofia e a religião é, pois, que aquela dá o seu assentimento simplesmente ao que o pensamento traz à consciência de si mesmo. Quando a consciência chega ao ponto de conhecer o seu si-mesmo mais íntimo como pensante, sucede então que a razão quer cientemente dar o seu assentimento a tudo o que deve reconhecer por verdadeiro, e que não quer a este renunciar perante qualquer autoridade, seja ela qual for. Muitas vezes, comete-se a este respeito uma injustiça contra a razão. Mas hoje em dia já não se pode por causa disso caluniar a filosofia; com efeito, a religião, pelo menos a nossa Igreja protestante, reivindica para si a razão, ao afirmar que a religião deveria emanar da própria convicção, portanto, não se fundar na simples autoridade. Contudo, afirmava-se no mesmo tempo, não há muito, que a religião existe apenas no modo do sentimento religioso, é genuína e verdadeira somente como sentimento. Mas quando se nega todo o discernimento em conceitos do conteúdo religioso, nega-se também toda a teologia; efectivamente, a teologia como ciência deve ser o saber acerca de Deus e da relação do homem com Ele, saber que é determinado pela natureza de Deus. De outro modo seria um simples conhecimento histórico. Ora, também àquele sentimento se chamou a fonte da ciência, da razão; mas ele é o desproveito do saber. Para o sentimento ser verdadeiro, deve nele haver razão; mais ainda, semelhante sentimento deve ter emanado da convicção e do discernimento (III).

O direito do livre pensamento face à autoridade em geral considera-se aqui de um modo mais específico porque a religião, que tem em comum com a filosofia o conteúdo, é diferente desta segundo a forma; funda-se na autoridade enquanto tal, por isso, é positiva. Mas, por outro lado, a própria religião exige que o homem adore Deus em espírito, isto é, que ele próprio esteja no que toma por verdadeiro. Este princípio é agora reconhecido por todo; e, por isso, tal princípio da convicção própria, da intuição interna, etc., é muito comum entre a filosofia e a restante cultura do nosso tempo, inclusive da religião. Mas importa considerar que tipo de autoridade aqui nos interessa em particular. Em toda a pressuposição há autoridade. Mas onde o pensar humano é banido da religião, ou onde a autoridade da religião se funda de modo mundano, ela não tem então qualquer interesse para a razão pensante.

A religião em geral, que habitualmente se apoia em bases positivas e, sobretudo, a religião cristã tem a peculiaridade essencial de que, para algo se tomar por verdadeiro, lhe deve ser inerente o espírito do homem. Ou a verdade da religião exige essencialmente o testemunho do espírito. Na religião cristã, é este expressamente o caso. Cristo censura os fariseus por reclamarem a autenticação da sua doutrina mediante sinais e milagres*. Diz expressamente que não é o exterior que funda o verdadeiro, mas o espírito; a aceitação da doutrina não é ainda o verdadeiro; o testemunho do espírito é que constitui o fundamento essencial. O testemunho do espírito contém, pois, também a determinação universal acerca da liberdade do espírito, do que ele tem por verdadeiro. Semelhante testemunho do espírito é, por conseguinte, o fundamento.

Mas a fé, a convicção, é mediada em cada homem pela instrução, pela educação e pela formação alcançada, em seguida, mediante a assimilação do que constitui as representações universais de uma época, os princípios e convicções de uma era. Nesta instrução, um aspecto essencial é que ela se dirija ao coração do homem, ao seu ânimo mas, além disso, também à sua consciência, ao seu espírito, ao entendimento e à razão, e que de tal se dê testemunho por si próprio. A fé na verdade, a convicção acerca da verdade, deve ser uma convicção *própria*, um discernimento pessoal. Parece assim, pois, não existir qualquer autoridade. Só que também aqui está presente a autoridade de modo essencial; que tal promane da nossa própria

---
* Jo. IV, 48.

relação interna é já um modo de autoridade. Encontra-se, assim, no consciência, é um facto da consciência. Estamos notificados do ser de Deus; também este saber existe em nós de um modo tão imediato que ele próprio se torna autoridade, a autoridade interna da consciência [moral]. Porque deparamos assim com algo em nós, somos logo convencidos de que também é recto, verdadeiro e bom. Mas a experiência superficial mostra-nos que temos em nós um grande número de tais representações imediatas a cujo respeito devemos, no entanto, admitir mais tarde que podem ser erros. Se tais representações e sentimentos internos se tomarem imediatamente como autoridade, pode acontecer que justamente do mesmo modo nos possa também surgir o conteúdo oposto. Se deixarmos valer tal princípio, então encontra-se assim igualmente justificado o conteúdo contrário. Segundo o nosso sentimento, podemos muito facilmente julgar algo de bom como falso, iníquo e injusto. Por outro lado, os maus crêem que o que eles fazem lhes foi assim imposto, e terá sido uma revelação interna. Pelo que também todo o crime tem este princípio. – Por conseguinte, no discernimento, na convicção sobre o que se toma por verdadeiro persiste sempre ainda a forma da autoridade. «Do coração saem os maus pensamentos», diz a Escritura*. Por conseguinte, tal não se pode aceitar como verdadeiro.

Igualmente, no modo mais reflexivo da compreensão, nos pensamentos do indivíduo, que não só não se devem considerar imediatamente como decorrendo do íntimo, mas são produtos do pensar por si – também neste modo de compreensão deve estar ainda presente, graças ao pressuposto de alguns pontos firmes, a autoridade ou, pelo menos, aludir-se à forma da autoridade, ao tomarem-se como verdadeiras tais concepções. Eis o que habitualmente acontece no que chamamos a representação, convicção e cultura de uma época no seu todo. Na base, estabelece-se semelhante representação; e segundo ela, a partir dela tudo em nós se determina. Temos, numa época, uma representação determinada, por exemplo, de Deus, do Estado, etc. Nesta compreensão total, pode acontecer que uma suposição infundamentada seja a base de tudo o que se segue. Os homens afirmam decerto que eles próprios teriam pensado: e o pensar por si mesmo pode igualmente ter ocorrido, mas semelhante pensar por si tem um limite determinado. Com efeito, exceptuando o facto de que o espírito de uma época é um só e o mesmo,

---

* Mat. XV, 19.

e de que o indivíduo não pode dele sair, descobre-se, no entanto, que tal pensar se apoia em pressupostos que, muitas vezes, reconhecemos como falsos. – Ora, que a filosofia seja isenta de toda a autoridade e imponha o seu princípio do livre pensamento deve-se a que ela chegou ao conceito do pensamento livre, parte do pensamento livre; é este o princípio. Por conseguinte, o pensar próprio e a convicção pessoal não fazem ainda que se esteja livre da autoridade. O pensamento livre contempla-se no seu desenvolvimento na história da filosofia. Surge aqui em oposição à autoridade da religião, da religião popular, da Igreja, etc.; e a história da filosofia representa, segundo um aspecto, a luta do pensamento livre contra semelhante autoridade. Mas o facto de estar em luta não pode ser o elemento derradeiro, o supremo ponto de vista; a filosofia deve, por fim, tornar possível a reconciliação de tal luta, deve suscitá-la. Deve ser essa a sua meta absoluta, mas de modo que a razão pensante encontre aí a sua satisfação. Toda a reconciliação deve *dela* partir.

Ora, há falsas pazes; pode delinear-se a paz entre a filosofia e a religião de um modo tal que ambas seguem por si o seu caminho e se movem em esferas separadas. Exigiu-se assim que a filosofia siga por si o seu caminho, sem entrar em colisão com a religião, e afirmou-se que é algo de maldoso e de incerto induzir a filosofia a causar dano à religião. Esta opinião já muitas vezes foi proposta, mas é para nós um falso pretexto; com efeito, a necessidade da filosofia e da religião é uma só e a mesma: explorar o que é verdadeiro. A filosofia é aqui um pensar; o espírito pensante é o puro, o mais simples, o mais íntimo. Só pode ser *um* o que há de mais íntimo; a satisfação deste íntimo por si mesmo também só pode ser, pois, uma. A filosofia não pode admitir junto de si a satisfação religiosa. Cada uma pode, até certo grau, satisfazer-se a si própria, mas a razão não pode aceitar uma satisfação que lhe seja antagónica.

Um segundo requisito e meio para a paz seria, em seguida, este: a razão deve submeter-se à fé, à autoridade ou exterior ou interior. Houve um período na filosofia em que se alegou tal sujeição, mas de modo tal que se tornou manifesto ser uma falsa pretensão: nos séculos XVI e XVII. Propuseram-se filosofemas contra a religião cristã, sobretudo a partir de motivos racionais, mas acrescentava-se que a razão se sujeitava à fé (ver Bayle, *Dicionário Filosófico*, por exemplo, o artigo sobre os maniqueus). Vanini foi queimado por causa de tais filosofemas, embora asseverasse que não constituíam a sua convicção. Ao condená-

-lo à fogueira, a própria Igreja Católica deu testemunho de que há pensamento; quando este desponta, é impossível renunciar à liberdade. Por conseguinte, semelhante sujeição é algo de impossível.

Além disso, pretendeu-se estabelecer uma conciliação, ao atribuir-se à filosofia a posição de uma teologia natural. Afirmava-se: sem dúvida, a razão conhece isto e aquilo; mas a religião revelada, além das doutrinas racionais, tem ainda outros ensinamentos que estão *para além* de todo o conhecimento, pelo que não precisa de enredar-se em contradição com ela própria. Esta condição coincide, em rigor, inteiramente com a precedente; com efeito, a razão nada mais pode suportar a seu lado, e muito menos ainda acima de si.

Um outro modo de reconciliação é o seguinte: a religião abandona por si mesma o positivo. Este positivo diz respeito, por um lado, apenas à forma, ao elemento histórico, ao mítico, etc. Abandona-o, ao inseri-lo na forma do pensamento. Mas este é apenas um arrazoado, pensar abstracto, entendimento abstracto. Por outro lado, a religião pode assim, quando muito, consolidar-se na sua rigidez contra o pensar filosófico. Se ela diz, «as portas do inferno não prevalecerão»*, então as portas da razão são ainda mais fortes. Mas, por outro lado, a religião positiva pode abandonar o seu conteúdo; e isto aconteceu sobretudo na época moderna, sob o ponto de vista positivo, muitas vezes e num âmbito vasto (9. XI. 1827).

Do último ponto de vista, a religião está em mim como capacidade, como sentimento: e afirma-se o seguinte: a religião deve apenas fundar-se no sentimento e, claro está, não apenas porque o pensar e o conhecer causam dano à fé, mas porque tal afirmação deve ser *resultado* do conhecimento, da compreensão. A religião deve simplesmente reivindicar o sentimento, porque nada há para saber, nada para conhecer. À forma do sentimento contrapõe-se o pensar, o conceber. Se unicamente se fica na sensação, no sentimento, então a razão não pode satisfazer-se. Mas o sentimento consciente de si, o pensamento, não pode rejeitar o sentimento; o pensar não está em oposição ao sentimento. (Considerações mais específicas da oposição entre conhecer e não conhecer, não saber, propõem-se na própria história da filosofia.)

Este é o último ponto de vista que, hoje em dia, alcançou gran-de importância externa na Alemanha. O entendimento

---
* Mat. XVI, 18.

ilustrado, o entendimento abstracto, o pensar abstracto requer somente o abstracto. De Deus sabe somente que existe, de Deus tem uma representação indeterminada. Eis o que é desprovido de conteúdo. Quando a teologia se funda apenas no entendimento abstracto, tem tão pouco conteúdo quanto possível, abriu caminho só com os dogmas, reduziu-se ao *minimum*. Mas a religião, que deve satisfazer o espírito, deve essencialmente ser em si concreta, deve ser algo pleno de conteúdo. Deve ter por conteúdo o que na religião cristã se revelou acerca de Deus; isto é, deve ser dogmática. A dogmática cristã é o âmbito das doutrinas que expõem o elemento distintivo da religião cristã, que notificam a revelação e Deus, o saber acerca do que Deus é. Pelo contrário, se entrou em acção o chamado são entendimento humano, fez sobressair as contradições nesta dogmática com a ajuda do entendimento abstracto e reduziu o seu conteúdo a um *minimum*, esvaziou, por assim dizer, o conteúdo. Esta teologia vazia recebeu o nome de teologia racional.

Transformou-se simplesmente em exegese, isto é, reflexão sobre um certo objecto, arrazoado, e não o conceito da coisa. Transita-se nela, de modo arbitrário, das representações existentes para ulteriores determinações. O conceito racional opõe-se à chamada teologia ilustrada, porque exibe a partir de si e justifica em si o conteúdo concreto da religião e sabe que, enquanto pensado, está purificado e é distinto das formas e modos de representação sensíveis. Por isso, a razão pensante concreta opõe--se ao entendimento abstracto. Mas porque o pensamento se apreende tão profundamente que lhe é peculiar desdobrar-se a partir de si próprio, captar-se concretamente, também é impossível que se alcance a meta absoluta, a reconciliação da religião e da filosofia, da verdade na forma da representação religiosa com a verdade na forma em que ela é desenvolvida pela razão.

Tal é a relação das duas, que se desenvolve em oposições na história da filosofia. Ambas as formas têm como fundamento uma e mesma verdade.

No tocante à *conexão da filosofia com a arte*, a última, na sua elevação e determinação verdadeira, encontra-se do lado da religião. Tem de expressar de um modo exterior o que está intimamente contido na religião.

Também se deveria agora falar ainda da *ligação da filosofia com o Estado*. O Estado encontra-se igualmente em íntima conexão com a religião. Na história da filosofia, mencionaremos a história política em circunstâncias determinadas; no entanto, isso concerne mais à conexão extrínseca. Mas a religião e o

Estado conectam-se de um modo essencial e necessário. A constituição política funda-se no princípio determinado da autoconsciência do Espírito, no modo como o Espírito se conhece em relação à liberdade. No Estado, há que distinguir a liberdade do arbítrio. A essência do Estado é que a vontade racional em si e por si, a qual em si e por si é universal –, é que o universal e substancial da vontade seja efectivamente real. As leis são a expressão do que, relativamente à vontade, é o racional. Chega, pois, à consciência que um povo tem da sua liberdade; e isto, por seu turno, depende da representação que o Estado, o povo, tem de Deus. (A verdade universal é que exista *um só Deus*; a noção de liberdade parece ter em si essa representação.)

Ora, porque a concepção do Estado está ligada à religião, também a filosofia, graças à religião, está conexa com o Estado. A filosofia grega não podia nascer no Oriente. Os orientais eram povos em que decerto a liberdade despontou; mas o princípio da liberdade, no Oriente, não era ainda também princípio do direito. A filosofia moderna não podia igualmente ter nascido na Grécia ou em Roma. A filosofia germânica brotou no seio do Cristianismo; tem como seu fundamento, em comum com a religião, o princípio cristão. Semelhante conexão é, pois, importante.

Mas, em seguida, a filosofia tem ainda também uma relação mais determinada com o Estado e com o laço extrínseco, histórico, entre o Estado e a religião. A religião é o pensar acerca do divino. O âmbito da religião está separado da esfera do Estado. A última pode mesmo ver-se em contradição com a religião enquanto esfera mundana e, portanto, até certo ponto como algo de não divino, de calamitoso. Mas o elemento racional, o direito, o direito racional, refere-se à verdade e deve, por isso, referir-se também à verdade religiosa, mais ainda, deve coincidir exactamente com o que a verdade é na religião e na filosofia. A religião e o Estado, o reino espiritual e o reino mundano, devem estar em recíproca harmonia.

Esta mediação pode ocorrer de múltiplos modos, por exemplo, na forma de *teocracia*, como a vemos em particular no Oriente. Perdeu-se aí inteiramente a liberdade, enquanto liberdade subjectiva e moral, ao mesmo tempo com o direito, com a vontade. Uma circunstância fundamental que aí existe é que a religião se instituiu e estabeleceu por si no seu âmbito; além disso, degradou a liberdade mundana e comportou-se de um modo negativo perante a sua esfera, tal como na Igreja Católica e

Romana o religioso, enquanto ordem espiritual, se separou inteiramente dos leigos, e também os patrícios romanos ficaram na posse *sacrorum* (das coisas sacras), com exclusão dos plebeus. Na teocracia, o reino mundano considera-se como algo de ilegítimo, não sagrado, sem consonância com o religioso, pelo que o que chamamos direito, moralidade, eticidade não tem então valor algum. Mas a lei mundana, a ordem mundana, pode também ser perfeitamente, ao mesmo tempo, uma ordem divina. Se o lado religioso se sustém por si e considera a verdade como algo que não pode ser imanente ao âmbito da liberdade humana, então trata-se de uma posição negativa perante a própria liberdade humana. – A filosofia é um pensar imanente, actual, presente, contém a presença da liberdade nos sujeitos. Mas o que se pensa e reconhece pertence à liberdade humana. Por se encontrar presente na filosofia o princípio da liberdade, ela está do lado do mundano. Tem o mundano como seu conteúdo; por isso se lhe chamou sabedoria do mundo. (Friedrich Schlegel e os que o repetem realçaram de novo este nome como epíteto.) A filosofia exige, sem dúvida, que o divino esteja presente no mundano, que o ético e o jurídico tenham e devam ter a sua presença na realidade efectiva da liberdade. Não pode permitir que o divino paire no sentimento, no fumo da devoção. Enquanto os mandamentos e a vontade de Deus consistirem no sentimento humano, estão igualmente contidos na vontade humana, na vontade racional do homem. A filosofia conhece o divino, mas conhece também como este divino se deve aplicar e realizar no lado mundano. Por isso, a filosofia é efectivamente também sabedoria mundana; e, por isso, aparece no campo do Estado contra a usurpação da denominação religiosa no mundo. Mas, por outro lado, opõe-se igualmente ao arbítrio e à contingência da dominação mundana. Tal é, segundo este aspecto, a posição da filosofia na história. Ela traz à consciência o divino presente no ambiente do pensar e querer humanos, isto é, o [elemento] substancial da constituição política, sobretudo nos últimos tempos, pois o Estado deve fundar-se no pensamento (12. XI. 1827).

    Analisamos agora a diferença entre filosofia e religião. Resta ainda, porém, relativamente ao que queremos tratar na história da filosofia, chamar a atenção para algo que se relaciona com o que antes foi dito e, em parte, dele se segue (II).

    Partimos do pressuposto de que a religião tem uma afinidade com a filosofia, no tocante ao objecto e de que difere dela somente segundo a forma. A questão que agora se põe é, pois: como é que na história da filosofia nos comportaremos perante tal afinidade? (I).

[Os Conteúdos religiosos que se devem separar da Filosofia]

(II). A primeira observação diz respeito ao *mitológico em geral*

O que primeiro aqui se nos depara é a mitologia; uma mais profunda consideração da mesma parece dever introduzir-se na história da filosofia (I).

[α) *O Mitológico em geral*]

Afirma-se que a mitologia contém filosofemas: e visto que nos enunciados religiosos em geral se contêm filosofemas, importa, diz-se, que também deles se ocupe a filosofia.

αα) Conhece-se a este respeito a obra do meu amigo Creuzer, que abordou a mitologia, as representações, descrições e usos religiosos dos antigos povos, sobretudo de um modo filosófico e relevou neles o elemento racional*. Ora, este modo de abordagem é por outros hostilizado como um procedimento incorrecto e an-histórico. É an-histórico, objecta-se, que tais filosofemas aí residam. No mitológico, englobam-se também os mistérios dos antigos em que talvez se expressaram ainda mais filosofemas do que na mitologia. – Tal objecção já foi eliminada pelo que antes se disse. É assaz certo que na mitologia e nos mistérios antigos se contêm efectivamente tais pensamentos; com efeito, as religiões e também o seu elemento mitológico são produtos do homem, onde ele depositou o que tem de mais elevado e de mais profundo, a consciência do que é o verdadeiro. Depreende-se, sem dúvida, que a razão, convicções e determinações universais, portanto, também filosofemas, estejam contidos nas figuras da mitologia. Ora, se se inculpar Creuzer por alegorizar, isto é, por apenas introduzir tais pensamentos onde eles não existem, é importante observar que a abordagem de Creuzer e também a dos neoplatónicos consiste em buscar filosofemas no mitológico; não pode, no entanto, dizer-se também que eles apenas aí seriam introduzidos; encontram-se lá efectivamente. Semelhante abordagem é, pois, racional e deve

---

* Friedrich Creuzer, *Symbolik und Mythologie der alten Völker, besonders bei den Griechen*, 2.ª ed. inteiramente revista, Heidelberg 1819-1821, 4 vols.

tornar-se absoluta. As religiões e as mitologias dos povos são produtos da razão que de si se torna consciente. Embora pareçam ainda pobres, e até disparatados, contêm, no entanto, o momento da razão; está-lhes subjacente o instinto da racionalidade. A abordagem de Creuzer e dos neoplatónicos deve, portanto, reconhecer-se como a verdadeira em si, como essencial. Mas porque o mitológico é a apresentação sensível e contingente do conceito, o que a seu respeito se pensa e a partir dele se elabora premanece sempre ligado à sua figura externa. O sensível não é o elemento verdadeiro em que se possa representar o pensamento ou o conceito. Por conseguinte, esta apresentação contém sempre uma inadequação ao conceito. A figura sensível deve de escrever-se segundo múltiplos aspectos, por exemplo, segundo o aspecto histórico, o natural, e segundo a faceta da arte. Tem muitas adjacências contingentes em virtude das quais não corresponde ao conceito, mas está antes em contradição com ele enquanto interno. E, não obstante, os neoplatónicos reconheceram a sua filosofia sob a figura sensível da mitologia e utilizaram-na como formas para expressar os seus conceitos. Naturalmente, é de supor que, na explicação de tais figuras, quando se ligam também a um conceito interno, muitos erros tenham ocorrido, sobretudo quando se desce a pormenores, à multidão de usos, acções, utensílios, trajes, sacrifícios no culto divino, etc. Pode haver algo de analógico ao pensamento, uma relação com ele; mas isto mostra justamente até que ponto é grande a distância recíproca entre a figura e o seu significado, e que muitas firme abóbada do céu, que por cima está rodeado de todos os lados xcom a primeira luz originária. No centro da terra, encontra-se a alta montanha Albordi, que chega até à luz originária. O reino luminoso de Ormuzd está imperturbável localizada na abóbada fixa do céu e no caminho de Albordi e também assim na terra, até à terceira idade. Agora, Ahriman, cujo reino nocturno se confinava antes às profundidades da terra, e que muitas eventualidades e o arbítrio se podem aí insinuar e imiscuir. No entanto, depara-se aí com o racional; e este deve ter-se em atenção. Mas há que excluí-lo da nossa consideração da história da filosofia; com efeito, na filosofia, não lidamos com filosofemas, isto é, modos universais de representação sobre o verdadeiro, com pensamentos que apenas se contêm em qualquer enunciado e se encontram ainda ocultos e não desenvolvidos sob figuras sensíveis, mas com pensamentos que emergiram, e só enquanto emergiram; na medida, pois, em que o conteúdo da religião apareceu, sobressaiu na forma do pensamento, e chegou à consciência. E esta é uma diferença enorme. Na criança, a razão está também presente; mas é simples disposição. Na história da filosofia, devemos somente lidar com a razão, na medida em que ela se salientou na forma do pensamento. Nada nos interessam, pois, os filosofemas que apenas estão contidos *implicite* na religião (II). A mitologia é produto da fantasia. Por um lado, tem aqui, pois, assento o arbítrio; o que nos interessa, o ponto essencial da mitologia, é obra da razão fantasiadora, por conseguinte, da razão que toma por objecto a essência, mas não tem ainda nenhum outro órgão a não ser o modo sensível da representação. Por exemplo, na mitologia grega, os deuses representam-se em figura humana. Se o espírito imagina, torna-se claro numa existência sensível. É o que acontece ainda mais na religião cristã; esta é ainda mais antropomórfica. Por conseguinte, a mitologia move-se no campo da fantasia, mas o seu [elemento] interno é racional. Pode estudar-se, por exemplo, em relação à arte; mas o espírito pensante deve nela indagar o conteúdo substancial, o universal. Depreende-se, pois, que ela se deve também considerar filosoficamente, como a natureza. Este modo de abordar a mitologia é o dos neoplatónicos e, mais recentemente, o de Creuzer. Há muitos a exigir que, na mitologia, se deve permanecer na forma e com ela lidar apenas em relação à arte e ao elemento histórico, e condenam a anterior abordagem porque, como dizem, é an--histórico que aí reside este ou aquele filosofema; estes apenas se fornecem e lá se introduzem; os Antigos nunca em tal teriam pensado. Por um lado, isto é inteiramente certo; com efeito, no pensar consciente, na forma dos filosofemas, os antigos não tinham diante de si semelhante conteúdo; também ninguém o afirmará. Mas é absurdo que semelhante conteúdo esteja aí apenas *implicite*; eis uma objecção do entendimento abstracto e externo. Com efeito, a mitologia é uma obra da razão que ainda não podia produzir os pensamentos a não ser de um modo sensível. Mas justamente por causa desta forma toda a mitologia se deve excluir da história da filosofia. Efectivamente, nela não lidamos com pensamentos que aí existem e se contêm só *implicite*; os pensamentos interessam-nos aqui na medida em que também vieram à existência na forma do pensamento. A arte não pode representar o espírito sem atrofia; contém sempre muitos acessórios extrínsecos; e isto dificulta a elucidação. A Ideia tem como sua forma verdadeira e absolutamente digna apenas o pensamento.

Por conseguinte, restrinjamo-nos aos pensamentos que também existem fora na forma do pensamento.

[ββ] Em muitas mitologias, também ocorrem, sem dúvida, determinações que, além de serem imagens, têm igualmente significado de pensamento, ou imagens que se aproximam muito do pensamento. Na religião dos persas, por exemplo, aduz-se como origem de tudo o tempo ilimitado. Ormuzd e Ahriman são, pois, as primeiras figuras determinadas, os poderes universais. Ormuzd é o senhor do mundo da luz, princípio do bem; Ahriman, é o senhor das trevas, do mal (I).

Em muitas mitologias, proporcionam-se ao mesmo tempo as imagens e também o seu significado, ou as imagens trazem logo consigo o significado. Os antigos persas veneravam o Sol ou o fogo em geral como o ser supremo. O fundamento originário na religião persa é Zervane Akerene, o tempo ilimitado, Ormuzd ('Ωρομασδης) e Ahriman (Αρειμανιος), os senhores do bem e do mal*. Plutarco diz:** «Não é um ser único, que sustente e governe o todo; o bem está misturado com o mal, e a natureza não suscita em geral nada de puro e de simples; não é, pois, um benfeitor que, de dois barris, nos distribua e misture uma bebida, como um hospedeiro. Mas, mediante dois princípios hostis e contrários, dos quais um se volta para a direita e o outro impele para o lado oposto, é movido de modo dissimilar, se não todo o mundo, pelo menos a terra. Zoroastro pensou de uma maneira excelente que um dos princípios (Ormuzd) é a luz, e o outro (Ahriman), as trevas; o seu meio (μεσος δε αμφοῖυ) seria Mitra, pois os persas chamam--no mediador (μεσίτης)». Mitra é, pois, também a substância, a essência universal, o sol, elevado à totalidade. Não é o mediador entre Ormuzd e Ahriman, como se houvesse de estabelecer a paz, de modo a ambos persistirem, mas está do lado de Ormuzd, e com ele luta contra o mal. Mitra não participa do bem e do mal, não é, pois, uma infeliz coisa intermediária.

Por vezes, Ahriman denomina-se também o filho primogénito da luz, mas só Ormuzd permaneceu na luz. Na criação do mundo visível, Ormuzd estabeleceu na terra, no seu inconcebível reino luminoso, a firme abóbada do céu, que por cima está rodeado de todos os lados com a primeira luz originária. No centro da terra, encontra-se a alta montanha

---
* Dióg. Laércio, I, §8.
** *De Iside et Osiride* (T. I, p. 369, ed. Xyland.).

Albordi, que chega até à luz originária. O reino luminoso de Ormuzd está imperturbavelmente localizado na abóbada fixa do céu e no caminho de Albordi; e também assim na terra, até à terceira idade. Agora, Ahriman, cujo reino nocturno se confinava antes às profundidades da terra, entrou no mundo corpóreo de Ormuzd e reina em comum com ele. O espaço entre o céu e a terra encontra-se agora dividido por metade em luz e noite. Assim como Ormuzd possuía antes apenas um reino dos espíritos da luz, assim Ahriman somente um reino da noite; mas agora, com o intruso, contrapôs à criação luminosa terrena uma criação nocturna terrena. Doravante opõem-se entre si dois mundos corpóreos, um puro e bom, e o outro, impuro e mau. Semelhante antagonismo penetra toda a natureza. Ormuzd criou Mitra em Albordi como o mediador para a Terra. O fim da criação do mundo dos corpos não é nenhum outro a não ser reconduzir de novo os seres afastados do seu criador, torná-los novamente bons e eliminar assim eternamente o mal. O mundo corpóreo é o palco e o campo de batalha entre o bem e o mal; porém, o combate da luz e das trevas não é um antagonismo absolutamente insolúvel, mas transitório; Ormuzd, o princípio da luz, vencerá. Observo a este respeito que, do ponto de vista filosófico, somente este dualismo é notável. Com ele torna-se necessário o conceito; este é nele imediatamente o contrário de si mesmo e, no outro, a unidade de si próprio consigo. Porque de ambos, só, em rigor, o princípio da luz é o ser, enquanto o princípio das trevas é o nada, o princípio da luz coincide assim com Mitra, ao qual antes se chamou o ser supremo. Se, nestas representações, que têm uma relação mais estreita com a filosofia, considerarmos os momentos, pode simplesmente ser para nós interessante o elemento universal de tais representações; um ser simples, cuja oposição absoluta se afigura como oposição do ser e da ab-rogação do mesmo. A oposição eliminou a aparência da casualidade. Mas o princípio espiritual não se separou do físico, pois o bem e o mal determinam-se simultaneamente como luz e trevas. Vemos, pois, aqui uma ruptura do pensamento com a realidade efectiva e, ao mesmo tempo, uma ausência de ruptura – tal como ocorre apenas na religião, de modo que o supra-sensível é novamente representado de um modo sensível, aconceptual e disperso; mas a íntegra dispersão do sensível é coligida na oposição simples, que também de modo simples representa o movimento (I, 3).

Eis determinações que já se aproximam do pensamento; não são simples imagens. Só que com tais determinações a filosofia também nada pode fazer; com efeito, em semelhantes mitos, o pensamento não é o primeiro, mas predomina neles a forma do figurativo. Nas religiões de todos os povos há uma oscilação entre o figurativo e o pensamento enquanto tal; mas uma mescla assim reside ainda fora da filosofia (I).

De igual modo encontramos entre os fenícios a cosmografia de Sancuniaton*: «Os princípios das coisas seriam um caos, em que os elementos se encontrariam entre si indiferenciados, e um espírito do ar. Este fecundava o caos e gerava com ele uma matéria lodosa, a lama (ιλυν), que contém em si as forças vivas e as sementes dos animais. Graças à mistura da lama com a matéria do caos e a fermentação daí resultante, os elementos separam-se. As partes ígneas subiram para o alto e formaram as estrelas. As nuvens foram geradas pela influência destas no ar. A terra tornou-se fecunda. Da mistura de água e terra, que pela lama passou à putrefacção, surgiram os animais, imperfeitos e sem sentidos. Estes, por sua vez, geraram outros animais, mais perfeitos e dotados de sentidos. A vibração do trovão na tempestade é que permitiu despertar para a vida os primeiros animais, que dormiam nas suas cascas».

Entre os Caldeus, temos Beroso**: «O deus original é Bel, e a deusa Omoroka (o mar) mas, além destes, havia ainda outros deuses. Bel cindiu ao meio Omoroka para, das suas partes, formar o céu e a terra. De seguida, cortou a sua própria cabeça e das gotas do seu sangue divino surgiu o género humano. Depois da criação do homem, Bel baniu as trevas, separou o céu e a terra e formou o mundo na sua figura mais natural. Visto que regiões singulares da terra lhe pareceram não estar ainda suficientemente povoadas, forçou um outro deus a exercer violência sobre si mesmo e do sangue deste último foram gerados mais homens e outros géneros animais. Os homens, inicialmente,

---

* *Sanchuniathonis Fragmenta*, ed. Rich. Cumberland, Londres 1720, 8; ed. alemã de J. P. Kassel, Magdeb. 1755, (8 p.1-4). – Estes fragmentos, que se encontravam em Eusébio (*Praepar. Evang.*, I, 10), são tradução de um gramático Fílon de Biblos, que verteu Sancuniaton do fenício para o grego. Fílon viveu no tempo de Vespasiano e atribuiu a Sancuniaton uma idade avançada. (H.)

**Berosi Chaldaica*, cujos fragmentos se encontram em *Josefo*, *Sincelo* e *Eusébio*; a Colectânea de Escalígero surge em anexo a *De emendatione temporum*, completa na Fabricius Bibl. gr. T. XIV, p. 175-211 (p. 185-190). – Beroso viveu no tempo de Alexandre, teria sido um sacerdote de Baal e recorreu aos arquivos do templo em Babilónia. (H.)

viviam de um modo selvagem e sem cultura, até que um monstro (que Beroso chama Oanes) os reuniu num reino, lhes ensinou as artes e as ciências e os educou para a humanidade em geral. O monstro lançou-se a este fim quando o sol surgiu do mar e, no acaso, escondeu-se novamente debaixo das ondas.» (I, 3)

[γγ)] Pode também conjecturar-se que, nos *Mistérios*, estão encerrados muitos filosofemas; havia neles imagens simbólicas que sugeriam representações ulteriores, mais elevadas. Mas é uma mescla de muitos elementos sensíveis. São provavelmente restos de algo antiquíssimo e proveniente da religião natural, que se acoitou justamente na obscuridade. O que se preserva nos mistérios encontra-se em geral muito por baixo do que a cultura do povo suscitou. Os mistérios na religião cristã encerram essencialmente o especulativo. Os neoplatónicos chamaram místico ao conceito especulativo. μυε≡ιν, μυεισθαι (consagrar-se, ser consagrado) significava ocupar-se da filosofia especulativa. Nada há, pois, de desconhecido nos mistérios. O seu nome não significa segredo, mas consagração. Eis porque todos os atenienses eram consagrados nos Mistérios eleusinos (e isto deve observar-se em relação à filosofia, onde tal representação igualmente vigora); somente Sócrates constitui uma excepção. A notificação pública perante os estranhos era a única coisa proibida; para os diferentes, tornou-se um crime. Assim também na religião cristã: os dogmas chamam-se nela mistérios. São o que se sabe acerca da natureza de Deus e se difundiu como doutrina. Por conseguinte, nada é de desconhecido e secreto, mas de manifesto, conhecido, que todos na comunidade sabem; e mediante este saber distinguem-se dos adeptos de outras religiões. Por conseguinte, mistério também não significa aqui segredo (todo o cristão está no segredo), mas é somente um outro nome de especulativo. Para os sentidos, para o homem sensível, para os desejos e o seu entendimento habitual, ele é, sem dúvida, um segredo; com efeito, o entendimento encontra em toda a parte no especulativo apenas contradições; permanece na diferença, não pode apreender o concreto. Mas o Mistério, a Ideia, é ao mesmo tempo também a solução das contradições. Por isso, os mistérios só nos interessam aqui enquanto o pensamento sobressai neles como pensamento, na forma do pensamento (II).

[β) *O Filosofar mítico*]

Pode também ter-se a pretensão de que os *mitos* constituem uma espécie e um modo do *filosofar*; e, muitas vezes, assim o foram também. Foi igualmente com um fito que se falou de maneira mítica para, como se diz, despertar ideias sublimes. Por exemplo, Platão tem muitos mitos; também aqui se inclui Jacobi, pois filosofa nas formas da religião cristã e profere deste modo as coisas mais especulativas. Mas tal forma não é a forma correcta e adequada à filosofia. O pensamento, que a si mesmo se tem como objecto, deve também ser objecto na sua forma; deve elevar-se acima da sua forma natural; deve igualmente aparecer na forma do pensamento. Opina-se, muitas vezes, que os mitos de Platão são mais excelentes do que o modo mais abstracto da sua expressão; e trata-se, sem dúvida, de uma bela descrição em Platão. Olhados com maior rigor, os seus mitos surgem, em parte, da impossibilidade de fornecer aos homens exposições mais puras do pensamento; em parte também, Platão fala assim só nas introduções; mas onde está em jogo a questão principal, ele expressa-se de outro modo. Aristóteles diz: «Os que filosofam miticamente não merecem que alguém deles se ocupe com seriedade»*. É assim mesmo. No entanto, Platão tinha decerto um bom motivo quando se servia dos mitos. Em geral, porém, o mítico não é a forma em que o pensamento se deixa expressar, mas somente um modo subordinado (II).

Assim como os franco-mações tem símbolos que se afiguram de profunda sabedoria – profunda, tal como um poço se diz profundo, quando o seu fundo não se pode ver –, assim também facilmente parece profundo aos homens o que é oculto; por trás oculta-se algo de profundo. Se se oculta, também pode acontecer que por trás nada haja – assim, entre os franco-mações, o elemento totalmente oculto (a muitos, quer dentro, quer fora) – pode suceder que por trás nada se encontra, e que não tenham nem uma sabedoria particular nem ciência. O pensamento, pelo contrário, consiste justamente em manifestar--se; – eis a sua natureza, eis o que ele próprio é: ser claro. Manifestar não é por assim dizer um estado, que pode ser e não ser, de modo que o pensamento permaneça ainda pensamento,

---

* *Aristot. Met.* III, 4: περι μεν των μυθικως σοφιζομενων ουκ αξιον μετα σπουδης σκοπειν. (H.)

se não se manifestasse; mas manifestar é o seu próprio ser (I, 3).
Houve também filósofos que se serviram das representações míticas para abordar os filosofemas da fantasia. Em geral, o significado dos mitos é, sem dúvida, o pensamento mas, nos mitos antigos e genuínos, o pensamento ainda não existia na sua forma pura; por isso, não deve imaginar-se que já se estava na posse do pensamento enquanto tal e se pretendeu apenas ocultá-lo. Também não era, porventura, o mesmo processo que muitas vezes podemos encontrar no modo reflexivo da nossa poesia. A poesia originária não emana da separação da prosa do pensamento, do pensamento abstracto, e da poesia, isto é, da sua expressão. Mas quando há filósofos que usam os mitos, isso acontece na maior parte dos casos porque eles, primeiro, tiveram o pensamento e, em seguida, foram à busca da imagem, por assim dizer, da indumentária, a fim de o visualizarem. É deste modo que Platão se serve dos mitos; e é sobretudo por isso que ele é apreciado e amado; e há quem tenha a opinião de que ele demonstrou assim um génio mais elevado, levou a cabo algo de mais grandioso do que outros filósofos conseguiram. Pelo contrário, deve observar-se que Platão, nos seus diálogos mais importantes, por exemplo, no *Parménides*, não se serviu de quaisquer mitos, mas oferece simples determinações do pensamento sem o elemento figurativo. Em relação ao exterior pode ser muito bom utilizar tais mitos; desce-se da altura especulativa para facilmente se fazer compreender. Só que em Platão não há que pôr um valor demasiado grande nos mitos. Se alguma vez o pensar se reforça de tal modo a ponto de a si mesmo proporcionar a sua existência no seu elemento peculiar, então o mito é um adorno supérfluo, pelo qual a ciência não é fomentada. Os maiores mal-entendidos surgiram do facto de se ter ficado agarrado sobretudo aos mitos, e do uso exclusivo que deles se fez na interpretação das filosofias. Aristóteles foi assim, durante muito tempo, subestimado porque se tomaram como fundamento e foram mal interpretadas as comparações que ele aqui e além dissemina. Uma comparação nunca pode ser inteiramente adequada ao pensamento; contém sempre algo de diverso do pensamento. É com facilidade que se adere a esse algo não atinente ao pensamento; mas isso leva a falsas representações no tocante à questão principal. – Além disso, é uma inépcia não expor o pensamento na forma do pensamento mas, em seu lugar, servir-se de um meio auxiliar, justamente de forma sensível. O uso do mítico constitui quase sempre a

incapacidade que ainda não sabe lançar mão da forma do pensamento. Além disso, não deve julgar-se que a forma mítica tenha de ocultar o pensamento, o conteúdo; o seu fito consiste antes em expressar, exibir e desvelar o pensamento; mas tal expressão não é adequada. Pode decerto verificar-se que se utilizaram símbolos para o ocultamento do pensamento, por exemplo, na franco-maçonaria, e que se pensou residir justamente aí a mais oportuna sabedoria. Mas quem conhece o pensamento revela-o; com efeito, revelar-se é a essência do pensamento. De outro modo ou não se possui, ou pretende-se proporcionar a aparência de o possuir. Por trás do que está oculto e escondido no símbolo nada há. Logo o segredo da franco-maçonaria reside na opinião de que por trás existe algo. – O mítico em geral não é, pois, um meio adequado para a exposição do pensamento. Aristóteles diz: «Os que mitologizam não merecem ser mencionados.» O que é pensamento deve enunciar--se na forma de pensamento (I).

Outros propuseram símbolos mediante *linhas, números e figuras geométricas*. Por exemplo, uma serpente que morde a sua própria cauda, ou um círculo que surge como símbolo da eternidade. Trata-se de uma imagem sensível, mas o espírito não necessita de semelhante símbolo; possui a linguagem. Só o espírito pode expressar-se no elemento do pensamento; por isso, o simbólico é um modo incorrecto e falso de exposição. Em Pitágoras, regressamos uma e outra vez a coisas assim. Nos chineses, descobre-se também que eles representam pensamentos mediante linhas e números (II).

Aqui se incrusta ainda um outro modo afim de exposição. Tentou-se apresentar pensamentos gerais em números e figuras geométricas. São também figurativos, mas não tão concretamente figurativos como os mitos. Há povos que se ativeram sobretudo a este modo de representação; com tais formas, porém, não se vai longe. As determinações mais abstractas, os pensamentos mais gerais podem decerto nelas expressar-se; mas quando se vai ao concreto, tal elemento revela-se insuficiente. Podem, sem dúvida, admitir-se a μονας, a δυας e a τριας de Pitágoras; cada uma destas formas é por si clara; a μονας é a unidade, a δυας a díade, a diferença, e a τριας, a unidade da unidade e da díade. Mas o terceiro, quando se representa como 1+2=3, é já uma má conexão dos dois primeiros; a sua união é então uma simples adição, uma aglomeração do um numérico; e esta é a pior forma da unidade que supor se pode. O três é concebido de modo mais profundo na religião como tri-unidade, e na filosofia como conceito. Em geral, a forma numérica da exposição é muito indigente e não é suficiente para a representação da unidade verdadeira e concreta. O espírito é, sem dúvida, uma trindade, mas não pode ser adicionada ou enumerada. Contar é uma maneira má. Fala-se também muito da filosofia dos chineses, do Fo-hi, que se funda em certas linhas, as quais se devem tirar das costas de tartarugas. Os chineses dizem que tais linhas constituem o fundamento dos seus caracteres e também do seu filosofar. Mas vê-se logo que, com semelhante filosofia, não se vai longe. Apenas se encontram aí expressas as mais abstractas determinações e oposições. As duas figuras fundamentais são uma linha horizontal e um traço igualmente longo em si truncado; a primeira figura chama-se Yang, a segunda Yin. São, pois, as determinações fundamentais que encontramos em Pitágoras, a unidade e a díade. Estas figuras são veneradas pelos chineses como os princípios de todas as coisas; são, sem dúvida, as primeiras — e, por conseguinte, também as mais superficiais — determinações do pensamento. Ligam-se em seguida umas às outras, primeiro a 4, em seguida a 8 e, por fim, a 64 figuras. As primeiras quatro figuras chamam-se o grande Yang, o pequeno Yang, o pequeno Yin e o grande Yin. Nelas se expressa a matéria e, claro está, a matéria perfeita e imperfeita; cada uma destas matérias é, por seu turno, dividida em duas matérias de modo que o grande Yang significa a força e a juventude, o pequeno Yang significa a fraqueza da matéria perfeita, e igualmente o grande Yin significa a matéria imperfeita como forte e o pequeno Yin indica a mesma matéria enquanto fraca. As oito figuras, a partir dos traços ligados ao terceiro, chamam-se Kua. Quanto ao seu significado, é o seguinte: o primeiro Kua, que contém em si o grande Yang e um terceiro Yang, é Kien, o céu; o segundo Tui, a água pura; o terceiro Li, o fogo puro; o quarto Tchin, o trovão; o quinto Siun, o vento; o sexto Kan, a água; o sétimo Ken, as montanhas; o oitavo Kuen, a terra. Pode, pois, dizer-se que aqui todas as coisas brotaram da unidade e da díade. Ao primeiro traço chamam eles também Tao, a origem de todas as coisas ou o nada. Mas já aqui, no quarto Kua, se vê como se ingressa no empírico ou, antes, como se parte do empírico.

Noutros lugares, surge também, nos antigos livros dos chineses, um capítulo acerca da sua sabedoria; e aí se afirma que a natureza foi feita a partir de cinco elementos, a saber, fogo, madeira, metal, água e terra. Vemos como tudo se amontoa a esmo. Não é em geral o modo de expressar pensamentos. Além disso, no tocante à filosofia dos chineses, descobri-mos que ela era apenas uma moral muito pobre. O seu autor é Confúcio, que durante muito tempo foi ministro de um imperador, em seguida, caiu em desgraça e viveu para si com os seus discípulos. Nos seus livros, encontra-se muito bom senso, sobretudo, uma moral popular. Mas em toda a parte se pode encontrar uma assim, e até melhor. Discursos singulares seus não são desprovidos de espírito, mas nada são fora de série. Não há que ir buscar a eles a filosofia especulativa; Confúcio, com efeito, foi mais um estadista prático.

Partimos do pressuposto de que há povos que tomam os números e as figuras geométricas como expressão da essência. O pensar não pode ainda ir muito longe, se se expressar em semelhantes formas; o conteúdo, que por elas se deixa designar, encontra-se ainda no estádio mais baixo. O pensamento, por exemplo, do infinito, da eternidade, não precisa de símbolos para se expressar e compreender. O círculo é uma sua expressão muito indigente, e qualquer outra linha que a si retorna é igualmente adequada. O pensamento da eternidade pode expressar-se na linguagem (I).

Por conseguinte, o mítico enquanto tal e as formas míticas do pensar são excluídos da nossa exposição.

[γ) *Os Pensamentos na Poesia e na Religião*]

Em terceiro lugar, deve observar-se que a *religião enquanto tal*, bem como também *a poesia*, encerra *pensamentos*. A religião não se representa simplesmente no modo da arte, à maneira sobretudo da religião grega; mas contém também pensamentos, representações universais. Igualmente na poesia (isto é, a arte que tem a linguagem como elemento) se passou a expressar pensamentos; e também nos poetas deparamos com profundos pensamentos gerais. Tais pensamentos, por exemplo, sobre o destino em Homero e nos trágicos gregos, sobre a vida e a morte, o ser e a evanescência, a origem e a morte, são decerto pensamentos abstractos e importantes, dos quais se encontram também muitas vezes representações figurativas, por exemplo, na poesia indiana. Só que não é este o modo que temos de considerar igualmente na história da filosofia. Poderia falar-se de uma filosofia de Ésquilo, Eurípides, Schiller e Goethe, etc. Mas tais pensamentos são, em parte, sobretudo incidentais e, por conseguinte, não têm lugar na nossa exposição; são modos gerais de representação sobre o verdadeiro, o destino do homem, a vida moral, etc. Em parte, esses pensamentos ainda não obtiveram a sua figura peculiar; e a forma que se exige é a forma do pensamento; e o que nela se expressa deve ser o último, deve constituir o fundamento absoluto. Não é o que acontece em tais pensamentos; a diferença e a relação recíproca não estão neles presentes; além disso, entre os indianos, tudo o que se relaciona com o pensamento gira numa certa confusão (II).

A segunda coisa que aqui importa considerar com brevidade inclui os pensamentos que ocorrem na própria religião como pensamentos, sem expressão simbólica. Na religião indiana, em particular, encontram-se expressos pensamentos inteiramente gerais. Afirma-se a este respeito que, em tais povos, existe também uma genuína filosofia. Nos livros indianos, deparamos, é certo, com interessantes pensamentos universais; mas tais pensamentos confinam-se ao que há de mais abstracto, ao ser, à origem e à decadência, à representação de um movimento circular. Conhece-se, pois, em geral a imagem da fénix; é uma imagem do vivente. Que na vida se contém já a morte, que a vida se muda em morte e a morte em vida, que o próprio ser já encerra o negativo, e o negativo o positivo ou o afirmativo e em tal se transmuda, e que a vitalidade consiste em geral apenas neste processo, nesta dialéctica – eis o círculo de representação em que vagueiam os pensamentos indianos. São pensamentos gerais, sem dúvida, muito abstractos. No entanto, tais determinações só ocasionalmente ocorrem; e isto não deve tomar-se por filosofia. Com efeito, a filosofia só existe onde o pensamento como tal se tornou o absoluto, o fundamento, a raiz de tudo o mais. Não é o que acontece em tais descrições. A filosofia tem como determinação sua não apenas pensamentos sobre algo, isto é, sobre um objecto, que se toma como fundamento e se pressupõe como substrato, mas sim o pensamento livre, o pensamento universal, de modo que o próprio conteúdo é já pensamento e, portanto, o pensamento é o puro e simplesmente primeiro, a partir do qual tudo se determina. A filosofia é o pensamento que a si mesmo se pensa, o universal que a si mesmo se determina. Encontramos pensamentos universais sobre o essencial em todos os povos; entre os gregos, por exemplo, o pensamento da necessidade absoluta. É uma relação absoluta, pura e simplesmente universal, uma determinação de pensamento. Mas semelhante pensamento admite, além de si, ainda sujeitos; pressupõe-nos; expressa, pois, somente uma relação. A necessidade, segundo o sentido dos gregos, não surge ainda como o próprio ser omni-englobante, verdadeiro. Sem dúvida, tais pensamentos universais podem também ter um grande peso; mas deveriam ter assim o significado de ser o próprio ser absoluto; de outro modo, não pertencem à filosofia. – E, por isso, não lhes prestamos atenção, como fizemos relativamente aos pensamentos dos persas e dos chineses, e também dos indianos, isto é, de todo o Oriente (I).

Não nos preocupamos igualmente com os pensamentos que têm a sua origem na religião cristã e na Igreja. Os Padres da Igreja foram, sem dúvida, grandes filósofos, e a formação do Cristianismo muito lhes deve; mas o seu filosofar move-se no interior de um conceito de doutrina já estabelecido e dado, que supôs como fundamento. Também nos Ecolásticos não divisamos o pensamento livre, que parte de si, se constrói a partir de si, mas vêmo-lo referir-se a pressupostos de toda a espécie (II).

Mas também encontramos, no seio da religião cristã, nos Padres da Igreja e nos Escolásticos, pensamentos filosóficos. São pensamentos profundos e especulativos, não apenas pensamentos sobre relações singulares, mas também sobre a própria natureza de Deus. Numa história da dogmática, é de interesse essencial familiarizar-se com tais pensamentos; não pertencem, porém, à história da filosofia. Por isso, deve prestar-se mais atenção à filosofia dos Escolásticos do que à dos Padres da Igreja. Os pensamentos filosóficos e especulativos dos últimos integram-se, em parte, noutras filosofias que persistem por si e, portanto, devem considerar-se no lugar devido, na sua figura primeira, por exemplo, os pensamentos platónicos ao nível de Platão; por outro lado, tais pensamentos especulativos foram tirados do próprio conteúdo especulativo da religião; conteúdo esse que serve de fundamento e pertence à doutrina e à fé da Igreja. Semelhante conteúdo é por si verdadeiro, mas não se funda em si, nem no pensamento enquanto tal; e, mais tarde, mostrar-se-á que o conteúdo da religião não pode ser apreendido pelo entendimento; e que quando este, ao denominar-se razão, aborda a religião, ao declarar como seu senhor e mestre o conteúdo especulativo, o torna banal e insípido. O conteúdo da religião cristã pode apenas apreender-se de modo especulativo. Se, pois, os Padres da Igreja pensaram no seio da doutrina cristã, da fé cristã, então os seus pensamentos são em si já especulativos. Tal conteúdo, porém, não se funda em si mesmo, não é justificado pelo pensar enquanto tal; a justificação última de tal conteúdo é a doutrina da Igreja já para si estabelecida e pressuposta. Nos Escolásticos, o pensar já se fundava mais em si, mas não ainda em oposição à doutrina da Igreja; concordava antes com ela. O pensamento devia mais ou menos demonstrar a partir de si mesmo o que a Igreja já havia comprovado de modo peculiar (I).

Eis, pois, o que pretendi apresentar previamente no tratamento da história da filosofia. Foram dois os pontos que se realçaram em particular nas últimas referências à filosofia. Um dizia respeito ao elemento formal, ao pensar por si em geral nas ciências da natureza, na filosofia popular; era a forma, que é comum à filosofia; a determinação do conteúdo, o assunto, porém, não se elabora a partir do pensamento, mas obtém-se de qualquer outro lugar, da natureza, do sentimento; muitas vezes também se lança mão ao são entendimento humano como critério (assim na filosofia escocesa). O outro ponto era o substancial, que a religião tem sobretudo em comum com a filosofia. Mas a este elemento substancial falta a forma do pensamento. Resta assim para a filosofia apenas o substancial na forma do pensamento (II).

Esta explicação tinha, por um lado, o fito de separar o que decerto tem afinidade com a filosofia, mas não pertence à filosofia e à sua história e, por outro, a intenção de, em tal afinidade, relevar os momentos que pertencem ao conceito da filosofia para que este se nos tornasse proeminente, momentos esses que, porém, em semelhante afinidade, apenas existiam incógnitos, não desenvolvidos e reciprocamente separados. Queremos agora, em primeiro lugar, reflectir sobre tais momentos.

Uma destas esferas afins era a das ciências particulares que, a partir do fundamento, se poderiam situar na filosofia porque nelas tem lugar um ver por si e um pensar por si, porque nelas nos encontramos como alguém que observa, julga e reflecte e discernimos a partir de nós próprios, e porque semelhante estar--aí, tal discernimento e convicção a partir de razões, vale para nós como algo de último. Na segunda esfera, na religião, o conteúdo constitui a afinidade; com efeito, ela tem em comum com a filosofia os objectos universais, que são o interesse do espírito, sobretudo Deus. Por conseguinte, segundo o primeiro aspecto, o parentesco reside na forma; segundo o outro, no conteúdo. Excluímos ambas as esferas porque cada uma – enquanto tem em comum com a filosofia apenas a forma ou o conteúdo – é por si unilateral. O pensar por si da primeira esfera não pertence à filosofia porque o seu conteúdo não é de natureza universal, porque semelhante pensar é apenas formal e existe somente em figura subjectiva. A outra esfera, cuja afinidade com a filosofia reside no elemento objectivo, não pode integrar-se na filosofia porque nela não é essencial o momento do pensar por si. O conteúdo da religião, a verdade, é objecto de intuição, de imaginação e de fé. O estar dele convencido não se funda no pensar livre, que dimana apenas de si mesmo. Nesta segunda esfera, falta, pois, o primeiro momento.

Vemos assim o que em geral constitui o conceito da filosofia, a saber, que ela exige tanto um momento como o outro, a unidade de ambos os momentos, a interpenetração destes dois aspectos. Na história, vemos a fé no conteúdo da religião, conteúdo que obtém uma figura ora mítica e metafórica, ora histórica. Em seguida, o impulso, a actividade da razão em conhecer a natureza e o espírito, isto é, o pensar, mas um pensar que está imerso em material finito. O que assim na consciência habitual se cinde em dois lados condensa-o a filosofia num só e une, por isso, o domingo e o dia útil da vida – o domingo, em que o homem consagra o seu ânimo ao eterno, entra em união com a divindade, nela se perde a si mesmo, à sua individualidade e actividade, renunciando humildemente a si próprio; e o dia útil, em que o homem se firma nos seus pés, é senhor em sua casa e faz valer os seus interesses, agindo segundo os seus próprios fins. Unir estas duas orientações, uma para o eterno e outra para o terreno, mediante a forma do pensamento livre que produz a partir de si o conteúdo, eis o fito da filosofia.

c.

[*Separação entre Filosofia popular e Filosofia*]

Em primeiro lugar, porém, há que mencionar ainda um terceiro ponto que parece em si unir ambos e com o qual a filosofia se encontra em íntima ligação, a saber, a *filosofia popular*. Esta tem a ver, antes de mais, com objectos universais, com Deus e o mundo, e esforça-se por encontrar no particular as leis gerais; possui, pois, um momento, o universal. Mas, em segundo lugar, tem também o outro momento, o pensar, que é activo em conhecer semelhantes objectos; o que aqui deve valer como verdadeiro vai buscar-se ao entendimento. Ela associa, portanto, ambos os momentos antes aduzidos. No entanto, devemos também deixar de lado este modo de filosofar. Os escritos de *Cícero* podem, no seu todo, incluir-se aqui. É um filosofar que tem o seu lugar, que pode produzir algo de belo e de excelente. É a filosofia de um homem culto, que fez muitas experiências da vida e do seu ânimo e sobre elas reflectiu, que olhou à volta de si para ver como as coisas se passam no mundo, que sabe o que vale e o que se considerou como o verdadeiro e proporciona a verdadeira satisfação – um homem que, com o espírito formado, se explica acerca dos assuntos mais importantes do homem e dos objectos do espírito. Podem aqui incluir-se também segundo outro aspecto, os místicos e entusiastas que expressaram a sua visão, o seu puro amor e profunda devoção. Fizeram experiências nas mais elevadas regiões do ânimo. Podem dar-nos conta do que os alcandorou a tal devoção; e a sua exposição pode ser de um profundíssimo e do mais interessante conteúdo, como os escritos de *Pascal* que, nos seus «pensamentos» *(Pensées),* teve os mais profundos vislumbres. Mas tais obras, embora pareçam unir aqueles momentos, têm no entanto uma deficiência. Se considerarmos aquilo para que se apela, por exemplo, nor escritos de *Cícero*, é o que se encontra implantado no homem pela natureza; funda-se nos impulsos, tendências, etc. Também os mais modernos falam de instinto, de instinto moral, de sentimento do direito, dever, etc. A religião deve radicar no sentimento, isto é, no subjectivo, e não no positivo; a consciência imediata que o homem tem de Deus deve ser o último, o fundamento derradeiro. Em *Cícero*, o direito internacional no acordo e no consenso tácitos dos povos *(consensus gentium).* Semelhante referência a algo de universalmente válido é, decerto, quase sempre posto de lado no filosofar mais recente desta natureza, pois todo o sujeito se deve fundar apenas em si mesmo. Remete-se assim unicamente para a sensação, para o sentimento imediato de cada indivíduo. O mais que ainda ocorre são raízes e argumentos que, ao fim e ao cabo, recorrem de novo a algo de imediato. Aqui, na filosofia popular, exige-se, pois, o pensar por si, a convicção e o conteúdo que promana do Si mesmo. Mas, como se disse, devemos também excluí-la da filosofia. Com efeito, a fonte de que mana o conteúdo é de natureza idêntica, como nas primeiras esferas afins. Na primeira, era a natureza, a experiência; na segunda, o Espírito, mas o conteúdo surgia como dado; a fonte que surgia perante a consciência era a autoridade. Assim também aqui, no terceiro domínio aparentado, a fonte é autoridade e, claro está, autoridade interna natural; é o coração, os nossos impulsos, sentimentos, disposições, isto é, o nosso ser natural, o nosso Si mesmo no modo da imediatidade, o nosso impulso interior para Deus. Aqui, pois, o conteúdo, Deus, direito, dever, etc., existe numa figura que é ainda natural. Tenho, sem dúvida, tudo no sentimento, mas apenas *implicite*, tal como na mitologia se encerra todo o conteúdo; ele não se encontra em ambos no seu modo verdadeiro. Quando se funda apenas no sentimento, encontra-se num assim, e no outro assado; por conseguinte, o elemento decisivo é o arbítrio da subjectividade. O conteúdo não pode assim incluir-se na filosofia; falta-lhe a forma do pensar. As leis do Estado, as doutrinas da religião são este conteúdo, tal como é determinado de modo verdadeiro, como vem à consciência de um modo mais determinado, porque mediante tal determinação se suprime o arbítrio do subjectivo. A fonte exclui, pois, aquele modo de pensar.

C. DIVISÃO GERAL DA HISTÓRIA DA FILOSOFIA

Afirmámos que a filosofia é o pensar, o universal que tem igualmente por seu conteúdo o universal; por conseguinte, o conteúdo do pensar filosófico não é unicamente subjectivo, mas ao mesmo tempo todo o ser. Sem dúvida, podemos logo asserir que o universal é indeterminado; mas o conteúdo universal deve justamente determinar-se ou, antes, determina-se por si mesmo; e mostrar-se-á na história da filosofia como, no universal abstracto, as determinações emergem gradualmente, como o universal se determina a si sempre mais lata e profundamente. Em primeiro lugar, tal determinar será um pôr ingénuo, como, nos atomistas, a essência do mundo, o absoluto, o primeiro, se estabeleceu na determinação do um; o passo ulterior, porém, é que o universal não se concebe simplesmente como o que é determinado, mas como o que a si mesmo se determina (− não apenas como determinado, como um). E o conceito concreto, a determinação concreta do universal é a denominação mais elevada e mais verdadeira do universal ou, pelo menos, o seu começo. Por conseguinte, o universal é conteúdo e

forma da filosofia. Por agora, queremos contentar-nos com este conceito.
O que, a seguir, aqui interessa é a questão: onde começa a filosofia e a sua história? Eis o que agora queremos determinar, depois de termos isolado o que é afim e estabelecido o conceito de filosofia (I).

I. O Começo da História da Filosofia

A questão é a seguinte: onde começou de facto a história da filosofia? A resposta a esta pergunta está já directamente contida no que antes se disse. A história da filosofia começa onde o pensamento vem à existência na sua liberdade, onde se dissocia da sua ingressão na natureza, da sua unidade com ela, se constitui para si, onde o pensar entra em si e em si está (II).

A resposta geral, segundo o que se afirmou, é que a filosofia começa onde o pensamento por si se concebe como universal, ente omni-englobante, onde o ente se apreende de um modo universal, onde emerge o pensar do pensar, o universal que se pensa a si como ser verdadeiro, ou onde o mundo se representa na forma de universalidade (I).

O genuíno começo da filosofia deve situar-se onde o absoluto já não existe como representação, mas o pensamento livre – não pensa simplesmente o absoluto – concebe a ideia do mesmo: isto é, o ser (também se pode chamar o próprio pensamento), que ele conhece como a essência das coisas, como a totalidade absoluta e a essência imanente de tudo; – inclusive, ainda que fosse habitualmente como um ser extrínseco, concebe-o, no entanto, como pensamento. Assim, a essência simples, não sensível, que os Judeus pensaram como Deus – (toda a religião é pensamento) – não é um objecto da filosofia; mas, por exemplo, as proposições: a essência ou o princípio das coisas é a água, ou o fogo, ou o pensamento (I, 3).

A primeira questão é onde devemos começar com a história da filosofia. Esta principia onde o pensamento emerge de um modo puro, onde é universal, e onde semelhante pureza e universalidade é o essencial, o verdadeiro, o absoluto, a essência de tudo. A ciência em que temos por objecto o pensamento puro e universal é a lógica. Habitualmente, costuma considerar-se na lógica apenas o pensar subjectivo, o pensamento na forma do pensar consciente; o valor do pensamento reside, segundo se crê, no lado do sujeito. Na filosofia, porém, também se tem por objecto o pensamento, mas não simplesmente como algo de subjectivo, como uma actividade interna em nós, antes o pensamento no sentido de que ele é objectivo e universal; por conseguinte, o pensamento e o universal são uma e a mesma coisa. Queremos saber como algo é constituído, como é na verdade, por isso reflectimos e produzimos pensamentos a seu respeito, conhecemos a sua essência, conhecemos algo de universal. O produzir do pensamento é justamente o conhecimento da essência; é uma consideração pensante universal, que tem por meta a essência. Ora, na filosofia, os próprios pensamentos figuram como a essência. Por isso, a verdade na forma dos mitos, da representação sensível da essência, é excluída. A religião possui de igual modo a verdade, não na forma do pensamento puro, mas essencialmente na representação. Por conseguinte, a filosofia só começa onde a essência das coisas vem à consciência na forma do pensamento puro; e isto acontece no mundo grego (III, 13.XI.1827).

Esta emergência do Espírito, segundo o aspecto histórico, está conexa com o florescimento da liberdade política. E a liberdade política, a liberdade no Estado, tem o seu começo onde o indivíduo se sente como indivíduo, onde o sujeito se conhece como tal na universalidade, ou onde se manifesta a consciência de ter em si um valor infinito – ao pôr-me para mim e ao valer pura e simplesmente para mim. Eis onde se contém também o livre pensar do objecto, do objecto absoluto, universal e essencial. Pensar significa trazer algo à forma da universalidade. Pensar-se a si significa, pois, proporcionar a si mesmo a determinação do universal, saber-se como algo de universal – saber que eu sou algo de universal e infinito – ou pensar-se a si como uma essência que a si se refere, livre. Eis onde justamente se contém o momento da liberdade prática, política. O pensar filosófico tem logo a conexão de surgir igualmente como pensamento do objecto universal. O objecto determina-se a si como algo de universal; ou seja, α) faz do universal o seu *objecto*, ou do objectal algo de universal. Determina a individualidade das coisas naturais, como elas se encontram na consciência sensível, como algo de universal, como um pensamento, como um pensamento objectivo. Eis o objectivo, mas enquanto pensamento. β) Inscreve-se aqui a segunda determinação, a saber, que *eu reconheço* este universal, que o pensamento *sabe* que ele acontece. A relação mais estreita, cognitiva e ciente com o universal emerge só na medida em que o objectal permanece ao mesmo tempo para mim o objectal, na medida em que para mim me conservo e preservo. Penso-o e, por isso, é o meu; e embora seja o meu pensar, vale no entanto para mim como o absolutamente universal. Ao estar aí como objectal, também nele a mim me pensei; eu próprio estou contido neste infinito e tenho ao mesmo tempo acerca dele consciência. Do ponto de vista da objectalidade permaneço simultaneamente no ponto de vista do saber, preservo tal ponto de vista. – Eis a conexão universal da liberdade política com a emergência da liberdade do pensamento (II).

Esta determinação universal é a determinidade abstracta do início da filosofia; mas tal determinidade é ao mesmo tempo histórica – uma figura concreta de um povo cujo princípio possui esta determinidade, cujo princípio constitui, pois, a consciência da liberdade. Semelhante povo baseia a sua existência neste princípio; a constituição, a legislação, toda a situação de um povo tem o seu fundamento apenas no conceito que o Espírito para si faz de si mesmo, nas categorias sob as quais sabe de si. Quando, pois, dizemos que à emergência da filosofia pertence a consciência da liberdade, a filosofia exige um povo cuja existência tem por matriz este princípio; e para isso exigimos que o pensar esteja em si – portanto, a separação do Espírito relativamente ao natural, à sua imersão na matéria, na intuição, na naturalidade do querer, etc. Ora, a figura que precede este estádio é, segundo o que se disse, o estádio da unidade do Espírito com a natureza. Semelhante unidade não é, enquanto primeira e incipiente, a verdadeira. Por isso, erram todos os que tomam a unidade do Espírito com a natureza como um modo mais excelente da consciência. Tal estádio é antes o mais baixo e o mais inverdadeiro. Não foi suscitado pelo próprio Espírito. É a essência oriental em geral. Importa descobrir no povo grego a primeira figura da autoconsciência livre e espiritual e, portanto, o início da filosofia.

Queremos agora fornecer algumas elucidações acerca da primeira figura em geral (I).

Na história, a filosofia emerge, pois, onde existem constituições livres. Depara-se-nos, em primeiro lugar, o *Oriente*. No mundo oriental, não se pode falar de genuína filosofia; com efeito, para especificar concisamente o seu carácter, o Espírito desponta decerto no Oriente, mas a circunstância é tal que o sujeito, a individualidade, não é pessoa, antes é determinada como mergulhando no objectivo. A condição substancial é aí o elemento predominante. A substância representa-se aí em parte como supra-sensível, como pensamento, e em parte também como mais material. A condição do indivíduo, do particular é, então, que ele constitui somente algo de negativo perante o substancial. O mais elevado a que um tal indivíduo pode chegar é a beatitude eterna, que é somente um afundar-se em tal substância, um esvanecimento da consciência, portanto, a aniquilação do sujeito e, portanto, da diferença entre substância e sujeito. A condição mais elevada é, pois, a ausência de consciência. Ora, enquanto os indivíduos não tiverem alcançado tal beatitude, mas existirem ainda terrenamente, estão fora da unidade do substancial e do individual; encontram-se na situação, na determinação de ausência de espírito, são o insubstancial e – relativamente à liberdade política – a ausência do direito. A vontade não é aqui substancial, mas determinada pelo arbítrio e pela contingência da natureza (por exemplo, por castas); – uma essência da inexistência da consciência interna.

Eis a condição fundamental que encontramos no carácter oriental, o [elemento] afirmativo é apenas a substância; o individual é o insubstancial, o acidental. A liberdade política, o direito, a livre eticidade, a consciência pura, o pensar não estão aí presentes. Para que eles surjam, é necessário que também o sujeito se ponha a si como consciência perante a substância e, portanto, se encontre aí como reconhecido. Por isso, saber-se como para si não tem lugar no carácter oriental. O sujeito não é aí para si e não tem valor algum para si na sua autoconsciência. O sujeito oriental pode, sem dúvida, ser grande, nobre e sublime; mas a determinação fundamental é que o indivíduo é desprovido de direito, e que aquilo para que ele se constitui é determinação ou da natureza ou do arbítrio. A magnanimidade, a sublimidade, a mais excelente disposição no oriental é arbítrio do seu carácter, por conseguinte, contingência. Não existe o direito e a eticidade, que consistem nas determinações objectivas e positivas, que devem ser respeitadas por todos, que valem para todos e em que também, por isso, todos são reconhecidos. Quando o oriental age, tem a vantagem da completa independência; nada aí é fixo e determinado. Quanto mais livre e indeterminada é a sua substância, tanto mais arbitrária e indepe-dente ele é. Esta livre substância, como também a sua liberdade, não tem o carácter da objectividade que, no universal, vale para todos. O que para nós é direito, eticidade e Estado, existe ali de um modo substancial, natural e patriarcal, isto é, sem liberdade subjectiva. Também a moralidade, que chamamos consciência moral, não existe ali.

Aquele modo é uma ordem natural petrificada, que deixa também subsistir a mais elevada nobreza com a pior; o supremo arbítrio tem ali o mais elevado lugar (II).

Dissemos que o primeiro é a unidade do Espírito com a natureza. Que significa isto mais em pormenor? O Espírito é autor, consciência e, ao ser tal, consciência de objectos, fins, etc., portanto, consciência representativa, volitiva e apetitiva. Quando a autoconsciência se encontra neste estádio, então o círculo do seu representar, bem como o conteúdo do seu querer e desejar, é fi-nito; por conseguinte, ela é finita em geral. A imersão do Espírito na natureza inclui justamente em si de modo imediato a finidade da inteligência e do querer. Tal é a determinação do oriental; e eis o que importa saber para não considerar esta unidade como o estado mais perfeito. É o estado da suprema finidade. Com efeito, o que é que semelhante consciência devia ter como fins? Os fins ainda não são aqui algo de universal por si. Se quero o direito, o ético, o bem, quero então algo de universal; com efeito, o direito, a eticidade, etc., são universalidades, fins, que já não constituem singularidades naturais. Este carácter do universal deve estar subjacente à vontade. Se um povo tem as leis do direito, então o universal elevou-se a objecto. Isto pressupõe o fortalecimento do pensar. Um tal povo quer e pensa o universal. Se a vontade quer o universal, começa a ser livre; efectivamente, o querer universal contém a referência do pensar (isto é, do universal) ao universal. Portanto, o pensar, o Espírito em si próprio, é livre. Quem quer a lei quer ter liberdade. Um povo que se quer como livre subordina os seus desejos, os seus fins e interesses particulares à vontade geral, isto é, à lei. Pelo contrário, se o objecto da vontade não é universal, segue-se então que o ponto de vista da liberdade ainda não está presente. Se o querido é somente algo de particular, então a vontade é finita; e a finidade da vontade pertence ao carácter do oriental. A liberdade da vontade só começa onde o pensar é livre para si, onde o universal desponta. O carácter oriental, a imersão do Espírito na natureza, olhado pelo lado da vontade, está pois sujeito à finidade.

A vontade quer-se a si como finita, ainda não se concebe como algo de universal. Existe assim unicamente a condição do senhor e a condição do servo; eis a esfera do despotismo. Numa expressão perceptível: *o temor* é assim a categoria dominante. Quando o Espírito está imerso no natural e ainda não é livre para si, mas é por enquanto uma só coisa com o particular, e se encontra enredado no finito, pode pois estar aprisionado no particular e no finito e tem a consciência de aí poder ser apreendido, de que tal finito é eliminável e se pode pôr negativamente. O sentimento do negativo, de que algo no homem — e, assim, o próprio homem — não se pode suportar, é o temor em geral. Pelo contrário, a liberdade é não estar no finito, mas no ser-para-si, num ser-em-si infinito; este não pode ser atacado. — Por conseguinte, o temor e o despotismo são no oriental o predominante. Ou o homem se encontra no temor, tem medo, ou domina pelo temor; é, pois, servo ou senhor. Ambos se encontram num estádio. A diferença é apenas a diferença formal da mais ou menos eminente força e energia da vontade. A vontade do senhor funda-se no seu interesse particular; pode querer sacrificar todo o finito pelo seu fim particular. Sendo o seu fim finito, também a sua vontade é contingente. A vontade do senhor é, pois, arbítrio porque, enredada em fins finitos, opera unicamente pelo temor. Por conseguinte, o temor é em geral a categoria dominante do Oriente.

A religião no Oriente tem necessariamente o mesmo carácter. O seu momento fundamental é o temor do Senhor. Ela não brotou apenas deste temor, mas também não sai dele, não o abandona. «O temor do Senhor é o início da sabedoria», diz a Escritura*. Está correcto; e o homem deve ter aprendido, sentido e percepcionado o temor. Deve ter aprendido os seus fins finitos na determinação do finito e do negativo. Deve também passar por eles, deve igualmente tê-los superado. Se abandonou os fins finitos como algo de último, então já não está acorrentado a algo de negativo, está livre do temor; pois nele já nada há em que seja vulnerável. Se, porém, o temor não é somente o princípio, mas o fim, por conseguinte, a categoria dominante, então a figura do despotismo está sujeita à ausência de liberdade. Por conseguinte, também a religião terá este carácter. Ao garantir a satisfação, será finita neste próprio estádio, isto é, encontrar-se-á enredada no natural. Por um lado, nos povos orientais, as forças naturais e os poderes é que se encontram personificados e são objecto de veneração; por outro, em virtude de a consciência se elevar a algo de infinito, a determinação fundamental é assim o temor perante tal poder de modo que o indivíduo se sente diante dele apenas como algo de acidental. A dependência, a persistência e a imersão no finito podem assumir duas figuras e devem ir de um extremo ao outro.

---

* Salmo CXI, 10.

A saber, o finito, que existe para a consciência, pode ter a figura do finito enquanto finito mas, por outro lado, a figura do infinito, que é apenas algo de abstracto (abstractamente infinito) e, por isso, análogo ao finito e também ele próprio algo de finito. Assim como ele, no prático, passa da passividade da vontade (escravatura) ao extremo oposto, à suprema energia da vontade, ao poder mais elevado do despotismo, o qual é, porém, apenas arbítrio, assim também encontramos na religião a imersão na mais profunda e grosseira sensualidade como culto de Deus e, por outro lado, o refúgio na mais elevada e, portanto, vazia abstracção, a pura negatividade, o nada − a sublimidade de abandonar todo o concreto. Acontece muitas vezes, entre os orientais, sobretudo indianos, que eles levam a abstracção ao extremo, passam, por exemplo, dez anos em penitência sem mais nenhum conteúdo espiritual, albergando em si apenas o ar vazio, mas sarando e eliminando em si toda a dor, ou que durante anos contemplam a ponta do seu nariz, sem quaisquer pensamentos, persistindo na mais íntima abstracção, no vazio completo, na imobilidade da morte. Estão, pois, apenas na íntima intuição vazia, no representar pura e inteiramente abstracto, no puro saber da abstracção; mas tal abstracção, enquanto apenas negativa, é também inteiramente finita. Por conseguinte, também este aspecto, que se considera como sublime, pertence ao princípio da finidade. Não se encontra aqui o solo da liberdade, do pensamento livre, mas o solo da vontade despótica, casual e arbitrária, e da vontade, a ela contrária, passiva até ao mais profundo − o conhecimento da finidade dos fins que, enquanto finitos, estão sujeitos a outros fins finitos. O déspota leva a cabo as suas extravagâncias − sem dúvida, também o bem, não porém como lei, mas como seu arbítrio. − Só no Ocidente surge a liberdade; o pensar entra aí em si, torna-se pensar universal, e o universal torna-se assim o essencial (I).

Por conseguinte, não pode aqui ter lugar qualquer conhecimento filosófico; com efeito, faz dele parte a consciência, o saber acerca da substância, isto é, o universal, na medida em que o penso, o desenvolvo e determino, pelo que possuo na substância as minhas próprias determinações e nela estou contido subjectiva ou afirmativamente. Tais determinações não são, pois, apenas determinações subjectivas, por conseguinte, opiniões mas, enquanto pensamentos meus, são também pensamentos do objectivo, pensamentos substanciais.

Deve, pois, excluir-se o oriental da história da filosofia; mas no conjunto, quero no entanto referir a seu propósito algumas informações, sobretudo sobre o indiano e o chinês. Normalmente, passei isso por alto; mas, desde há algum tempo, estamos em condições de a tal respeito proferir um juízo. A sabedoria indiana foi antes sempre celebrada, mais ainda, fez-se em seu torno um grande espalhafato sem, em rigor, se saber muito bem porquê. Só agora se sabe algo de mais pormenorizado; e isto é naturalmente adequado ao carácter geral. A tal encómio, porém, não pode simplesmente contrapor-se o conceito universal; importa agora, onde for possível, proceder de um modo historiográfico.

A filosofia autêntica começa só no *Ocidente*. É aí que o espírito em si mergulha, em si se afunda, se põe como livre, e é livre para si; e só aí pode a filosofia existir; e, por conseguinte, também só no Ocidente temos constituições livres. A beatitude ocidental, a infinidade do indivíduo é de tal modo determinada que o sujeito persevera no substancial, não se degrada, não surge como servo e dependente da substância, votado à aniquilação (II).

Na *Grécia* surge a liberdade da autoconsciência. No Ocidente, o espírito entranha-se em si. No esplendor do Oriente, o indivíduo esvanece-se; é apenas como que uma fulguração na substância. Semelhante luz torna-se no Ocidente o relâmpago do pensamento, que em si mesmo explode, a partir daí se difunde e produz assim o seu mundo a partir do interior.

Vimos que em semelhante princípio universal a configuração histó-rica e a filosofia se conjugam de um modo mais íntimo. Há, pois, que percorrer brevemente na sua conexão as determinações e os momentos que aqui constituem o vínculo da filosofia e da essência efectiva.

Dissemos que, na Grécia, começa o mundo da liberdade. É esta a determinação fundamental que a liberdade tem: o espírito pensa-se a si, o indivíduo tem na sua particularidade a intuição de si enquanto algo de universal, cada um conhece-se na sua individualidade como universal, o seu ser consiste, enquanto universal, em estar no universal. O seu ser é a sua universalidade e a sua universalidade é o seu ser. A universalidade é a referência a si, não estar num outro, num estranho, não ter a sua essência num outro, mas estar em si – tê-la enquanto universal, em si, no universal. Este estar-em-si é a infinidade do eu – personalidade. No espírito, que se apreende a si, a determinação da liberdade é que constitui o seu ser; ele é assim, e não pode ser de outro modo. O que igualmente constitui o ser de um povo é que ele se sabe como livre. É segundo este saber-

-se a si que ele constitui o seu mundo, as suas leis do direito, da eticidade e de toda a restante vida. Sabe-se, pois, como essencialmente universal.

O significado de que saber-se a si como livre constitui o ser de um povo depara-se-nos num exemplo simples. Sabemos que o indivíduo é livre, pessoalmente livre; pelo que conhecemos o nosso ser só porque a liberdade pessoal é a condição fundamental e nada existe pelo qual ela possa ser lesada e não reconhecida; semelhante saber constitui o nosso ser, a nossa existência. Se na Europa pressupuséssemos um governante que agisse segundo o seu arbítrio e lhe desse a veneta de reduzir a metade dos seus súbditos a escravos, teríamos a consciência de que tal não aconteceria, embora ele empregasse a máxima violência. Cada qual sabe que não pode ser escravo; sabe isso como seu ser essencial. Temos decerto esta e aquela idade, somos silésios, vivemos, somos funcionários; mas sabemos tal como algo de transitório; não é isso que constitui o nosso ser essencial, mas antes não ser escravo. Como fundamento do nosso ser conhecemos apenas a liberdade. Esta determinação não é transitória. Todas as outras determinações do nosso ser, a idade, a profissão, etc., são efémeras e mutáveis; apenas permanece a da liberdade. Que eu não possa ser escravo, eis o meu ser mais íntimo, a minha essência, a minha categoria: a escravatura é contrária à minha consciência É neste sentido que semelhante saber do espírito acerca de si constitui o seu ser, de modo que obtém e elabora, a partir de tal saber, o todo da sua condição.

Ora, esta correlação reside em que a *universalidade* da consciência constitui a liberdade. Se me conheço como algo de universal, conheço-me como livre. Se sou dependente de um impulso ou de uma inclinação, encontro-me ainda num outro; e porque é o meu impulso e a minha tendência, sou por isso algo de particular, e não de universal. Mas porque estou numa particularidade, escrevo o meu ser numa particularidade e encontro-me assim vinculado por tal particularidade. Sou heterogéneo a mim, pois sou α) eu, isto é, o inteiramente universal, mas β) existindo numa particularidade, determinado por um conteúdo particular; e este conteúdo é algo diverso do Eu. Se existo como um particular, não sou para mim como algo de universal; eis aquilo a que chamamos arbítrio. O arbítrio é a liberdade formal; faz dos impulsos, fins individuais, etc., o seu conteúdo ou objecto. Mas a vontade enquanto livre consiste em que o seu conteúdo é algo de universal; neste universal é que tenho a minha essência, o meu ser essencial; sou aí a igualdade comigo. E assim, por implicação, também os outros são iguais a mim; com efeito, os outros também são como eu, o universal. Só sou livre na medida em que admito a liberdade dos outros e sou reconhecido como livre pelos outros. A liberdade real pressupõe muitos livres. A liberdade só é uma liberdade efectiva e existente sob muitos. Deste modo se estabelece a relação entre os que são livres, e também as leis da eticidade e do direito. A vontade livre pretende apenas as determinações que residem na vontade geral. Com as determinações da vontade geral põe-se igualmente a liberdade civil, o direito racional e a constituição jurídica.

Tal é a conexão entre a liberdade e o pensar do universal. Este pensar é justamente a liberdade da autoconsciência; e depara-mos pela primeira vez com o conceito de liberdade no povo grego; e por isso começa aí também a filosofia.

Aliás, na Grécia, a liberdade real encontra-se enredada numa limitação, pois, como sabemos, a escravatura existia ainda na Grécia; a vida civil dos Estados gregos livres não podia subsistir sem escravos. A liberdade era, portanto, condicionada, limitada; daí a diferença em comparação com a liberdade germânica. Podemos determinar a diferença da liberdade no Oriente, na Grécia e no mundo germânico do seguinte modo: no Oriente, apenas um é livre (o déspota); na Grécia, alguns são livres; na vida germânica, porém, todos são livres, isto é, o homem é livre enquanto homem. Eis uma liberdade mais elevada do que a dos gregos. Mais tarde, queremos abordar mais em pormenor esta diferença. Por agora, acrescentemos apenas que quando, no Oriente, um único indivíduo deve ser livre, justamente tal indivíduo não pode ser livre, porque tal implica que os outros são também, para ele, igualmente livres. Depara-se, pois, aí apenas com o desejo, o arbítrio; e este é finito, não livre; é apenas liberdade formal, igualdade abstracta da autoconsciência (eu = eu). Visto que na Grécia existe a proposição particular de que alguns são livres, são, pois livres os atenienses e os espartanos, mas não os messénios e os hilotas. Por conseguinte, o princípio da liberdade contém entre os gregos uma restrição. – É uma modificação particular do pensamento grego, da intuição grega, a que aqui unicamente devemos considerar em relação ao nosso fito, a história da filosofia. Revelar-se-á então que significado concreto possui aquela proposição abstracta. Ora, a nossa consideração de tal diferença significa apenas que vamos passar à divisão da história da filosofia.

O primeiro ponto era o conceito de filosofia; o segundo, o conceito da história da filosofia. O que agora queremos empreender é a divisão da nossa ciência. Nós próprios temos aqui de proceder cientificamente; com efeito, a história da filosofia desenvolve apenas a própria filosofia. Importa, pois, mostrar sobretudo até que ponto, a partir do conceito, se deve apreender o desenvolvimento da história da filosofia segundo a necessidade (I).

II. O Progresso na História da Filosofia

Declarou-se antes que a diferença entre pensamento e conceito consiste apenas num mais amplo desdobramento do primeiro no segundo; eis o que também constitui o aperfeiçoamento na história da filosofia.

O primeiro é o pensamento inteiramente geral, abstracto; e como tal ainda não se insere propriamente na história da filosofia. É o pensamento, tal como se mostra no Oriente e se coaduna em geral com a religião e a consciência orientais. O pensamento é aqui inteiramente abstracto, substancial, sem progressão, sem desenvolvimento e, claro está, tanto agora como antes, há vários milhares de anos. Não constitui, portanto, a nossa primeira parte, mas antes algo de prévio, que se deve abordar apenas com brevidade.

O segundo é o pensamento que a si se determina, o conceito; vêmo-lo surgir no mundo grego. Aqui começa, como já se observou, a liberdade, a liberdade pessoal, a liberdade subjectiva, pelo que o pensamento se pode determinar por si, saber e querer as determinações como suas. Existe aqui também, pois, uma determinada conexão no progresso das suas categorias. Vemos o desenvolvimento ingénuo do pensamento, a filosofia espontânea, que ainda não chegou à consciência da diferença entre pensar e ser. Vemos o pensamento a especificar-se, a diferenciar-se, a criar as suas distinções e a unir novamente estas diversas determinações. É a metafísica ingénua da unidade do conceito consigo mesmo. A próxima distinção é a que tem lugar entre o pensamento e o ser, entre o subjectivo e o objectivo, e o mais profundo será, em seguida, a consciência de tal oposição. Na metafísica espontânea, não existe semelhante diferença. Existe a fé de que, ao pensar-se assim, se possui também efectivamente a coisa.

O terceiro [passo] é, pois, a fixação destas diferenças e a consciência a elas relativa. É a filosofia do mundo moderno, europeu, a filosofia cristã e germânica. A relação de subjectividade e objectividade, deste modo, a natureza do conhecimento, constitui aqui o essencial, a questão principal, o fundamento. O pensar determinado, e que este apreenda a natureza da coisa – eis o ponto de vista da Ideia. Surgem então aqui ulteriores oposições: liberdade-necessidade, bem-mal, etc. Essas ideias contrapõem-se entre si e tenta-se conceber a sua unificação. Tal é o universal acerca da progressão na história da filosofia (III).

Por conseguinte, no Ocidente, encontramo-nos no genuíno solo da filosofia e devemos aqui considerar duas grandes figuras, distinguir dois grandes períodos, a saber: 1. a filosofia *grega* e 2. a filosofia *germânica*. A última é a filosofia no seio do cristianismo, ou a filosofia enquanto é própria dos povos germânicos; pode, pois denominar-se também germânica. As outras nações europeias, a Itália, a Espanha, a França, a Inglaterra, etc., obtiveram uma nova figura graças às nações germânicas. – A filosofia grega é tão diversa da germânica como a arte grega da arte germânica. Mas o elemento grego penetrou no mundo germânico; os romanos é que constituem o ponto de ligação. Falaremos da filosofia grega no solo do mundo romano; a cultura grega foi aceite no mundo romano. Mas os romanos não produziram nem uma filosofia genuína nem uma autêntica poesia; e a sua religião é em rigor também a grega (II).

Em geral, temos dois períodos da história da filosofia ou duas filosofias, a saber, 1. a filosofia grega, e 2. a filosofia germânica – tal como, na história da arte, distinguimos a arte antiga e a arte moderna. Os povos europeus, enquanto pertencem ao mundo do pensamento (da ciência), devem chamar-se germânicos; com efeito, desfrutam, no seu conjunto, da cultura germânica. Os romanos, que se encontram entre ambos os povos, não tiveram uma filosofia genuína, como também não uma autêntica arte, poesia, etc. A sua religião está igualmente repleta de conceitos gregos; tem decerto algo de peculiar, mas tal peculiaridade não se aproxima nem da filosofia nem da arte; pelo contrário, o que lhe é específico é afilosófico e não artístico (I).

Dispomos, portanto, apenas de duas filosofias, a grega e a ger-mânica. Entre ambas encontra-se, por um lado, a romana, a qual, porém, é uma filosofia essencialmente grega e, por outro, a situação e o desenvolvimento da filosofia no seio do cristianismo ou, como se referiu, a filosofia ao serviço da Igreja. Nesta época, na Idade Média, a teologia tornou-se essencialmente filosofia; concebeu os dogmas, comprovou neles a razão. Mais ainda, a teologia medieval teve mesmo a consciência de ser a filosofia, de que a religião era um saber filosófico. A filosofia germânica mais recente, em rigor, a filosofia moderna, começa com Descartes. Assim é antiga a filosofia na Europa. Eis a divisão em traços largos (III).

No tocante à determinação mais específica destas duas grandes oposições, o mundo grego desenvolveu, pois, o pensamento até à Ideia; o mundo cristão germânico apreendeu o pensamento do Espírito. Ideia e Espírito são o elemento diferenciador (II).

O ponto de partida da história da filosofia pode determinar--se de modo a que Deus se conceba como a universalidade imediata, ainda não desdobrada, tal como encontramos o absoluto especificado em Tales; e a sua meta última e, deste modo, o fito da ciência do nosso tempo é apreender o absoluto como Espírito. Chegar aí foi um trabalho do Espírito do mundo de dois milhares e meio de anos. Tão indolente foi o Espírito do mundo no seu trabalho em chegar à consciência de si próprio, ao caminhar de uma categoria para outra. Ora, porque o temos diante de nós, é fácil avançar de uma determinação (mediante a notificação da sua deficiência) para outra. Mas isso seria difícil no decurso da história. O Espírito do mundo, para caminhar de uma categoria para outra, precisou muitas vezes de séculos (I).

O aspecto mais específico deste progresso é, pois, o seguinte. O primeiro despontar é necessariamente o mais abstracto; é o mais simples e o mais pobre, a que se contrapõe o concreto. Aquele não é ainda o diverso, o multiplamente determinado em si; por isso, as filosofias antigas são as mais pobres. O primeiro é, pois, o fundamento simples. O ponto seguinte é então, a partir deste fundamento simples, a emergência de determinações e figura-ções mais específicas. Por exemplo, quando se diz que o universal, o absoluto, é a água ou o infinito ou o ser, o universal recebeu as determinações da água, do infinito, do ser; mas tais determinações são também ainda inteiramente universais, in-conceptuais, indeterminadas. De igual modo quando se diz: o universal é o átomo, o uno, trata-se ainda também de uma especificação da indeterminidade. O estádio seguinte do desenvolvimento é que o universal se concebe como a si mesmo se apreendendo e determinando – o pensamento como universalmente activo. Isto já é mais concreto mas, no entanto, sempre ainda algo de abstracto. É o νους de Anaxágoras e, mais ainda, de Sócrates; começa então uma totalidade subjectiva, e o pensar apreende-se a si mesmo; a determinação do νους é ser a actividade pensante. O terceiro [passo] consiste em que a totalidade abstracta se deve realizar e, claro está, em determinações diversas (– o pensamento activo é especificador e discriminativo –), e em que as próprias determinações diferenciadas e realizadas se elevam a totalidades. As oposições neste estádio são o universal e o particular, o pensar enquanto tal, e a realidade externa, os sinais da exterioridade, sensações, etc. As filosofias estóica e epicurista contrapõem-se entre si. O ponto mais elevado é então a unificação destas oposições. Pode consistir na sua aniquilação, como no cepticismo; mas a unificação afirmativa é a sua ab-rogação numa totalidade mais alta, na Ideia. Realização do conceito é o que se pode chamar a este estádio. O conceito é o universal, o que para si se determina, mas preserva-se na unidade nesta determinação das individualidades, pelo que estas lhes são transparentes. – Quando, pois, digo Eu, encontram-se aqui contidas muitas determinações; mas são determinações *minhas*, não se tornam autónomas; permaneço nelas igual a mim próprio. O [passo] ulterior é a realização do conceito: as próprias determinações tornam-se totalidades (eis a excelência infinita do conceito); ele comunica-se-lhes inteiramente e das suas partes faz totalidades, que são reciprocamente exteriores, quer se encontrem lado a lado na indiferença ou em mútuo conflito. O terceiro [passo] é a unificação, a Ideia, de modo que as diferenças são concretas e, no entanto, estão ao mesmo tempo contidas (mantêm-se) na unidade do conceito. Até então, foi à frente a filosofia grega. Esta encerra-se com o mundo intelectual, ideal, da filosofia alexandrina (II).

Depois de termos mencionado os extremos gerais do progresso, queremos expor os seus momentos determinados. O conteúdo é o universal, em geral no significado do ser (de modo que o que existe é universal), na determinação concreta: Deus. O primeiro universal é o universal imediato, a saber, o ser. O conteúdo, o objecto, é pois o pensamento objectivo, o pensamento que é. O pensamento é um deus ciumento que apenas a si se expressa como essencial e nada pode suportar a seu lado. Semelhante conteúdo, enquanto incipiente, é indeterminado; e o progresso é, antes de mais, o desenvolvimento das determinações que em si existem. O pensamento objectivo, o universal, é o fundamento, a substância, que reside e permanece na base, não se altera, mas unicamente em si ingressa, em si se afunda e se manifesta; com efeito, ingressar em si é trazer o seu interior à consciência, manifestar-se; e manifestar-se é o ser do Espírito. Antes de mais, pois, este solo na determinação do começo, isto é, a sua determinação é a imediatidade, a indeterminidade. Em seguida, ele desenvolve-se, especifica-se. O primeiro período da filosofia tem agora o carácter de que o autodesenvolvimento é uma emergência espontânea das determinações individuais (qualidades abstractas) a partir do fundamento simples, que já em si tudo contém. O estádio seguinte neste período consiste então em que as determinações assim emergentes e postas idealmente se coadunam numa unidade concreta. Eis o estádio em que o todo, o absoluto, se concebe como a si mesmo se determinando — e só este é o conceito concreto, não já como universal nesta ou naquela determinação, mas como totalidade do autodeterminar-se —, individualidade concreta. Vemos o autodeterminar-se na forma do νους de Anaxágoras. Em seguida, o terceiro [passo] consiste em que o conceito concreto se põe nas suas determinações diversas, isto é, põe estas determinações como totalidades. Cada totalidade encerra especificações; estas pertencem-lhe enquanto ideais; ela é a unidade das mesmas; as determinações encontram-se nela inseparadas; cada qual só existe na unidade. Agora, pois, cada uma das determinações se põe como totalidade. As determinações inteiramente universais, que aqui se encontram, são o universal e o particular. Se dissermos que o conceito é a unidade do universal e do particular, então o [passo] ulterior é que o universal e o particular se põem cada qual por si em si mesmo como concreto, pelo que cada um é em si mesmo unidade da universalidade e da particularidade, ou que o próprio universal existe na forma da particularidade, tal como o particular na forma da universalidade. A unidade põe-se assim em ambas as formas. O universal inteiramente concreto é agora o Espírito, o indivíduo inteiramente concreto, a natureza (isto é, a Ideia na forma da individualidade). Estes momentos são cada qual a sua unidade e do seu outro; estão por si repletos apenas mediante a unidade com o seu outro; de outro modo, são abstractos. Aconteceu, pois, aqui que o universal (o νους) dos dois estádios, que a si mesmo se determina, se desdobrou em autónomas diferenças, sistemas da totalidade, que se encontram lado a lado ou em recíproca oposição, por exemplo, como as filosofias estóica e epicurista – de um lado, o estoicismo, onde o puro pensar se desdobra por si em totalidade; do outro, sistematiza-se em totalidade o outro princípio, o sentimento, a sensação natural, isto é, o epicurismo. Cada determinação é aqui igualmente totalidade. – Por conseguinte, a formação do abstracto em concreto e, em seguida, do próprio concreto nas suas determinações em totalidades concretas constitui, neste período, o progresso. Segundo o modo de ingenuidade destas esferas, ambos os princípios aparecem por si autónomos como duas filosofias singulares, que se encontram em conflito recíproco. Se as compararmos entre si, vemos que são em si idênticas. Mas ao dirimir-se nas suas diferenças a Ideia integral, pois cada uma delas se constitui em sistema peculiar da filosofia, devem assumir-se como opostas; e o todo da Ideia encontra-se nelas, tal como é consciente, numa determinação unilateral. – O quarto estádio consiste, então, em que também as diferenças concretas se resolvem e coadunam. A unidade concreta única é a própria Ideia. Ela é a sistematização do particular de modo que todas as determinações são concretas, não se tornando, porém, autónomas; e não permanecem fora da unidade, mas unidas num todo. Semelhante unificação, porém, só ocorre apenas de um modo geral, no elemento da universalidade primeira, espontânea. É o ideal universal, concebido de modo ideal (I).

Mas a este mundo, à Ideia da totalidade, falta ainda *uma* determinação. Afirmei que a Ideia é, que o conceito se determina, se particulariza, que ele constitui os seus dois grandes lados e os põe como idênticos. Nesta identidade, também as totalidades autónomas dos lados se põem como negativas; e graças a tal negação, esta identidade torna-se subjectividade, ser--para-si absoluto, isto é, realidade efectiva. A Ideia eleva-se assim ao Espírito. O Espírito é a subjectividade de se saber. É para si objecto; o que para ele é objecto (a saber, ele próprio) transforma-o em totalidade. Pelo que ele mesmo é totalidade e sabe-se para si como totalidade. O princípio do ser--para-si absoluto ou da liberdade é o princípio do mundo cristão, onde precisamente a determinação única é que o homem como tal possui um valor infinito. A religião cristã expressa ainda mais especificamente que cada qual virá a ser bem-aventurado; atribui-se aqui ao indivíduo enquanto tal um valor infinito. – O princípio da segunda época é, por conseguinte, a Ideia ciente de si.

Se quisermos imaginar figurativamente tal progresso, podemos dizer: o pensar é o espaço em geral. Em primeiro lugar, surgem as determinações espaciais mais abstractas, pontos e linhas; em seguida, a sua conexão num triângulo. Este é decerto já concreto, mas ainda no elemento abstracto da superfície; corresponde-lhe o que denominámos νους. Segue-se então que as três linhas que o rodeiam se tornam figuras íntegras; isto é, realização da abstracção, dos lados abstractos do todo. O terceiro [passo] consiste em que as três superfícies, os triângulos laterais, se coadunam num corpo, na totalidade. Até aqui chega a filosofia grega (II). Podemos elucidar este progresso mediante a representação do espaço. Temos, antes de mais, a representação vazia e abstracta do espaço – o espaço como tal. Em seguida, pomos nele linhas, ângulos – figurações singulares. O [passo] seguinte é a sua conexão numa figura, por exemplo, no triângulo; eis a primeira totalidade, o determinado, o concluído, o perfeitamente delimitado – o primeiro concreto, a primeira universalidade que a si se determina. O [passo] ulterior é que nós tornamos a fazer de cada linha do próprio triângulo uma superfície, eis as determinações abstractas em cada todo, de que também cada uma é totalidade, como o triângulo. O último é, então, que tais superfícies se consolidam num corpo; só este é a totalidade concreta. A primeira, o triângulo simples, era ainda formal; só o segundo é a perfeita determinidade espacial. Aquela primeira totalidade formal, a superfície concluída, tornou conclusivos os seus lados, proporcionou a si deste modo conteúdo e só assim se tornou unidade de conteúdo e forma, totalidade completa. Se concebermos mais em pormenor este concluir, teremos agora uma duplicação do triângulo; eis a totalidade concreta em comparação com a primeira, abstracta. O fundamento está duplicado, aprofundado por todos os lados. – As determinações são, pois, antes de mais, totalidades e só em geral estão unidas no elemento do universal. Tal é a conclusão da filosofia grega nos neoplatónicos. O afazer do Espírito do mundo e, com isso, a filosofia passa agora para um outro povo (I).

Com este corpo, surge uma diferença entre o centro e a repleção do espaço. Sobressai agora a oposição do inteiramente simples, ideal (que é o centro), perante o real, o substancial; e a unificação de ambos é então a totalidade da Ideia ciente de si – não já unificação espontânea, mas de modo que o centro é personalidade, saber para si, perante a corporalidade objectiva, real. Na totalidade da Ideia ciente de si, o substancial é, por um lado, essencialmente diverso da subjectividade; mas, por outro, esta, enquanto para si se põe, é também substancial. A princípio, a subjectividade é decerto apenas formal, mas é a possibilidade real do substancial. A subjectividade em si e para si consiste justamente em que o sujeito tem a determinação de encher e de realizar a sua universalidade, de se pôr idêntico à substância (II).

O sistema dos neoplatónicos é um reino integral do pensamento, um mundo da idealidade, mas que apenas é em si, somente ideal, por conseguinte, não efectivo. É o mundo divino, ideal, o mundo dos pensamentos; mas não é efectivo, porque existe unicamente na forma, no elemento da universalidade, na determinidade do universal. A individualidade enquanto tal é também um momento essencial do conceito; e este falta a semelhante mundo; está nele ausente em geral a determinação como subjectividade, como ser-para-si. Quer dizer: os dois triângulos no prisma não são apenas dois, mas devem tornar--se uma unidade, unidade que a si se trespassa; e só se tornam tal na subjectividade. Eis a unidade negativa, a negatividade absoluta. Falta, pois, aqui um momento da negatividade ou falta, como vimos, o facto de que este ideal seja para si mesmo, que não seja só para nós, mas seja também objecto para si mesmo. Este princípio apareceu primeiro no mundo cristão e, claro está, na forma de que Deus se conhece como Espírito, como aquele que para si mesmo se duplica e também ab-roga tal duplicação, pelo que existe para si justamente nesta diferença, ou seja, é infinito; com efeito, o diverso é infinito; só a ab-rogação do diferente é o infinito. Tal é o conceito do próprio Espírito. O afazer do mundo é agora conhecer Deus como Espírito e no Espírito; e semelhante afazer coube ao mundo germânico (I).

O princípio da época mais recente da filosofia é, pois, por um lado, que exista o momento da idealidade, da subjectividade para si enquanto tal, ou exista como individualidade. Surge assim o que chamamos liberdade subjectiva. Mas esta é simultaneamente universal, pois o sujeito como tal, o homem enquanto homem, é livre e tem a determinação infinita de se tornar substancial; a outra determinação da religião cristã é que ele tem a disposição de ser Espírito. A liberdade subjectiva e universal é algo de inteiramente diferente da liberdade parcial, que vimos na Grécia. Entre os gregos, a subjectividade livre, em rigor, existiu ainda de modo casual. No mundo oriental, apenas um era livre, a saber, a substância; o cidadão espartano ou ático é livre; mas no meio deles havia também escravos. Por conseguinte, no mundo grego, só alguns são livres. Mas é diferente dizermos agora; o homem como homem é livre. Tal é a determinação da liberdade inteiramente universal. O sujeito enquanto tal pensa-se como livre; e esta determinação vale para todos.

Na religião cristã, este princípio expressou-se mais na forma do sentimento e da representação do que se salientou na pura forma do pensamento; está nele implícito que o homem enquanto homem, cada indivíduo, é um objecto da graça e da misericórdia divinas; cada qual é assim um sujeito para si, tem por si um valor infinito e absoluto. Semelhante princípio implica que a religião cristã encerra o dogma, a intuição da unidade da natureza divina e humana. Foi revelado aos homens por Cristo. Homem e Deus, a Ideia subjectiva e a Ideia objectiva são aqui um só. Eis o princípio germânico, a unificação da objectividade e da subjectividade. Numa outra figura, encontra-se já na narrativa da queda. O essencial nesta narrativa é que a árvore de que Adão se prontifica a comer é a árvore do conhecimento do bem e do mal; o resto é simples imagem. A serpente *não* enganou assim o homem, pois Deus diz: «Eis que Adão se tornou como um de nós; conhece o bem e mal.» Reside aí o valor infinito e divino da subjectividade. Mas a unidade do princípio subjectivo e da substancialidade, a unidade do saber e da verdade não é imediata, mas processo; o processo do Espírito é que o um da subjectividade se dispa do seu modo natural e imediato e se engendre como idêntico ao que se chamou o substancial em geral; (a subjectividade como tal é apenas formal). Expressa-se, pois, aqui a meta do homem como a suprema bem-aventurança e perfeição – em primeiro lugar, segundo o princípio, *in abstracto*; é, pois a subjectividade como tendo infinito valor em si, determinado segundo a possibilidade.

Vemos assim que o [elemento] especulativo e as representações religiosas não estão separadas e, sobretudo, não se encontram tão afastadas entre si, como habitualmente se julga. Aduzi também tais representações para não pensarmos que elas, enquanto representações antigas do mundo cristão, já não teriam para nós qualquer interesse, embora a elas nos atenhamos. Donde se depreende que, embora também nos encontremos mais além, não temos no entanto de nos envergonhar dos nossos antepassados, para os quais as representações religiosas foram as mais altas determinações (II).

A primeira manifestação deste princípio é a revelação imediata na religião cristã; tal princípio concebe-se mais como ser determinado efectivo do que mediante o pensamento; antes de se chegar ao seu conhecimento, existe primeiro como fé e intuição. O pensamento pressupõe para si a imediatidade e, a partir dela, reflecte-se a si mesmo. – O que primeiro reside nesta determinação do espírito (e que tem relação com o anterior) é que agora há duas totalidades – uma duplicação da substância; mas tal duplicação tem um outro carácter, a saber, o de que as duas totalidades já não se desagregam, mas pura e simplesmente se requerem, pensam e põem na sua relação recíproca. Se, antes, o estoicismo e o epicurismo existiam lado a lado autonomamente e, mais tarde, o cepticismo foi a extinção destas diferenças, a sua negatividade e, por último, também a unidade afirmativa de ambas, tendo lugar somente como universalidade que é em si, agora, depara-se com a situação em que ambos os momentos se conhecem enquanto totalidades diferentes e, no entanto, se devem pôr na sua oposição como uma só coisa.

Temos aqui a Ideia genuína, especulativa, o conceito verdadeiro nas suas verdadeiras determinações das quais cada uma se alargou à totalidade, mas que não subsistem lado a lado, nem se contrapõem, mas pura e simplesmente se referem umas às outras e constituem *uma* totalidade. – Semelhante oposição, concebida do modo mais geral, é a oposição de pensar e ser, de sujeito e objecto, da natureza e Espírito (porquanto este é um espírito finito, logo, oposto à natureza). A exigência é que os correlatos se concebam como unidade, ou que a sua unidade se apreenda na sua oposição. Tal é o fundamento da nova filosofia iniciada no Cristianismo.

A partir desta determinação, elucida-se agora mais em pormenor o que é que significa a ingenuidade no primeiro filosofar dos gregos. É um filosofar que ainda não toma em consideração a oposição entre pensar e ser, e para o qual ainda não existe a oposição entre conceber subjectivo e objecto. Na filosofia grega, filosofa-se, pensa-se, argumenta-se mediante pensamentos, mas de um modo tal que, em tal pensar, argumentar, o pressuposto permanece inconsciente; que o pensado também é e é assim como se pensa; que, portanto, pensar e ser não estão separados. Eis o que se deve ter diante dos olhos; com efeito, encontram-se também na filosofia grega questões que parecem ser semelhantes às nossas. Teremos de abordar, nos gregos, por exemplo, a filosofia sofística e a céptica. Estas propuseram a doutrina de que o verdadeiro não se pode conhecer; poderia assim afigurar-se que tal doutrina é inteiramente paralela às filosofias modernas da subjectividade, as quais afirmam que todas as determinações do pensamento são de carácter subjectivo, e assim não se decidiria sobre a verdade objectiva; e acerca desta não podia, de facto, decidir-se, pois o pensar não chega em geral ao ser. Mas, embora exista aqui, por um lado, uma semelhança, há, no entanto, uma diferença essencial entre estas filosofias e as filosofias modernas da subjectividade. Com efeito, nas filosofias antigas, que afirmam — «conhecemos apenas o aparente» — inclui-se assim o todo; não existe ainda, por detrás, um além a que se aspiraria, um ser, uma coisa em si, a cujo respeito se saberia também algo, não apenas de modo conceptual e cognitivo. Nos antigos, nada há fora ou ao lado do ponto de vista da aparência, nada existe para além dela. No domínio prático, os filósofos cépticos admitiam que haveria que se orientar pela aparência, tomar o aparente como a regra e o critério, e que se poderia assim agir inteiramente de um modo justo, inteligível (por exemplo, também na medicina); mas o que deste modo se põe como fundamento é apenas algo de aparente. Não se estabelece assim, pois, ao mesmo tempo um saber acerca do ente, do verdadeiro. É grande, portanto, nesta perspectiva, a diferença entre as filosofias antigas e as modernas. A diferença essencial é que as filosofias modernas da subjectividade ou do idealismo subjectivo têm, além do subjectivamente afirmado, ainda um outro saber — um saber que não é suscitado pelo pensar, um saber imediato, a fé, intuição, revelação, nostalgia de um além, ou coisas semelhantes. Por detrás do subjectivo, do aparente, encontra-se ainda algo de verdadeiro, que se conhece de um outro modo diverso do pensamento. Nos antigos filósofos gregos, não existia semelhante além, mas perfeita tranquilidade e satisfação na aparência. E o significado definido da ingenuidade do seu pensar é que para eles ainda não existia a oposição entre pensar e ser. Importa, nesta consideração, reter exactamente os pontos de vista; de outro modo, acha-se por divisar nas antigas filosofias, em virtude da semelhança dos resultados, a determinidade da subjectividade moderna. Visto que na ingenuidade do antigo filosofar o próprio aparente era toda a esfera, ainda não emergira a dúvida do pensar perante o objectivo (I).

Temos, pois, em rigor duas ideias, a ideia subjectiva enquanto saber e, em seguida, a Ideia substancial, concreta; e o interesse da filosofia moderna é o desenvolvimento e a formação do princípio de que ele vem à consciência do pensamento. Com efeito, as determinações são nela de natureza mais concreta do que nos Antigos; encontram-se aqui as diferenças entre pensar e ser, entre individualidade e substancialidade, entre liberdade e necessidade, etc. A subjectividade existe nela para si, mas estabelece-se como idêntica ao substancial, ao concreto, de modo que o substancial chega ao pensamento. O saber do que para si é livre, eis o princípio da filosofia moderna. Semelhante saber enquanto certeza imediata e enquanto saber que primeiro se deve desdobrar é nela de interesse particular, porquanto a oposição de certeza e fé ou também da fé e do saber que em si se desdobra, é assim que se constitui. Por conseguinte, o saber que primeiro se deve desenvolver em qualquer sujeito, e também a fé, a qual é um saber que primeiro se deve desenvolver, opõem-se à certeza, ao verdadeiro em geral. Logo, a subjectividade e a objectividade são antitéticas. Mas pressupõe-se em ambas a unidade do pensar, da subjectividade e da verdade, da objectividade; só que na primeira forma afirma-se: o homem existente (isto é, o homem natural, tal como imediatamente se encontra) conhece o verdadeiro no saber imediato, na fé; assim como o crê, assim ele é verdadeiro; ao passo que na segunda forma também a unidade do saber e da verdade está decerto presente, mas ao mesmo tempo o seguinte: que o homem, o sujeito, se eleva acima da consciência sensível, acima do modo imediato do saber e só pelo pensar ele se faz o que é e obtém a verdade (II).

A filosofia moderna, enquanto totalidade, tem estes dois lados em oposição, mas igualmente em relação. Temos assim a oposição entre razão e fé (no sentido eclesiástico, não do modo como aqui a concebemos), a oposição entre o discernimento próprio, o saber acerca da verdade, e a doutrina, isto é, a verdade objectiva como a que se deve aceitar sem discernimento próprio, mais ainda, com a renúncia à razão; ou a oposição entre o saber cognoscente e o saber imediato, a revelação que em si se encontra, o sentimento, a fé (no sentido moderno, isto é, de uma rejeição da razão e de tudo o que é objectivo, em confronto com a certeza interna, o pressentimento), e assim por diante. A meta do mundo moderno é pensar o absoluto como tal, como o universal que a si mesmo se determina – como a bondade infinita da Ideia em se comunicar a todos os seus momentos, em neles se insinuar de modo que apareçam entre si como todos indiferentes, mas também como a justiça infinita, pelo que tais totalidades são um só e, claro está, não apenas como um só em si ou para nós (seria apenas a nossa reflexão), mas também como um só para si. Tal unidade deve tornar-se--lhe para si; que ela seja justamente tal, eis o seu ser-para-si. Apreender este conceito da Ideia, esta duplicação e a unidade da mesma e a tarefa, a meta, da filosofia germânica (I). Temos, pois, em conjunto duas filosofias: 1. A filosofia grega e 2 .a filosofia germânica. Na última, devemos distinguir a época em que ela surgiu como filosofia, e o tempo da preparação. Só podemos iniciar a filosofia germânica onde ela surge em figura genuína. Entre estas duas épocas, há ainda um período intermediário de fermentação (I-II).

O ponto de vista actual é o resultado de todo o decurso e de todo o trabalho de 2300 anos; é o que o Espírito do mundo trouxe a si na sua consciência pensante. Não devemos espantar--nos com a sua lentidão. O Espírito ciente universal tem tempo, nada o apressa; dispõe de uma massa de povos, nações, cujo desenvolvimento constitui justamente o meio de suscitar a sua consciência. Não devemos também tornar-nos impacientes por as intelecções particulares não se levarem já agora a cabo — só mais tarde — por isto ou aquilo não estar já aí; na história universal, os progressos dão-se com lentidão. O discernimento da necessidade do tempo longo constitui assim um meio contra a nossa própria impaciência (II).

Devemos, pois, considerar três períodos da história da filosofia: em primeiro lugar, a filosofia grega de Tales em diante, cerca de 600 a.C. (Tales nasceu em 640 ou 629 a.C., a sua morte ocorre na 58.ª Olimpíada, isto é, cerca de 550 a.C.), até aos filósofos neoplatónicos, dos quais Plotino viveu no século III d.C. Pode, porém, dizer-se que este período se estende até ao século V onde, por um lado, se extingue toda a filosofia pagã — o que se relaciona com a migração dos povos e a decadência do império romano (a morte de Proclo, o último grande neoplatónico, situa-se no ano 485 e a queda de Roma graças a Odoacro, no ano 476 d.C.); mas, por outro, a filosofia neoplatónica prolonga-se nos Padres da Igreja; muitas filosofias no seio do Cristianismo têm por fundamento apenas a filosofia neoplatónica. É, pois, um espaço temporal de cerca de mil anos. O segundo período é o da Idade Média, o período da fermentação e preparação da filosofia moderna. Aqui se inscrevem os Escolásticos; importa também mencionar as filosofias árabe e judaica, mas sobretudo a da Igreja Cristã. Este período dura também cerca de mil anos. O terceiro período, o da emergência formal da filosofia moderna, só começa na época da Guerra dos Trinta anos, com Bacon (m. 1626), Jakob Boehme (m. 1624), ou Descartes (m. 1650). Com este, o pensar começou a ingressar em si. *«Cogito ergo sum»* – eis as primeiras palavras do seu sistema; e tais palavras expressam precisamente a diferença da filosofia moderna em relação a tudo o que a antecedeu (I-II).

D. Fontes e Literatura da História da Filosofia

Eis agora ainda algumas observações sobre as fontes da história da filosofia: as fontes são aqui de natureza diversa das que há na história política, pois, na filosofia, as próprias acções estão diante de nós; pelo contrário, na história política, os historiadores é que transformaram já as acções em representações, as encadearam e expuseram de um modo histórico. O nome «história» tem um duplo sentido; por um lado, designa as acções, os próprios acontecimentos mas, por outro, especifica-os enquanto são constituídos mediante a representação para a representação. Os historiadores não são aqui, porém, as nossas fontes, antes temos as obras dos próprios filósofos; eis as acções do próprio Espírito; são as fontes mais significativas. Há decerto períodos dos quais não se conservaram as obras, as acções; devemos então virar-nos para os historiadores, por exemplo, para Aristóteles e *Sextus Empiricus* relativamente à filosofia grega mais antiga; tudo o mais se pode dispensar. Aristóteles, no princípio da sua *Metafísica*, ocupou-se expressamente da filosofia grega mais antiga; e noutras obras suas menciona com frequência filosofemas da mesma. E foi também o homem que a seu respeito quis proferir juízos. Embora a sagacidade que pretende ser erudita censure Aristóteles sobretudo porque não entendeu correctamente Platão, pode apenas dizer-se que ele conviveu com este durante muito tempo e foi deveras sagaz (Rötscher, *Lições.*)*. *Sextus Empiricus* é igualmente importante. Há também ainda períodos em que é desejável que outros tenham lido as obras dos filósofos e deles nos ofereçam extractos. – Importa, primeiro, informar-se dos princípios simples, em seguida, do desenvolvimento dos mesmos e, em terceiro lugar, da sua aplicação ao concreto e ao particular. Quanto às filosofias mais abstractas dos Antigos não é, porém, necessário conhecer todas

---

* Alusão a uma série de lições sobre a filosofia platónica e aristotélica em 1825 pelo docente privado H. Th. Rötscher, discípulo de Hegel.

as suas opiniões; com efeito, os seus princípios chegam apenas a um certo grau de desenvolvimento e não são suficientes para apreender verdadeiramente o concreto. Assim, a filosofia estóica não tem qualquer interesse na aplicação da sua lógica, da sua dialéctica, à natureza; bastam-nos extractos. – Se referi as fontes, parece que o seu estudo é um trabalho ingente; mas nada torna as concepções dos filósofos mais inteligíveis e claras. Entretanto, podemos muitas vezes contentar-nos com os princípios e com o desenvolvimento até um certo grau. Entre os Escolásticos, por exemplo, há obras de 18, 24 e 26 tomos; devemos então ater-nos ao trabalho de outros que dessas obras fizeram extractos; este empreendimento é digno de estima. Outras obras são raras e difíceis de obter; também aqui é legítimo recorrer a extractos (II).

Importa ainda fazer agora algumas observações sobre as fontes da história da filosofia. Na história política, temos fontes de primeira e de segunda mão. As primeiras têm como fundamento as acções e discursos dos próprios indivíduos agentes. Os historiadores não originais, reflexivos, tiveram diante de si e utilizaram as primeiras. Na história da filosofia, os historiadores não são as fontes, mas as próprias acções é que estão diante de nós; e tais acções são as obras dos próprios filósofos. Ora, poderia dizer-se que as obras são uma riqueza excessiva para a partir delas nos instruirmos. Por um lado, acontece decerto que nos devemos ater aos historiadores; no entanto, em relação a muitas filosofias, é absolutamente necessário estudar as próprias obras. A filosofia grega é onde sobretudo sentimos tal necessidade. Já a tal respeito fizemos várias observações. Por outro lado, nas filosofias mais antigas, vemos logo se o seu princípio é ainda limitado para apreender as nossas mais amplas representações. Interessa-nos, pois, investigar até que ponto um tal princípio se esforçou em vista da totalidade da matéria. Em seguida, há também uma multidão de obras filosóficas que são importantes apenas no plano literário e histórico. A seu respeito, podemos contentar-nos com extractos. – Em geral, podemos ainda observar que, se possuirmos a ideia da filosofia e a tivermos diante de nós no estudo da sua história, se tornará então fácil e interessante para nós no estudo das próprias obras da filosofia, e não permanecerá um conhecimento morto e sem relação com o presente. Ela mostrar-nos-á o que lhe corresponde nos diversos sistemas e como teremos de o classificar (I).

Quanto à literatura sobre a história da filosofia, pode encontrar-se especificada de um modo bastante completo no extracto de Wendt a partir da história da filosofia de Tennemann (ver abaixo). Mas as obras mais notáveis a este respeito são as seguintes:

O autor mais antigo que escreveu uma história da filosofia é *Diógenes Laércio*. Ainda tornaremos a falar dele (II).

Uma das primeiras histórias da filosofia da época moderna é *The History of Philosophy by Thom. Stanley*, Londres 1701, 4., traduzida para latim por *Godofr. Olearius*, Lípsia 1711, 4. Esta obra já não se utiliza, é interessante sobretudo apenas do ponto de vista literário; contém somente as histórias das antigas escolas filosóficas, como seitas – como se não houvera outras no-vas. Encontra-se nela a ideia peculiar, que decerto constituía a concepção habitual desse tempo, de que a genuína filosofia só existira nos antigos, e que o tempo da filosofia em geral já passara, e fora interrompido com o Cristianismo. Faz-se a distinção entre a verdade, tal como a apreende a razão natural, e a verdade revelada na religião cristã. A ideia é, pois, que o Cristianismo tornou supérflua a filosofia e a degradou a uma coisa dos pagãos, mais ainda, que a verdade se pode apenas encontrar na forma da religião. Deve, no entanto, observar-se que, antes da revivência das ciências, não existiam filosofias características, e que as filosofias, que decerto havia no tempo de Stanley, eram em parte apenas repetições das filosofias antigas platónica, aristotélica, estóica e epicurista, e em parte, por surgirem autonomamente, eram ainda demasiado jovens para que, na sua presença, os antigos senhores tivessem respeito e a deixassem figurar como algo de específico (I-II).

A segunda é a *Jo. Jac. Bruckeri, Historia critica philosophiae, Lipsiae* 1742-1747. São quatro partes em seis volumes; a última parte tem dois volumes; o sexto volume é um suplemento (I-II).

Encontra-se aqui reunida uma grande quantidade de informações sobre ideias que este ou aquele erudito dessa época teve sobre as filosofias. Constitui assim uma compilação multiestratificada, boa sobretudo para consulta. Aliás, a exposição é em grau muito elevado desprovida de sentido histórico, não recorre apenas às fontes, encontra-se em toda a parte mesclada de reflexões e inferências próprias do autor, feitas à maneira da metafísica wolffiana. E tais consequências são apresentadas como históricas. Se de um sistema filosófico se conhecer apenas a proposição principal, por exemplo, quando Tales diz: o princípio de tudo é a água, Brucker deduz desta simples proposição entre vinte a trinta outras, nas quais nenhuma palavra é verdadeira. Eis algo de inteiramente an-histórico. Em nenhum outro lado, porém, deve proceder-se com mais senso historiográfico do que na história da filosofia; com efeito, na filosofia interessa o que o filósofo expressou, e que tal se estabeleça. As premissas e consequências a partir do seu princípio pertencem ao ulterior desenvolvimento da filosofia (I-II). Ela encontra sobretudo entre os franceses ainda grande consideração. Mas a crítica histórica é tão fraca por si como em relação aos filosofemas. Brucker não se ateve também genuinamente às fontes, mas ao que outros escreveram sobre os Antigos (III).

Esta obra é assim um grande balastro, mas o lucro é escasso.
— Um extracto seu é o seguinte: *Jo. Jac. Bruckeri Institutiones historiae philosophicae, usui academicae juventutis adornatae*, Lipsiae 1747, 8; segunda edição Lípsia 1746; a terceira foi preparada por Bom, Lípsia 1790, 8 (I).

Uma outra obra sobre a história da filosofia é a de Dietrich *Tiedemann, Geist der spekulativen Philosophie*, Marburgo 1791--1797, sete volumes em 8.º. A história política é nela tratada desnecessariamente de um modo circunstanciado, desajeitado e insípido. A linguagem e o estilo são rígidos e afectados. O todo é um exemplo triste de um homem que, como professor erudito, ocupado, mediante o sacrifício de toda a sua vida, com o estudo da filosofia especulativa, não tem, no entanto, pressentimento algum do que é o espírito especulativo, do que é o conceito. Faz extractos das obras filosóficas, enquanto persistem em querelas. Mas quando ele aborda o elemento dialéctico, especulativo, costuma tornar-se mau, perde a paciência, interrompe e declara--se como místico, a favor de simples subtilezas. Por conseguinte, detém-se onde precisamente se nos depara o que é interessante. Tem muitas coisas estimáveis, porque nos oferece extractos de alguns livros raros da Idade Média, por exemplo, dos escritos cabalísticos, que nela se situam. Sobre outros aspectos, o livro tem pouco valor. Também não merecem atenção especial os seus *Argumenta dialogorum Platonis**.

Muito melhor é a obra de Joh. Gottlieb *Buhle, Lehrbuch der Geschichte der Philosophie und einer kritischen Literatur derselben*, Gotinga 1796-1804, oito partes (nove volumes) em 8.º. Só a filosofia antiga é que é tratada com muita brevidade — sem relação com a filosofia moderna, que é muito mais circunstanciada. Quanto mais fundo Buhle penetrou, tanto mais se

---

* Biponti 1786.

tomou pormenorizado. As primeiras partes, por conseguinte, têm apenas um valor escasso. Em vários pontos, oferece muita comodidade, sobretudo por fornecer extractos de obras raras dos séculos XVI e XVII; também de obras inglesas e escocesas, e ainda das de Giordano Bruno, que se encontram na Biblioteca de Gotinga. A obra mais exaustiva desta natureza é a de *Tennemann, Geschichte der Philosophie*, Lípsia 1798-1819, 11 partes (12 volumes) em 8.º. A oitava parte, que contém a filosofia escolástica, tem dois volumes. E uma obra famosa e utilizada com muita frequência. As filosofias singulares são aí tratadas em pormenor e as da época moderna são objecto de uma melhor elaboração do que as antigas, como é habitual em tais obras. Mas também é muito mais fácil expor as filosofias modernas. Requer-se então apenas fazer extractos das obras filosóficas; e se estas estão escritas em língua latina, é fácil traduzi-las; o conteúdo das modernas é mais afim à nossa concepção. Os Antigos encontram-se num outro ponto vista do conceito e, deste modo, há maior dificuldade em apreendê-los. Também deles não se sabe muita coisa; e exige-se já mais combinação para converter os pensamentos dos antigos e o seu sistema numa forma moderna, expô-los em estilo moderno e, no entanto, reproduzi-los de um modo exacto. Não se pode traduzir à letra; não é adequado. As concepções dos antigos devem mudar-se para outras expressões sem que delas se faça algo de diverso. Mas facilmente alguém se inclina a converter o antigo em algo que nos é mais corrente; e isto aconteceu muitas vezes a Tennemann. Por este lado, ele tem enormes deficiências. Além de os seus extractos serem exíguos, não compreende correctamente as passagens. O texto e a tradução contradizem-se muitas vezes; e far-se-ia uma ideia inteiramente falsa de Platão, de Aristóteles, se se ficasse por Tennemann. A propósito de Aristóteles, por exemplo, a incompreensão é tão grande que Tennemann lhe atribui justamente o contrário, pelo que mediante a suposição do contrário do que Tennemann considera como aristotélico se obterá uma mais correcta apreensão da própria ideia de Aristóteles. Tennemann é aqui sincero, pois apresenta por baixo do texto as passagens tiradas de Aristóteles. É, pois, a este respeito, quase inteiramente desprovido de utilidade (I-II).

Sem dúvida, ele afirma no prefácio que um historiador da filosofia não deve ter sistema algum; mas, apesar de tudo, tem um que não perde de vista. Começa por louvar, encomiar e enaltecer até ao exagero cada filósofo; mas o termo, o final da canção é que o filósofo celebrado se torna sempre mais pequeno; porque teve ainda *uma* deficiência, a saber, a de não ter sido kantiano, a de não ter ainda investigado criticamente a fonte do conhecimento, nem ainda de ter chegado ao resultado de que o conhecimento é impossível. Toda esta história é, pois, inteiramente insípida, mesmo no aspecto histórico (I).

Há uma quantidade de *compêndios* breves. Entre eles, devem mencionar-se três.

1. Friedrich Ast, *Grundriss einer Geschichte der Philosophie*, Landshut 1807, um dos melhores compêndios. Está escrito com bom espírito. O autor é versado em formas schellingianas, embora um tanto confusas, e faz uma distinção entre idealismo e realismo de um modo algo formal.

2. A.Wendt, *Grundriss der Geschichte der Philosophie*, Lípsia, um extracto de Tennemann (I-III, 15. XI. 1827).

É bom do ponto de vista historiográfico. Mas causa alguma surpresa, pois tudo ali se aduz como filosofia sem distinguir se é ou não de importância. A mania lipsiana da perfeição também aqui não se deve desvalorizar. Em superficialidade, vacuidade, que não está familiarizada com a profundidade do espírito, não há quem o bata. Aproveita-se qualquer determinação de pensamento; ele afirma ter feito algo de novo e de profundo, embora acerca de tais especificações superficiais nem sequer se possa falar na filosofia (I).

3. O mais digno de recomendação é Th. A. *Rixner, Handbuch der Geschichte der Philosophie*, Sulzbach 1822/23, 3 volumes em 8º. Rixner é um homem de espírito. A sua obra é a mais recente e a melhor quer no tocante à riqueza literária, quer também quanto aos pensamentos, embora não satisfaça todas as exigências de uma história da filosofia. Há nela muita coisa a censurar, por exemplo, ele misturou comentários sobre as outras ciências e, por isso, a obra tem muitos elementos heterogéneos. Mas recomenda-se muito a obra porque, nos apêndices a cada volume, Rixner fornece as passagens principais no original, em virtude também da exactidão nas citações e de muitas outras coisas (I-III).

E com isto pomos fim à Introdução. Quanto à história política, pressupõe-se o seu conhecimento no que se segue. Diferente é o princípio do Espírito dos povos e tudo o que aí se refere ao político; este não se afasta da nossa consideração. Fornecerei igualmente notícias biográficas, na medida em que aqui se inscrevem, mas só ocasionalmente; com efeito, não se trata de uma história da filosofia, mas da filosofia. Deixarei

igualmente de lado muitos nomes que se introduzem em procedimentos eruditos, mas escasso lucro proporcionam relativamente à filosofia. O interesse principal é a filosofia em geral e, deste modo, o pensamento determinado, o estádio específico do desenvolvimento da razão em cada época.
Se numa história da filosofia se fornecem apenas extractos, isso parece ser, a princípio, o mais conveniente. Mas abordar a história da filosofia de um modo simplesmente croniqueiro é indigno dela; tal nem sequer deve acontecer na história política. Nesta última, também se insere uma meta, a saber, a meta do desenvolvimento da história dos povos. Assim, na história romana de *Lívio*, temos Roma como o primeiro ponto de vista, vemos Roma em ascensão, na defesa e no exercício da sua dominação, etc. A meta geral é, pois, Roma, a expansão do seu domínio, a formação da sua constituição, etc. Por isso, na história da filosofia, o fito é a Razão no seu desenvolvimento; não se começa por introduzir tal meta, mas a própria coisa, que aqui subjaz como universal, surge como o fim pelo qual as configurações individuais por si mesmas se comparam. O nosso fito é expor o desenvolvimento do Espírito, do pensamento (II).

Quanto ao nosso modo de abordagem, deve ainda observar-se α) que o extrinsecamente histórico só com brevidade se aflora, exceptuando o político, na medida em que caracteriza o espírito de uma época; β) que, em relação a notícias literárias e biográficas, nos limitamos também ao mais necessário. γ) Quanto às próprias filosofias, mencionaremos somente aquelas cujo princípio originou um abalo. Por conseguinte, passaremos em silêncio o que apenas diz respeito à aplicação e à difusão dos diversos sistemas. Já observámos que os princípios, que em si não são concretos, não bastam para a aplicação à existência mais concreta. Do que concerne ao Espírito, ao princípio de cada filosofia, também já antes se falou.

Mas parece haver ainda agora uma questão por decidir, a saber, a de se o historiador da filosofia deverá ter um sistema, ou se não deverá antes ser imparcial, não julgar, não seleccionar, nada acrescentar de seu nem a tal respeito se pronunciar pejorativamente com o seu juízo. A exigência da imparcialidade parece, sem dúvida, muito plausível enquanto lição de equidade. Precisamente a própria história (da filosofia, diz-se) é que deve suscitar esta imparcialidade. Mas o estranho é que apenas quem nada percebe do assunto, quem possui conhecimentos simplesmente historiográficos, é que se comporta sem partidismo.

(O conhecimento historiográfico das doutrinas não é a compreensão das mesmas.) Mas importa distinguir entre história política e história da filosofia. Aquela pode ser objectiva, como os poemas homéricos, como Heródoto e Tucídides escreveram a história. Enquanto homens livres, deixam que as acções e os acontecimentos se preservem por sim, sem acrescentarem algo de seu; mostram as coisas, sem as arrastarem e julgarem perante o seu tribunal. Na história da filosofia, porém, tem lugar uma outra situação. Com efeito, embora a história da filosofia tenha de narrar acções, a primeira questão é, no entanto, o que na filosofia constitui uma acção, isto é, se algo é ou não filosófico, e que lugar cabe a cada acção. Surge, quanto a tal questão, a diferença seguinte: na história externa, tudo é acção – sem dúvida, há o que é importante e também o não importante –, mas a acção apresenta-se imediatamente à representação, é *facto*. Na filosofia, é ao contrário: a questão consiste em saber o que é uma acção e que lugar lhe atribuir. Assim, a história da filosofia não pode conceber-se sem juízo, nem escrever-se sem sistema (I).

Temos aqui em vista sobretudo a história da filosofia, não as biografias dos filósofos. Por conseguinte, não se mencionarão aqui as circunstâncias singulares da vida dos filósofos individuais. Em virtude da brevidade do tempo, deixaremos igualmente de lado a literatura e confinar-nos-emos a uns quantos dados. Além disso, na exposição da história da filosofia, podemos apenas ater--nos aos filósofos principais. Cada sistema teve uma quantidade de mestres e de seguidores; poderia, pois, propor-se uma multidão de nomes de homens que, em parte, tiveram grandes méritos enquanto mestres filosóficos. Mas o modo de difusão de uma filosofia também não deve ser por nós aflorado. Quanto aos sistemas filosóficos, devemos de preferência considerar somente os princípios. Estes induzem decerto aos objectos concretos mas, porque o próprio princípio é abstracto, unilateral, e divisamos tal unilateralidade, podemos logo dizer que ele é insuficiente na sua aplicação ao concreto e, portanto, sem interesse para nós. – Na história em geral, devemos ater-nos às acções, isto é, aqui, ao pensamento específico. Devemos considerá--lo de um modo simples e exacto, tal como ele próprio se expressou em cada estádio. – Gastaram-se vinte e três séculos para se chegar à consciência em si sobre como, por exemplo, se deve conceber o conceito «ser» (III).

APÊNDICE

A Introdução segundo as lições de Hegel
1829/30

[Primeira Hora]

Introdução

Olhamos a história da filosofia não como algo de fixo e parado, mas como algo que tem movimento. Temos de narrar acções, viagens de descoberta, a tomada de posse do reino inteligível. – Na ciência, temos a ver com o reino do pensamento. Mas deve fazer-se outra observação, a saber, que toda a acção humana é humana enquanto é algo de pensante, um produto do pensar, enquanto emana e provém do pensar; e que nela o pensar é activo. Quando se afirmou que o homem se distingue do animal pelo pensar, afirmou-se assim que tudo o que é humano pertence ao homem e tem a sua fonte e sede no pensamento. A ciência, a religião, o Estado, o direito, a arte, etc., tudo isto pertence, não ao animal, mas ao homem; este é essencialmente pensante. O reino humano constrói-se apenas no campo do pensamento, no solo do pensar. – Embora tudo o que é humano, a representação religiosa, a sensação, a constituição, o direito, o Estado pertença também ao pensar, embora tudo isto tenha a sua raiz no pensamento, nem todas estas criações se inscrevem na filosofia. Para ser mais específico sobre até que ponto o pensamento pertence à filosofia, devemos fazer uma distinção; devemos interrogar-nos se o conteúdo pertence ao espírito, se tem a sua raiz no pensar, se foi também elaborado na forma do pensar. Embora o conteúdo da religião deva igualmente ser objecto de sentimento, tem, não obstante, a sua raiz no pensar. Mas tal conteúdo existe na forma do sentimento, do sentimento ético, da representação religiosa, etc. Também o conteúdo nas ciências particulares; está certamente repassado de pensamento, nele é actuante o pensamento; mas tal conteúdo encontra-se ainda na forma do pensamento, ou o pensamento não é ainda nelas como tal livre, o pensamento ainda não é puro. A filosofia tem a ver com o pensamento puro, livre, com a elaboração do pensamento a partir da materialidade concreta. O seu objecto é, pois, o pensamento livre. Pode igualmente dizer-se que a religião contém filosofemas, que a mitologia dos antigos inclui filosofemas; se tal igualmente se aceitar, o pensamento ainda não sobressai aí, no entanto, na forma do pensamento. O conteúdo encontra-se ainda no modo da imaginação, não é ainda puro pensamento. A religião cristã tem a característica de estar vinculada a uma pessoa; isto é para a representação, histórico; ela contém outras configurações da intuição, sobretudo o que aconteceu e se deve apreender no tempo e no espaço. Semelhante conteúdo, embora em si seja racional, não existe ainda na forma do pensamento. A filosofia tem a ver com o pensamento enquanto tal. – A ciência que encerra o conteúdo elaborado na forma do pensamento é a filosofia. Trata-se somente de uma oposição da forma, não de uma diferença do conteúdo. Regressaremos a tal diferença em particular quando surgir a questão sobre onde devemos começar na história da filosofia.

O que temos de considerar na história da filosofia são os pensamentos na forma do pensamento; mas são *pensamentos definidos, cheios de conteúdo.* – O conteúdo pode ser mau, mas apesar de tudo deve neles existir. Os géneros na história natural são assim algo de universal, mas aqui o universal é apenas formal; o conteúdo é algo de diferente, um animal ou uma planta singular. Mas na filosofia o conteúdo não é diferente da forma; não devemos, primeiro, tentar fazer dele um género. A filosofia nada tem essencialmente a ver com o formal, com a simples forma do pensamento, mas o conteúdo deve ser inerente ao próprio pensamento. Há pensamentos cheios de conteúdo, dos quais nos ocupamos na filosofia. O conteúdo é Deus, a natureza, a alma, o espírito. Uma coisa assim é um conteúdo em si mesmo. Deus é apenas um só no Espírito. Sem dúvida, fazemos imagens suas. Mas assim não é correctamente apreendido. Ao filosofarmos sobre a natureza, procuramos concebê-la, conhecer o interior, não o sensível, o que fica à superfície. O interior são as suas leis; estas são o essencial. A ciência consiste em mudar o essencial para a forma do pensamento, de maneira que tais leis não são simples fragmentos vazios, mas o verdadeiro, o efectivamente real. – Por conseguinte, temos de nos ocupar com pensamentos cheios de conteúdo e, claro está, com pensamentos em que o conteúdo (as determinações do pensamento) se extrai do próprio pensamento. A semelhante teor chamamo-lo em geral também Razão – o que em si e por si é pleno de conteúdo. Este tem a sua fonte no pensar, no νους, não apenas no pensar subjectivo (enquanto concebemos o pensar na nossa consciência), mas no pensar em geral, no νους divino. – A Razão na forma do pensamento, a Razão pensada, eis o nosso objecto.

Embora assim se permaneça no geral, dissemos que lidamos com a história da Razão, a qual se produz na forma do pensamento. Na história da filosofia, temos, pois, o racional, o pensamento, a Razão pensante como objecto enquanto há algo que possui uma história, isto é, que entrou no tempo, que sofreu múltiplas transformações, tem atrás de si muitos acontecimentos e acções – uma série de criações da Razão pensante. Isto parece ser imediatamente uma contradição em si. A Razão, o pensar concreto, é eterna, é um reino eterno da verdade; há nela uma eterna serenidade, uma eterna bonança; foi, é e será, não se modifica; e, em seguida, temos ainda uma história da Razão pensante; e o que aconteceu, o que existe, é que surgiu uma grande quantidade de tais pensamentos sobre o racional, uma tal quantidade de razões pensantes.

O que se nos depara, ao acercar-nos da história da filosofia, é a quantidade de filosofias. Mas a filosofia deve ser apenas *uma só*, o saber pensante acerca do racional. – A multiplicidade das filosofias é um tema favorito dos que negam e ignoram a filosofia. Em virtude de haver tantas filosofias tiram a conclusão de que não existe nenhuma. Ou afirma-se que não é possível conhecer a verdade, isto é, não se pode chegar à consciência da razão. O conhecer revela-se assim de uma vez por todas como nada. Os que pressupõem a inexistência de qualquer filosofia, ou afirmam que não se pode conhecer a verdade, agem em parte de um modo inteiramente mágico. Quando se pronuncia a palavra conhecer, apartam-se, como se deste modo a solução se alcançasse. Quem afirma uma coisa assim não chegou à altura da época. A palavra conhecer actua, pois, de um modo mágico, revulsivo. [Mas conhecer nada mais significa do que ter conhecimento e discernimento de algo. Não posso crer em nada que não conheça, de que não discirna especificamente a sua natureza e necessidade. Se acredito em algo, conheço-o firmemente (quase?).] – Quem afirma que não se pode conhecer a verdade nada sabe da verdade, baseia-se, pois, sobretudo na multidão das filosofias; e a história da filosofia é-lhes bem-vinda, porquanto julgam poder nela mostrar que a razão pensante desembocou apenas em aventuras e erros. A razão pensante, dizem eles, andou somente a vaguear, não encontrou o reino do pensamento; não há caminho algum para a verdade. E acrescentam: há muitos erros porque o verdadeiro não se pode conhecer. .A história da filosofia ostenta unicamente o espectáculo, a tentativa infeliz e fracassada de chegar à verdade; é um campo de batalha onde por força apenas se depara com cadáveres.

A Razão é só uma; apreender a razão pensante também só pode ser uma coisa; por conseguinte, há somente uma filosofia. E, no entanto, existem várias. Queremos elucidar semelhante contraste. Houve quem se aventurasse a concepções que aqui não se podem provar, mas que importa abordar. – Conseguiremos assim uma introdução sobre a relação das múltiplas filosofias com a única filosofia. – O outro objecto é o nexo da história da filosofia com a história das outras ciências. Já na menção dos números, das épocas, em que a filosofia se desenvolveu, existe uma conexão com grandes povos. Veremos a filosofia migrar de um povo para o outro. Temos de considerar os pontos de vista gerais do nexo com outras histórias – da arte, da história, «política», dos povos, etc. O Espírito, que compele à unidade, tem já de antemão a suspeita de que ele assim como não existe sem vinculação com as formas da religião, da constituição política, da arte, etc., assim também não estará sem ligação com a filosofia. – O terceiro ponto será este: onde havemos de situar o começo da filosofia? Prende-se com isto uma divisão que não é simplesmente extrínseca. Já sugerimos até que ponto as diferentes filosofias se encontram fundadas no conceito. Visto que a história da filosofia é a história da Razão pensante, e porque impera a fé de que na história se avançou racionalmente, se, além disso, temos a fé na Providência e devemos supor que a história não se fez sem ela, temos igualmente de supor que não temos diante de nós uma série de pensamentos casuais. Por conseguinte, na introdução, patentear-se-á a necessidade da conexão. – Em quarto lugar, acrescentar-se-ão alguns elementos sobre a literatura. Mas temos a ver com a filosofia, não com a história dos filósofos e da difusão das suas doutrinas. Isso pertence à situação externa.

Primeira parte da Introdução

Relação entre as muitas filosofias e a única filosofia

Em primeiro lugar, há que proporcionar uma ideia sobre qual o motivo por que a razão pensante teve uma história. Não podemos aqui mergulhar profundamente no conceito da coisa, no lógico, mas devemos tentar fazer a tal respeito uma ideia. Esta noção é apenas preliminar, introdutória. Em seguida, semelhante noção deve verificar-se no que a própria história da filosofia tem para oferecer. Ela é, pois, uma condensação geral do que na história da filosofia se apresenta desmembrado.

[Segunda hora]

Uma vez que a história da filosofia surge como uma série de manifestações casuais, das quais uma suplanta a outra, o objecto que consideramos é então a actividade, as acções, a história da razão pensante e da sua consciência de si na forma do pensamento puro. – O primeiro ponto é que a consciência da Razão pensante é, antes de mais, o que serve de fundamento, o originário (υποκειμενον); em segundo lugar, esta consciência não se realiza de repente, mas tem de se elaborar e produzir. Pode-mos conceber este produzir-se na expressão geral de *desenvolvimento* e dizer a razão pensante só se transforma no que é, enquanto se apreende na forma do pensamento; desenvolve--se. Tal desenvolvimento é uma representação simples, que temos de reter. Em rigor, de dois modos: 1. que a Razão pensante se deve desenvolver, e 2. que é desenvolvimento. O que está implícito no desenvolvimento, após transposição para a filosofia, é que deve haver uma série de manifestações da filosofia. Não se explicará aqui mais em pormenor que o Espírito pensante se deve desdobrar.

O germe deve desenvolver-se, e igualmente o racional na criança; a criança é racional e não racional, pois a razão já existe decerto segundo a disposição, mas não se encontra ainda elaborada. O inorgânico, o morto, não se desenvolve. O vivente deve fazer-se o que em si é. O espírito deve, primeiro, tornar-se exterior, pôr-se fora de si, tornar-se objecto seu, para ter uma consciência de si. Eis a especificação geral de desenvolvimento. Em seguida, semelhante desenvolvimento é uma *série de estádios*. Temos disso o exemplo no homem; o homem é criança, adolescente, jovem, adulto e ancião. Igualmente na planta. No germe, encontra-se determinado que figura, floração, etc., a planta deve ter; mas estas emergem uma após outra. A emergência é uma série de estádios; e tais estádios são necessários. O fruto não pode existir sem se terem produzido os estádios anteriores. Segundo esta analogia, devemos também imaginar o desenvolvimento do Espírito, da Razão pensante, para assim chegar à consciência de si mesmo. O autodesenvolvimento do Espírito é o objecto da história da filosofia. Este desenvolvimento passa por estádios. Cada estádio é necessário, é condição do que vem logo a seguir. – Surge então o momento negativo, uma determinação negativa. A planta, que emergiu da terra, tem caule e folhas; eis a sua figura, o seu ser determinado. Em seguida, desenvolvem-se os ramos; eis algo diferente, uma outra figura diversa do caule; este é, por assim dizer, uma linha que se dispersa em várias linhas, portanto, é negado. Depois, os rebentos. Estes botões são refutados pelas flores. Estas podem justamente ser o que para nós tem interesse; alegramo-nos com as flores; eis para nós o fim último; mas não é ainda a meta derradeira das plantas. A florescência deve desaparecer, ser rejeitada, negada; eis o momento negativo. A partir da flor desenvolve-se agora o fruto. Temos assim uma série de estádios, dos quais cada um é negado e, no entanto, também não é negado. A flor é refutada pelo fruto; isto não significa que a flor não exista; ela é essencial; e no entanto deve desaparecer. Mas o fruto contém toda a força das criações anteriores.

    Podemos ainda também conceber de outro modo o momento negativo. Os estádios do desenvolvimento seguem-se uns aos outros, segundo o tempo. O mesmo acontece no desenvolvimento do conhecimento de um objecto externo, cujas partes se encontram no espaço. Os europeus descobriram assim, na direcção do Oeste, as Ilhas Canárias. Foram consideradas como a fronteira do mundo. Isto foi refutado; mais tarde, descobriram-se os Açores. Igualmente eles foram a fronteira; de novo tal foi refutado. Colombo descobriu a América e considerou-a como uma parte da Ásia; mais uma vez isto foi refutado; e, no entanto, as Ilhas Canárias, os Açores permaneceram e pertencem como partes essenciais ao nosso conhecimento da Terra. Devemos, segundo estas imagens, conceber também o desdobramento da razão, que se apresenta na forma do pensamento. Na história da filosofia, há formas e estádios diversos; são as formas e os estádios do único mundo inteligível. Semelhante mundo descobre-se. Nos Eleatas, por exemplo, Deus é o Uno; este surge como o último o verdadeiro. Semelhante descoberta considerou-se como o limite do mundo inteligível; mas foi refutada. Foi-se além dela, tal como os navegadores transpuseram os Açores. A descoberta de que Deus é o Uno foi refutada; no entanto, tal determinação também permaneceu; o que se refutou foi apenas que ela seja a última determinação, o estádio mais elevado. É deste modo que temos de conceber a refutação. Todas as filosofias foram refutadas; os princípios de todas as filosofias foram negados. Mas o negar é apenas *um* lado; com efeito, tais princípios são ao mesmo tempo pensamentos essenciais, especificações essenciais do pensamento. De igual modo se mantiveram. – É a viagem de descoberta do mundo do pensamento, da verdade eterna, simples e que em si descansa. Mas, ao mesmo tempo, o mundo do pensamento não é algo de simples como o Uno dos Eleatas. O Todo não se apreende com *uma* representação, um pensamento. O reino do pensamento não se alcança mediante abstracções tão simples... A concepção que constitui o fundamento do modo como leccionamos a história da filosofia é a seguinte: a Razão tem um desenvolvimento, a evolução é verdade; há nela negações que se ab-rogam entre si; ela possui, por isso, um momento negativo; mas persiste igualmente um momento positivo; e este decurso evolu-tivo é necessário. Eis o que importa mostrar. A demonstração consiste em que a história da filosofia se exporá a si mesma como o decurso do desenvolvimento.

Mas, no entanto, o decurso do desenvolvimento na filosofia parece ser outro. O que nela se desdobra não são objectos especiais, de que vários, enquanto partes, podem estar no meio do espaço em que o Todo surge, em seguida, como um agregado do individual. Na realidade, as coisas passam-se de outro modo com os princípios filosóficos. Por isso, a imagem, a comparação com a viagem da descoberta, não parece ser adequada. Com efeito, todo o princípio da filosofia é simples, é um princípio que exclui os outros princípios. O que importa agora é ver mais de perto qual é a natureza de tal *simplicidade*. Todo o princípio filosófico é simples, mas abstracto. A filosofia tem a ver com o simples, com o que é em si. Cada princípio pa-rece ser assim incompatível com os outros. Nesta concepção, temos sempre de lutar com a abstracção. Os Eleatas afirmaram que Deus é o Uno, isto é, o simples. Ora, o Uno, o simples enquanto tal é inteiramente vazio. Em seguida, porém, também o simples pode ao mesmo tempo ser concreto, múltiplo em si de modo que, sem dano para a diferença, a unidade permanece. Temos o exemplo no nosso espírito. Se alguém diz, sou o Uno, sou simples, sou um ponto, ou sou um só comigo mesmo, imagine-se o eu como o perfeitamente simples; nada há de tão simples como este eu. Mas, a propósito do eu, sabemos que ele é ao mesmo tempo um mundo em si. Cada homem tem em si um mundo (o mundo inteiro); é nesta simplicidade um abismo, que encerra em si uma multidão infinita. Quando sobre si reflecte, se recorda, etc., então extrai-se a riqueza que em si existe no uno. Por conseguinte, o eu é inteiramente simples e, ao mesmo tempo, é em si uma tal multidão, uma tal riqueza. Quando, porém, dizemos: Espírito, em vez de eu, não temos de antemão a representação de algo de abstracto, mas a de que ele é um organismo vivo. O Espírito deve ser uma totalidade; e, no entanto, a totalidade deve ser tão simples como eu. – Eis o que se deve ter diante dos olhos, ao dizer-se: simples. O Espírito é simples, mas rico em si: é uma riqueza orgânica, sem perder a sua unidade. – O Espírito ou a Ideia é também simples, mas já temos a representação de que ele é uma riqueza em si, algo de em si concreto, e não apenas abstracto para si. O Espírito é algo de concreto efectivamente vivo.

Ao atermo-nos às estipulações de que o simples não precisa de ser o vazio, esvai-se a aparência, de que já falámos, como se o simples excluísse de si o diferente. O simples, por ser em si concreto, é em si diferente. O simples enquanto concreto contém em si mesmo concreto, é em si também o diverso, por conseguinte, não é essencialmente exclusivo perante o múltiplo, o diferente, mas pode igualmente conter em si o diferente.

Estabelecemos como base estas determinações.

Com elas se conecta o ponto seguinte: *O desenvolvimento é necessário,* e consiste em que o simples se torna sempre mais concreto.

[Terceira Hora]

No progresso do desenvolvimento do pensamento, está presente a necessidade. Assim como em geral existe no mundo a Razão, assim também há necessidade no desenvolvimento do racional; isto é, o verdadeiro desenvolveu-se segundo o que ele é. É uma série de determinações do pensamento, das quais uma resulta da outra. A mesma sequência de pensamentos existe também no desenvolvimento lógico, que a ciência expõe de modo puro. O decurso na lógica e este devem ser *um só.* Este revela-se então quando concebemos correctamente a progressão do pensar que se desdobra e fazemos uma distinção entre o que emergiu historicamente e o que é científico. Sob um aspecto, é, pois, diversidade. Mas, nos pontos principais, o progresso no lógico e na história deve ser *um só.* A lógica é uma prova para a história da filosofia, e vice-versa. As configurações no desenvolvimento histórico são mais concretas; para se poderem apreender, importa realçar os princípios e poder conhecer um no outro.

Não lidamos com manifestações casuais, de modo que em cada época tanto poderia surgir uma filosofia como a outra. Temos diante de nós o progresso da Razão pensante. Ela nada abandona à aventura e às casualidades. Os indivíduos, que vemos sobressair na história da filosofia, têm decerto a aparência da particularidade. Mas os indivíduos são portadores apenas de algo de necessário em si e por si. A grandeza dos indivíduos consiste em terem feito do necessário em si e por si o seu interesse. — Por isso, também nada há que faça de novo reviver a filosofia platónica. Esta teve a sua época. O Espírito acrescidamente desenvolvido penetrou mais profundamente em si. O que segundo a coisa foi necessário constituiu uma necessidade dessa época. A necessidade está contida na progressão da coisa. Cada filosofia apareceu na sua verdadeira época. Nenhum indivíduo pode ir além do seu tempo; o seu tempo encerra o princípio do seu Espírito. Sem dúvida, podemos preocupar-nos com o futuro; podemos pretender experimentar este ou aquele [elemento] de um futuro. Sem dúvida, o último reside no presente; mas se verdadeiramente o queremos experimentar, então queremos ter um outro presente. Nenhum indivíduo foi também além da sua época... Na história da filosofia, facilmente nos aparece como contingente o que em si é necessário, isto é, quando olhamos as configurações da mesma como feitos ou paixões de indivíduos. A outra abordagem é segundo a necessidade do progresso. Temos agora de investigar *o modo do progresso* e inquirir até que ponto o que se segue já reside no precedente. Deve logo aqui observar--se que o começo enquanto começo é o simples, isto é, o abstracto. O primeiro é justamente o rudimentar, o ainda não avançado. Os princípios das filosofias mais antigas são, assim, inteiramente abstractos. O mais abstracto é o mais fácil; é o que mais facilmente pensa um entendiment sensível. O sensível pode nele ser rico, como nas mitologias; mas o conteúdo do pensamento é pobre. O pensamento, o pensamento determinado é ainda interamente abstracto, de todo geral. O progresso consiste em transitar para ulteriores determinações. Forma-se uma pluralidade, uma riqueza de determinações, de modo que a unidade permanece, mas ao mesmo tempo em si se determina, em si se aprofunda. O aprofundamento em si é igualmente um sair de si, mas que preserva as determinações na unidade. O pensamento condensa em si as determinações. O progresso consiste, pois, em avançar do abstracto para princípios concretos, isto é, justamente segundo a necessidade. Há uma série de filosofias, cujos princípios parecem ser entre si diferentes; mas comportam-se umas perante as outras de tal modo que as posteriores são apenas mais determinadas do que as precedentes e contêm estas em si. Tal série constitui-se, pois, segundo a necessidade da coisa. – Surge, em seguida, a manifestação em que a consciência unifica esta recíproca separação. Elas são reunidas num ramalhete. Assim, a filosofia platónica unificou as precedentes numa só coisa. Platão estudou e acolheu em si as filosofias anteriores e ligou-as num conceito concreto. Também não é eclecticismo extrair para si o melhor. A Ideia filosófica é unidade essencial – mas não porque se deva tirar uma coisa daqui e outra dali. – Em seguida, veremos também períodos em que a reflexão descortinou a diversidade; mas a totalidade das esferas está ainda presente. Tais princípios são unilaterais, porquanto um se opõe ao outro. Vemos assim o estoicismo, em que o verdadeiro existe só mediante o pensamento, e o epicurismo, em que a sensação é a verdade e, por fim, o terceiro, o cepticismo, que não pretende nem um nem o outro, mas se comporta negativamente perante ambos. Encontraremos assim novamente um ponto na filosofia alexandrina ou neoplatónica, em que se trata da oposição do [elemento] platónico e aristotélico. — Uma consciência mais elevada sabe que os princípios de todas as filosofias estão preservados; têm apenas uma outra posição, a saber, a de que semelhante determinação do pensamento é apenas uma particular, não a última. Assim como os Açores não são o extremo, mas somente parte da Terra e, no entanto, persistem, assim também se preservam necessariamente os princípios de todas as filosofias. — Depreende-se que a filosofia do nosso tempo deve ser a mais concreta. O progresso não é um progresso segundo fogos fátuos; é um progresso racional. Cada filosofia representa um estádio necessário do pensar. A nossa filosofia constitui essencialmente o resultado histórico de todas as filosofias precedentes. É a obra de 2500 anos. É o que o Espírito para si elaborou. — O progresso determina-se do abstracto para o concreto. — Eis o segundo ponto, que queríamos relevar.

Por conseguinte, nenhuma filosofia foi refutada; o aspecto negativo consiste apenas em que elas foram reduzidas a particularidades, em vez de serem a conclusão, como antes. A história da filosofia é, pois, a justificação de todas as filosofias. Conhecer melhor do que todas as anteriores é a esperteza vazia. Todas são unilaterais; mas, removida a unilateralidade, permanece o conteúdo. O subsequente une em si todo o precedente. Se desdobrarmos puramente o pensamento, encontramos nele todos os princípios da filosofia. Nenhum trabalho do Espírito se perdeu; e daqui segue-se uma *terceira* determinação, que importa relevar: na história da filosofia, não temos a ver com o passado, nem com o pensamento de outros. Temos a ver com o presente e, sem dúvida, com o presente mais vivo. — Ao filosofarmos, prestamos conta do pensamento. O pensamento é sempre também o nosso pensamento. É igualmente assim nas outras ciências. O essencial é aí humano e, portanto, nosso. Mas nas outras ciências o ponto de vista particular de tal modo se tornou um todo que já não é um todo nosso. Não podemos adentrar-nos inteiramente com o nosso espírito. Podemos decerto compreender a vida dos romanos e dos gregos, mas não podemos pensar que conseguiríamos prostrar-nos diante da estátua de Júpiter. Mas a filosofia e o pensamento gregos são puros; podemos neles estar. Na filosofia, encontramo-nos no presente, no reino do pensamento. — Na época moderna, a tendência historiográfica obteve o predomínio, a preponderância. Tem-se então a ver com coisas que não são as nossas. Vai-se apenas ao histórico; envidam-se esforços, empenha-se industriosamente e diz-se que se deveria fazer algo para investigar os conhecimentos e as opiniões dos outros. Procura-se assim preservar de si o assunto, manter fora o seu ânimo. Elimina-se deste modo a verdade; eis uma renúncia a poder apreender a própria verdade. Pode muito bem acontecer que alguém tenha muitos conhecimentos históricos sobre a religião. Mas se se lhe perguntar — «Que tens a ver com isso?» —, ele faz como se, em tal questão, nada lhe importasse, como se apenas fosse preciso saber o que outros a tal respeito supuseram.

[Quarta Hora]

Por conseguinte, na história da filosofia, encontramo-nos no presente. O que de início surge como passado deve aqui ser actual. *Nostra res agitur*. Não há que lidar com incidentes estranhos; a ocupação com incidentes estranhos é ociosa. Importa que nos tenhamos por dignos de considerar tudo o que foi pensado como o nosso pensar. Isto não tem o sentido precoce de que, à míngua de pensamentos próprios, se devem buscar os estranhos, pois, mediante tal busca, se deve prevenir que, por assim dizer, vagueemos no incerto. — Temos o direito de considerar o outro como um estranho quando a humanidade, que em si deve nele haver, já passou. Mas aqui temos a ver com o puro pensamento. Os homens são aqui iguais. Estamos aqui longe de todas as particularidades. — Atribui-se à filosofia o orgulho de querer conhecer o que é verdadeiro; e a esta presunção contrapõe-se a resignação... A presunção, porém, consistirá antes em o sujeito imaginar ter, perante os outros, uma particularidade que seria mais excelente do que a deles. Na filosofia, temos a ver com o pensamento; graças a ele, o homem distingue-se do animal. O pensamento é o universal; por meio dele, estabelecemo-nos com os outros num ponto de vista comum; não se pretende impor à particularidade do seu coração, do seu génio. Todas as particularidades se põem nele de lado, se extinguem. O pensar é o universal em si e para si. Viver no seu solo é a suprema humildade. A humildade consiste em pôr de lado todo o relevo, toda a peculiaridade e afundar-se no afazer do universal. Lidamos, pois, com o presente, isto é, com o universal em que o particular se esvanece. Uma obra de arte pressupõe o génio, mas todos a reconhecem. O indivíduo que a cria não deixa nela perceber o seu génio, mas exibe a coisa. Por isso, já na obra de arte toda a particularidade se encontra perimida no objectivo. Mas isto verifica-se ainda mais na filosofia, em que já não ingressa nenhum elemento natural; a obra de arte tem ainda como fundamento algo de natural. O ponto de vista da filosofia é o inteiramente universal. É o talento mediante o qual o homem é homem, o pensar. – Não lidamos com particularidades, mas com o universal, o pensar. – Não lidamos com particularidades, mas com o universal, com o oposto da particularidade.

Há ainda que mencionar uma palavra sobre a *imparcialidade* que também um historiador da filosofia deve ter. Afirma-se prematuramente que é necessário proceder de um modo historiográfico, isto é, o historiador da filosofia deve apenas narrar o acontecido, não deve buscar o seu sistema na filosofia descrita, não deve julgar a filosofia a partir do seu ponto de vista. Esta exigência de imparcialidade tem um duplo sentido. Num deles, é justa; tomar partido é ter um interesse particular, representar uma preocupação unilateral. Face a tal unilateralidade, é imperioso fazer valer o que se nos depara. A sua supressão expressa-se já no que se diz, ao querermos considerar o pensamento na sua determinação constante.

O outro sentido é habitualmente o seguinte: não se tomar partido algum pela filosofia, mas ter a noção de que importa narrar apenas erros, opiniões (o que coincide com a minha – o que considero por tal, δοξα). Na história da filosofia, diz--se, teríamos apenas a ver com tais opiniões e representações particulares. Eis uma imparcialidade que é simplesmente negativa, que não tem fito algum.

Perante esta imparcialidade, o historiador deve tomar um partido. O objecto que ele escreve deve interessar-lhe. Uma exposição correcta é a que tem uma relação com o objecto, e é essencial que tal se exiba. Semelhante parcialidade é necessária. Se descrevo a história romana, é porque o Estado, a sua constituição interna, a sua relação com outros Estados, é o que me interessa. Eis o essencial. Tudo o mais se relaciona com ela e deve a ela referir-se na minha exposição. Como cronista, posso enumerar infinitos pormenores, que já não concernem ao Estado. Mas uma historiografia adequada deve saber o que é essencial; toma partido pelo essencial e atém-se ao que com ele se relacione. Por conseguinte, também na história da filosofia se deve tomar partido pelo pensamento e realçar o que nele se inscreve. O fim não é, pois, a individualidade, o modo como ele se preserva e apresenta, mas o próprio pensamento. Afirma-

-se: «Haveria que realçar o importante e o essencial.» Muitas vezes, as palavras abarcam muitos aspectos e nada dizem; pergunta-se se, de facto, se sabe o que é importante. Na história da filosofia, o fito é o desenvolvimento do pensamento. Por ele se toma partido. Existe também aqui uma imparcialidade, que diz: «Comportando-se como espectador, mostrar-se-á de que modo o desenvolvimento ocorre. Importa ser isento, sem preconceitos.» Esta imparcialidade é simplesmente negativa, é mesmo nada. Se não se tem qualquer interesse no pensamento, se não se reconhece o fim da história da filosofia, o desenvolvimento do pensamento, então, também não se pode expor. Tennemann é, pois, um historiador da filosofia. Foi-lhe feita a censura de que a sua exposição não era correcta. Ele declara a tal respeito que é filosofia kantiana o que expõe; que sabe não ser possível conhecimento algum. Em semelhante imparcialidade pela verdade, não há nenhuma subordinação, nenhuma distinção, nenhuma referência a um fim.

Eis os pontos de vista que podem vir a considerar-se, quando se deve falar sobre o que constitui o fim da história da filosofia.

Segunda parte da Introdução

*Relação da História da Filosofia
com as restantes Histórias*

Esta relação é por si muito extensa e interessante, mas também aqui nos devemos restringir aos pontos de vista gerais.

I.

Já se referiu que a filosofia em geral tem por objecto o pensamento determinado, o conceito, por conseguinte, o que a coisa é em si e para si.

α) Aqui, importa agora pressupor ainda que o Espírito de um povo é individual. É um espírito que em todas as ramificações em que se realiza é um só e o mesmo e imprime a sua especificação em todas as esferas do seu ser determinado. Vemos a destreza, a arte, a religião de um povo, o seu direito, a sua constituição, etc.; eis as principais diferenças, as esferas aparentes do ser determinado do Espírito. A consideração de como estas se coadunam mais intimamente entre si devemos deixá-la para a filosofia do Estado. Deve tomar-se como mote que o Espírito de uma época se insinua em todos estes ramos diversos. — Entre tais ramos, focamos agora a ciência em geral, sobretudo a filosofia. O Espírito traz nela à consciência o puro conceito da sua essencialidade. A filosofia é, pois, a suprema floração entre os ramos que o Espírito traz à existência, nos quais a si se elabora. É o seu si mesmo mais íntimo, o ser verdadeiro que nela vem à consciência e, claro está, do modo mais puro, na forma do pensamento. A arte, a religião, o direito, etc., não surgem no pensamento como tal. — A filosofia é o conceito da figura total do Espírito, da essência total que propõe diante de si, o centro simples que congrega todos os raios. — Eis tanto quanto aqui se deve em geral relevar.

β) Em segundo lugar, importa observar que o princípio de um espírito, na sua forma de pensamento, se encontra em oposição à realidade efectiva em que se expressa.

[Quinta Hora]

Em seguida, pode observar-se que a filosofia, em virtude de o ideal, o pensamento, ser o seu elemento, tem em si imediatamente algo de negativo, uma oposição face à realidade. A consciência acerca do Espírito, que a filosofia proporciona, não é a consciência viva, que um povo tem nos seus costumes, na religião, no direito, etc., nem é a realidade viva de um povo, ou a sua actividade efectiva — nem as virtudes desta actividade efectiva que têm por interesse o Estado, e por fim o interesse da pátria; mas é a consciência abstracta do todo, a forma ideal deste Espírito, que surge como a forma da irrealidade. Eis um contraste essencial; e vemos assim o nexo da filosofia com a história de tal modo mais especificado que a filosofia surge num povo e se impõe justamente quando se tornou forte a necessidade do ideal; e a necessidade do ideal reforça-se quando teve lugar uma ruptura na vida dos povos, quando a sua felicidade já pertence ao passado, quando irrompe o colapso, quando os indivíduos já não se satisfazem com os interesses do ser determinado, isto é, da sua vida política efectiva, e já não põem nesta actividade a sua mais alta determinação. Já não satisfaz então a realidade efectiva, a eticidade de um povo; a satisfação situa-se então no reino do ideal. O Espírito retira-se do presente e busca um lugar que não é uma existência actual, mas um além seu; é ele o lugar do pensamento. Por isso, vemos então a filosofia surgir nos povos.

Importa, pois, mencionar brevemente as épocas históricas na história da filosofia; e então logo se revela por si mesmo o que agora se disse acerca deste ponto de vista. Quando a vida jónica entrou em decadência, surgiu a filosofia jónica. Atenas tornou--se o centro da filosofia grega quando a ruína se insinuou na sua vida política. Em Roma, a filosofia só emergiu na época dos imperadores romanos, época em que a vida política decaiu, em que o arbítrio se consolidou e também o direito, mas que somente visava o interesse do indivíduo, em que os singulares tinham liberdade enquanto pessoas, não enquanto congregados na existência política. De igual modo, na história da vida germânica, só vemos emergir a filosofia quando uma condição determinada, uma elaboração definida no Espírito transita para outra, pois aquela tornara-se por si insatisfatória.

γ) Nas épocas em que a existência política se inverte é que a filosofia tem o seu lugar; e tal acontece então não apenas porque em geral se pensa, mas porque o pensamento vai à frente e reconstrói a realidade efectiva. Com efeito, quando uma figura do Espírito já não é satisfatória, a filosofia lança então um olhar acutilante para discernir o elemento insatisfatório. Ao surgir assim, a filosofia, mediante um discernimento determinado, ajuda a intensificar e a fomentar a ruína. Só que não se lhe pode censurar tal coisa. Com efeito, a ruína é necessária; uma figura determinada do Espírito só é negada porque existe nela uma deficiência fundamental. Por outro lado, a filosofia é o meio de satisfação, a consolação em semelhante realidade efectiva, em tal infelicidade do mundo – a fuga para a idealidade livre, para um reino livre do pensamento, precisamente porque o Espírito, que não encontra a sua satisfação no ser determinado, retorna a si. Proporemos em geral esta consonância das revoluções políticas com a emergência da filosofia. Mas não faremos a exposição como se esta fosse a causa e aquelas o efeito.

No tocante ao político, pode ainda indagar-se em que constituição surge, em geral, a filosofia. Importa dizer que ela só tem lugar onde a liberdade do Espírito é princípio. No mundo oriental em que, em parte, a liberdade apenas pode esvanecer--se e, em parte, unicamente domina o arbítrio, não há e não pode haver qualquer filosofia. Fica-se aí em abstracções inteiramente gerais. Só onde o Espírito enquanto livre se torna consciente de si é que a filosofia pode emergir. A liberdade é o fundamento essencial do ser determinado, a liberdade suscita para si um mundo. Só em tal condição pode a forma também sobrevir a este conteúdo, e a forma da liberdade, isto é, a forma mais apropriada, a mais pura, para a liberdade, é o pensamento. Ele é o puro e simplesmente universal, o livre em si. Veremos, pois, que, no mundo grego, se produz o genuíno começo da filosofia; e também no mundo germânico, em que existe o princípio do Cristianismo, isto é, um princípio que é mesmo

a liberdade do espírito – (Cristo libertou o mundo; tal libertação é essencialmente por meio do espírito) – por conseguinte, o lugar onde necessariamente deve surgir a filosofia é nesta situação de maior liberdade. Justamente no mundo germânico, o pensamento surge por fim com tal preponderância da consciência que ele se torna e, em último análise, é o que determina o mundo político, a constituição, e opera as revoluções, as remodelações do Estado – que o pensamento é essencialmente o que determina a partir de si a coisa, o direito, etc.
Eis os pontos de vista gerais que subjazem à relação da filosofia com o político.

II.

Podemos abordar a filosofia também na *relação com a história da arte*. A arte surge juntamente com a filosofia e a religião. A arte bela, livre, desponta ao mesmo tempo com a filosofia ou também um pouco antes dela, quando a vida real sadia dos povos já não se satisfaz no seu ser determinado. A arte tem também como seu fito algo de ideal. A arte grega tem assim a sua floração na mesma época que a filosofia grega. A insuficiência da vida suscita para si um reino da idealidade, um reino das ideias, como conceitos ou como intuições. O mundo inteligível da filosofia é apenas ainda mais abstracto do que o mundo ideal da arte. Por isso, no século XV, na convulsão e no desaparecimento do feudalismo, vemos também a arte a emergir livre para si – a arte parece ser uma promoção da religião; mas, em segredo, tem perante a religião a mesma posição que a filosofia. O seu fito é que o homem produza a partir *de si* e gere outras configurações diferentes das da religião, configurações que devem ser mais satisfatórias para o espírito humano do que a satisfação que a religiosidade garante.

III.

Queremos ainda fazer uma observação mais pormenorizada sobre *relação da filosofia com a religião* e, claro está, sobre o modo como ela se constitui *na história*. Se a concebermos no modo que assume na história, os dois poderes, o poder do pensamento e o da religião, parecem ser reciprocamente hostis. Mas devem em si e por si harmonizar-se mutuamente. Com efeito, na religião, os povos expressaram o que imaginaram como a essência do mundo, da natureza e do Espírito, como a substância de tudo. Foi na religião que os povos significaram o que de verdadeiro há no mundo. O homem eleva-se nela acima da sua particularidade, acima da sua indigência, fortifica-se no que é a verdade absoluta, saboreia o trato com o absoluto. Mas a devoção é somente um cismar. A filosofia é o pensar do que é verdadeiro em si e por si. Ambas têm assim um objecto, um fito. Porque o verdadeiro, o verdadeiro em si e por si é um só, então a religião e a filosofia devem ter *um só* conteúdo. Mas a relação de ambas, tal como se revela na história, é inteiramente hostil.

A história da filosofia expõe a história da luta do pensamento livre com a autoridade da religião popular, da Igreja, com o que em geral chamamos religião positiva. Tal hostilidade e oposição vemo-la já na Grécia; vemos Sócrates a beber a taça do veneno; muitos outros filósofos foram banidos por causa da irreligiosidade. Também este antagonismo irrompeu no mundo germânico; vemos a hostilidade entre a Igreja Cristã e o pensamento livre avançar até ao desdém e ao sarcasmo num dos lados, e à fogueira, no outro. Quanto ao mais, também ainda hoje se concebe de modo indeterminado a posição de ambas.

Este antagonismo é de natureza múltipla; a natureza de tal oposição apresenta muitos aspectos. É possível em geral dizer-se: podemos concebê-la segundo *dois lados*. α) Segundo um deles, a oposição parece dizer respeito ao *conteúdo*. Na religião cristã, por exemplo, fala-se de um pecado original, isto é, de uma infelicidade para todos os homens, que teve lugar mediante a acção de um casal humano singular – algo de histórico que apenas aconteceu uma vez e se transmitiu como, por exemplo, as doenças naturais se herdam numa família e se desenrolam para além do espírito e da vontade. A este conteúdo vemos contrapor-se o pensamento filosófico. Por conseguinte, a filosofia parece estar em contradição com o conteúdo da religião. Quanto a este aspecto, a saber, que a filosofia parece atacar o conteúdo da religião deve fazer-se uma distinção entre o que é efectivamente conteúdo e o que surge e se deve considerar como forma. A forma facilmente aparece nela como conteúdo e se vira para conteúdo. Se aqui deparamos com o mal e temos, em seguida, uma acção que apenas aconteceu uma vez, pode muito bem acontecer que a filosofia se oponha a estas determinações, mas só enquanto ela as concebe como forma. Mas o conteúdo

235

essencial é que o mal como tal tem o seu fundamento no espírito, não numa acção única, nem numa naturalidade comummente extrínseca. – Por conseguinte, nesta acepção, conteúdo e forma devem distinguir-se.

β) Mas há ainda um outro aspecto segundo o qual se manifesta a oposição, aspecto que logo se toma como o formal. Tal é a *forma da autoridade*. Segundo esta perspectiva, a religião é positiva. O princípio da liberdade do pensamento é o que a filosofia faz valer perante a forma da autoridade. Se esta cisão fosse o passo derradeiro, o espírito humano estaria exposto a um destino infeliz. A religião é santa para o homem, mas igualmente sagrada é para ele a razão, o discernimento livre. Existe, pois, a questão da reconciliação destes dois lados, da mediação do conflito, que parece ser tão antigo como a própria filosofia.

Há falsas mediações que originam uma tranquilidade. Esta pode estabelecer-se em geral de dois modos, ou porque um dos lados se ab-roga de modo que o outro é predominante, ou porque ambos seguem serenamente o seu caminho e se mantêm por si como esferas separadas. O segundo modo foi muitas vezes apresentado de forma tal que incumbiria à filosofia o dever de deixar a religião seguir o seu caminho; deveria, sem dúvida, ter para si a liberdade, mas teria de deixar intocada a religião. O espírito humano, porém, a razão é intolerante; nada pode suportar a seu lado. É *uma* necessidade da filosofia e da religião. Ambas têm a ver com o que é absolutamente verdadeiro, com o mais íntimo. Como não pode haver dois âmagos, também não pode haver dois íntimos lado a lado; o mais íntimo é apenas um só. Mas ambas afirmam ser o mais íntimo. O choque de ambas, a discórdia das duas é, pois, inevitável. Que as duas pudessem por si seguir o seu caminho é, portanto, apenas uma ilusão, com a qual se pretende ocultar a discórdia, ilusão que muitas vezes se utilizou para proporcionar tranquilidade à filosofia face aos ataques da Igreja, e para assim se garantir a filosofia. É uma concepção falsa; só pode haver *uma* verdade.

O outro modo de tranquilidade consistiria em a razão se sujeitar a fé. A tentativa para tal fez-se ainda com maior frequência.

[Sexta Hora]

Na filosofia escolástica, deparamos sobretudo com a posição em que a filosofia está ao serviço da Igreja. A filosofia é nela apenas formal; tem como pressuposto algo de dado; a verdade existe como algo de firme por si, e a filosofia tem apenas a tarefa de sobre ele argumentar. O pensar é, em parte, somente formal, mesmo quanto ao fundamento; em parte, quando se trata do conteúdo, refere-se apenas a algo de subordinado, que é dispensado pela Igreja. Vemos, pois, aí a razão essencialmente ao serviço da Igreja. A filosofia é o elemento formal da fé eclesial. Mas não se julgue que o pensar entrou na servidão. Com efeito, o facto de o pensar se revelar também como consistente com as doutrinas fundamentais da Igreja não é nenhuma prova de que ele se tenha posto ao serviço da Igreja e não tenha por si mesmo encontrado tais resultados. Em geral, porém, o filosofar é menos livre, pôs-se mais ao serviço da Igreja do que para si é livre. Mas, na medida em que o pensar se torna entendimento mais livre por si, mais arrazoador, tem igualmente a posição de que os seus resultados se afastam das doutrinas das Igrejas. Esta possibilidade proporciona-se sobretudo quando se diz que a razão se deixa andar, que é fortuito se ela encontra o direito, a verdade, mais ainda, que é mais provável que ela envereda por caminhos errados. Teve assim lugar, pois, a posição de que a razão disputadora encontrou enunciados diversos dos da Igreja; e esta diferença foi também reconhecida. Afirmou-se então: sem dúvida, a filosofia demonstra isto e aquilo, o que se contrapõe justamente aos estatutos da Igreja; e também a razão discerne esta contradição; mas, porque contradiz a Igreja, sujeita-se assim à fé. Durante algum tempo, o filosofar tomou este rodeio e procurou deste modo preservar a paz (externa) com a Igreja. *Vanini, Galileu, Bayle* e outros duvidaram, é certo, das doutrinas da Igreja e entraram e oposição à fé, mas asseveraram que a razão se deveria sujeitar à fé, e eles também se submeteram. Mas *Vanini*, por exemplo, foi queimado. O que aconteceu foi que tais asseverações em se sujeitar à Igreja não garantiam fé alguma, mas antes nelas se descobria hipocrisia. É estranho que a Igreja, já que ela própria se funda na autoridade, tenha declarado que, se alguém chegou pelo pensar a uma compreensão contrária aos artigos da Igreja, é impossível sujeitar-se, isto é, que não é possível, na realidade, renunciar por seu turno a tal compreensão. Por conseguinte, a própria Igreja não aceitou semelhante sujeição à autoridade, uma tal sujeição do pensar, o qual se cultivou até à compreensão determinada. Ela declarou até como insolúvel a oposição entre fé e compreensão. Nesta cisão, a Igreja funda-se em última análise apenas na autoridade e exige a submissão à simples autoridade; pretende ser o [critério] supremo. E, contudo, não quer deixar vigorar uma simples sujeição; não só exige submissão, mas não quer, em geral, deixar vigorar o pensar, o argumentar, etc. Esta mediação, esta espécie de reconciliação, em que a razão se deve submeter à fé ou à forma de autoridade, já se manifestou; mas não é permanente, não constitui um modo verdadeiro de reconciliação. A elasticidade infinita da Razão, uma vez fortalecidas as asas do pensar, não se deixa assim sujeitar. A razão pensante constrói-se a si e não descansa, nem na oposição às simples pretensões da fé, nem para si própria; tem de chegar à meta. Na *sua* satisfação é que deve residir a satisfação de se descobrir reconciliada com aquilo que é a fé dos povos, a qual promana do Espírito livre. De qualquer modo, a religião cristã é a religião do Espírito. A suprema autoridade que nela existe é que o Espírito dá testemunho do Espírito. Ela é a religião do Espírito Santo, que Cristo anunciou e do qual afirmou que ele introduziria na verdade os seus apóstolos só depois da sua morte, após a sua partida do mundo da individualidade sensível. Este espírito do homem, que dá testemunho do seu espírito divino, é essencialmente também o Espírito na forma do pensar. A razão tem aqui um duplo direito, não apenas o direito que ela em si funda, mas também o direito à religião mediante a própria religião e, claro está, justamente a religião em cujo seio a filosofia deve surgir e com ela entrar em conflito. Tem a autorização para a si se votar, e a convicção de que tem de chegar à reconciliação com a religião. Terá a sua suprema garantia através do testemunho do próprio Espírito. – A forma da reconciliação mediante a sujeição não é, pois, a que a levou à meta.

Na outra vertente encontra-se a forma de conciliação segundo a qual a religião abandona por si mesma o que nela se chama positivo, por conseguinte, tanto o que parece ser conteúdo como igualmente o que tem a forma da autoridade – o seu elemento positivo. Foi o que vimos em particular na época do racionalismo, na Ilustração. Também então houve de certo modo uma reconciliação com a razão. Era a religião racionalista, esclarecida, a chamada religião racional, mas nada mais se abandonou a não ser as doutrinas fundamentais da própria religião, pelo que permaneceram apenas doutrinas gerais, superficiais, por exemplo, que há um só Deus, que um homem, Cristo, nos ensinou os Mandamentos de Deus e, por isso, apareceu como homem divino, etc. Semelhante reconciliação teve lugar só em geral, apenas de um modo superficial. A religião que se contenta com tal conteúdo é tão insípida como semelhante filosofia. O entendimento engloba no positivo tudo o que não lhe parece adequado. Mas, em seguida, é a filosofia que se encarrega do verdadeiramente positivo, daquilo a que no Iluminismo se deu o nome de doutrinas místicas, e o conhece. A filosofia é que justifica as doutrinas mais profundas, os mistérios da religião, isto é, as doutrinas especulativas, as doutrinas da razão. Naquela reconciliação em que tudo é insulso e chato, não se encontra satisfeita nem a profundeza da religiosidade, nem a profundidade da razão pensante. Ocupar-nos-emos com maior pormenor de tais formas na história da filosofia. São falsas conciliações. Na relação hostil de ambos os lados e nos falsos equilíbrios não nos deteremos em tal aparência, mas iremos considerar a coisa. Se nos ativermos apenas à hostilidade, se nos restringirmos simplesmente às manifestações do conflito, teremos diante de nós uma religião baça e, se procedermos à falsa reconciliação, depararemos unicamente com uma existência superficial. A própria história da filosofia é filosófica, temos nela de proceder filosoficamente. Ela indica-nos que os princípios da religião e da filosofia coincidem e que o progresso da filosofia e da religião é simétrico, como na relação entre Estado e filosofia. Por conseguinte, na religião, não nos fixaremos na cisão e em falsas conciliações. A religião e a filosofia têm inconscientemente como seu fundamento o mesmo Espírito, o mesmo princípio espiritual. A religião grega e a filosofia grega têm *um só* princípio; de igual modo a religião cristã e a filosofia cristã constituem *um só* progresso comum. Esta consonância que para nós existe em si contém a possibilidade de ela também avançar, na história, da consciência da oposição para a harmonia, de chegar à reconciliação efectiva.

Tendo assim indicado o ponto de vista principal, vamos mais longe. Mas, no conflito entre religião e filosofia, pode ainda mencionar-se uma forma, a saber, aquela segundo a qual se deu à filosofia o nome de *sabedoria mundana*.

γ) Em virtude de se ter posto a religião em oposição ao mundo, a filosofia aparece assim do lado do mundo. Por isso, os modernos procuraram de novo o nome de sabedoria mundana. O que lhe está inerente funda-se no antagonismo determinado e firme da religião ao elemento mundano. A religião deve conter o sagrado, o divino; dele se distingue a filosofia, que tem por conteúdo o não sagrado, o mundano; e exige-se que a vida em prol do divino, a consciência do sagrado, seja o elemento dominante e prevalecente, a que se deve sujeitar a mundanidade. Podemos, pois, divisar certamente como objectivo geral que o divino constitua o elemento dominante, que se impõe ao mundano e até no próprio mundano... Encontramos a reconciliação do espiritual e do mundano na forma da *teocracia*. O religioso é aqui o que penetra todos os círculos da vida, o centro de que são dependentes todos os outros pontos. As outras esferas, que a vida mantém separadas, são esferas particulares; congregam-se sob a mundanidade. A determinação principal é que nelas a vontade subjectiva tem a sua validade. Se esta vontade subjectiva chega à liberdade, quer impor-se, mas não deve. A vontade própria do homem deve antes sujeitar-se ao divino, ao lado espiritual. Sucede então de imediato que a vontade particular do homem se faz sentir e deve fazer sentir. E esta vontade humana particular começa a mover--se em toda a parte e começa igualmente a mover-se no centro a que o sagrado está confiado, a que é conferido na sua consciência o conhecimento do divino. Isto é pura e simplesmente comum aos dois lados. Um dos lados da teocracia é o sacerdócio (em Roma, os patrícios), que está na posse do santuário; do outro é o povo (os plebeus). Ora, ao agitar-se num e noutro lado a vontade subjectiva, a ideia de teocracia, que surge como o supremo, degenera imediatamente no arbítrio e na opressão.

Na história da filosofia, teremos de ocupar-nos do conflito em que a dominação do que constitui o divino surge em antagonismo com a vontade individual. Por exemplo, a «República» platónica assenta neste ponto de vista. – Na verdade, a mundanidade deve antes configurar-se por si, representar no seu elemento e nas suas esferas o divino, o espiritual, levando-o a vigorar em todo o particular. O divino deve representar-se no mundano mas, no entanto, de modo tal que a liberdade subjectiva não seja oprimida. Eis porque a filosofia se deve denominar sabedoria mundana. Por um lado, ela é sabedoria do mundo, mas também sabedoria do divino; sabe de Deus, não tem, aliás, nenhum outro conteúdo a não ser o que é apenas o verdadeiro e o que é vivamente verdadeiro na forma do espírito ciente. Eis o objecto que a filosofia tem, mas ela é também concreta, tem por objecto o facto de o espiritual aparecer, proporcionar a si mesmo um ser determinado, se realizar, se votar à existência, a qual surge precisamente como aquilo que se denominou mundano. O espiritual deve irromper nesta mundanidade; nela se insere a eticidade, a legalidade, a moral dos povos. Eis o Ideal na sua realidade efectiva. É essencial que este aspecto seja conhecido pela filosofia, porquanto a filosofia não é abstracta, não se encontra apenas no divino, mas porque o divino se desenvolve essencialmente no espírito humano e o espírito humano constitui a esfera a ele adequada. Ela é, pois, na realidade, sabedoria do mundo. Porque os povos se tornaram sábios no mundo, o poder da religião atenuou-se perante eles. Em virtude de os homens terem obtido uma consciência sobre a sua condição, o poder da Igreja começou a diminuir. – Eis a reconciliação que em si se levou a cabo, pelo que a Igreja, quando por si pretende considerar-se como o essencial e o preponderante, se subtrai à força peculiar do Espírito.

[Sétima Hora]

Ao impor a liberdade na oposição perante o positivo, a filosofia é sabedoria mundana. A esfera ultramundana, que dispensa o homem do fardo do terrestre, é a da religião. O oposto é a liberdade; tudo o que dela dimana é o mundano. A liberdade é, por um lado, arbítrio. Mas porque a liberdade é em si mesma racional e o subjectivo se determina segundo o racional, a liberdade, que deixa assim de ser arbítrio, tem em si o verdadeiro; ou porque a liberdade engloba em si o racional é também o que em si abrange o divino. A religião perde deste modo a relação exterior de ser como tal a autoridade firme; com efeito, a liberdade conhece em si e a partir de si o que é racional. Deste modo se desvaneceu a forma da autoridade. Quando, pois, a filosofia surge em oposição à religião, deve então pressupor-se, como se afirmou, que apenas existe uma Razão, uma Ideia, e que tal oposição é uma mera aparência, porquanto a razão pensante ainda não se apreendeu na sua profundidade. A meta da filosofia é então esta: captar em si o Espírito, a sua essência na sua profundidade e encontrar-se em harmonia com a profundidade que a religião em si contém. A história, que representa a cisão, a nós que temos o conceito, deve mostrar--nos o que a história ainda não é, a saber, primeiro, que ambos os princípios são um só, em segundo lugar, que até à cisão de ambos está subjacente um princípio, visto que o conceito radica num só ponto; em terceiro lugar, a história filosófica deve mostrar o movimento da reconciliação, a orientação para a consciência da sua unidade – que ambos se conhecem como contendo o mesmo. A filosofia pode conhecer e julgar a religião, mas a religião não o pode. A religião é para o sentimento, para a representação interna, para o espírito profundo, que se explicita apenas na representação. A filosofia, por ter o seu princípio no pensamento, apreende-se a si e ao seu contrário. Para ser capaz da reconciliação, a própria religião deve elevar-se ao pensamento. Se persiste apenas na forma da interioridade e da representação, eis então presente o espectáculo de a religião se mostrar irreconciliável. – O mesmo se passa com a relação da filosofia ao mundano. Se a filosofia se denomina sabedoria do mundo, é porque se encontra do lado do mundano, do Estado em geral. Mas se também se põe do outro lado, pode ser assim, por seu turno, o contrário daquilo em cujo lado se encontra. O que chamamos Estado provém da liberdade. Mas pode igualmente haver arbítrio e casualidade no querer. O que promana do arbítrio, diremos nós, é acidental quanto ao Estado. Mas parece provir unicamente do arbítrio. Embora promane já da aparência, esta pode, no entanto, conter o racional. O Estado é a lei da liberdade. Sem dúvida, é possível que ocorra a cisão de a filosofia se contrapor à mundanidade existente, isto é, que ela surja como princípio revolucionário. Porque a filosofia concebe a coisa na forma do pensamento, apreende-se assim na forma da universalidade, do substancial. Pode, pois, contrapor-se ao que é. O conteúdo da filosofia é então a liberdade da razão enquanto contraposta à liberdade da arbitrariedade. Mas a história pressiona-se por si mesma em direcção ao essencial, ao pensamento, ao que em si e por si é verdadeiro; e tal é o Estado, o mundano racional. Só enquanto este não corresponde ao racional, ao pensamento, ao conceito da coisa, é que também com ele entra em oposição a filosofia. Mas a história, como se disse, manifesta a reconciliação.

A meta do pensamento é encontrar-se no conteúdo da religião e, de igual modo, na realidade mundana efectiva. Se tal se conseguir, teve lugar a reconciliação. A meta da história é que o mundo seja racional, na sua realidade efectiva, tal como é na sua profundidade, e que a filosofia o saiba.

Talvez isto seja suficiente a propósito do nexo da filosofia com os outros ramos do Espírito. Outros elementos do concreto também aqui se inserem, mas não imediatamente com a filosofia. Têm uma relação directa com o princípio do Estado e, por isso, com o conceito existente.

Terceira Parte da Introdução

Começo, divisão e fontes da história da filosofia

No que já foi dito está implícito onde se deve situar o começo. A filosofia tem como objecto seu pensar o que é, apreendê-lo na forma do pensamento. O que na história universal se nos depara como a essência podemos em geral concebê-lo em forma religiosa. Em sentido mais específico, existe na forma da representação, na fantasia. A consciência sobre a essência do Espírito expressou-se no que chamamos formas mitológicas, como teogonia e cosmogonia. Se o objecto da filosofia é a essência, então os povos expressaram a essência em figuras que não existem na forma da filosofia, do pensamento. Os que expressaram o verdadeiro fo-ram os poetas – poetas em sentido mais elevado; não os poetas que têm diante de si um material na forma do entendimento, como uma noção prosaica, e reduziram o conteúdo à forma da poesia, mas aqueles que são poetas ou profetas originários, isto é, que afirmam o que é o interior. Poderia, pois, afigurar-se que a filosofia viria a incluir as verdades que têm início nestas figuras, na mitologia e nas acções do culto, que, portanto, a história da filosofia aceitaria semelhante conteúdo; que ela a si o proporcionaria e haveria de elaborar o que se contém nas representações mitológicas. Temos, pois, as mitologias indiana, persa e grega. Deparamos nelas com uma reminiscência do que para nós é a verdade determinada. Mas entre os mitólogos disputa-se sobre o modo como ela deve ser abordada. Levou-se a mal aos que suspeitam que a razão está aí presente, e que tentam explicitá-la. Não nos interessam agora as casualidades que aí ocorreram. Mas isto é reconhecer que as mitologias têm uma origem a partir do Espírito. O essencial é que a razão em si chegou nelas à consciência. É preciso reconhecer que a fé e a superstição, que parecem poetar de um modo arbitrário, poetam com a razão. Mas não temos de, primeiro, indagar o pensamento que aí se oculta, a verdade que lá se encontra encapsulada. O nosso afazer não é reduzir à forma do pensamento as verdades que estão contidas ou expressas em semelhantes criações; devemos antes admitir aquilo em que o pensamento já existe na forma de pensamento. Temos a ver com a consciência clara, isto é, com a consciência pensante dos povos. Aristóteles afirma: «Não vale a pena ocupar-se dos filósofos de modo mitológico». – Também Platão filosofou por meio de mitos. É enaltecido por ter concebido muitas coisas na forma da imagem. Em parte, isto deve-se à pouca energia do pensamento para se tornar consciente de si mesmo. Não constitui um progresso no filosofar. Ou temos uma pura obra de arte, ou filosofia, pensamento enquanto tal. Sem dúvida, é cómodo ao filósofo conceber o seu princípio em imagens, e é igualmente agradável à apreensão. – Deixamos de lado a religião como tal, o mitológico, etc., e começamos onde o conteúdo se concebeu na forma do pensamento. Tudo o que é lúdico não o consideramos como algo de elevado mas, em comparação com a forma do pensamento, como algo que se encontra num nível inferior. Devemos lidar com os pensamentos, na medida em que se exteriorizaram. Ao especificarmos, em seguida, o pensamento, depara-se-nos primeiro o Oriente. Aqui, os começos da filosofia podem decerto ser apenas indigentes e inteiramente abstractos.

[Oitava Hora]

Por conseguinte, vem primeiro ao nosso encontro a filosofia oriental. Podemos considerá-la como a primeira parte, portanto, como filosofia efectiva; mas também podemos olhá-la como prévia, como pressuposto da filosofia e situar o começo apenas na filosofia grega. A outra parte é, em seguida, a filosofia germânica.

No [campo] oriental, temos diante de nós elaboradas enormes configurações de Estados e religiões, ciências e saberes. No Estado oriental, o universal, o substancial genuíno é de tal modo o elemento dominante e prevalecente que o pensar livre, a

subjectividade, a liberdade subjectiva, a liberdade do indivíduo é algo de negligenciado. Temos aqui, pois, de um lado, a substancialidade e, do outro, a subjectividade, o arbítrio, a vontade do indivíduo; mas este lado, que constitui o concreto, encontra-se aí essencialmente na forma da exterioridade, na forma do fortuito, da acidentalidade, perante a substância. Temos aqui a vertigem, o contraste imenso do mais profundo, do mais universal, sobre o mais exterior. A serenidade, que existe na proporção, e segundo a qual o universal se limita a si mesmo e se manifesta, pois, por si como concreto no ser determinado, tal concreto, o meio verdadeiro, é justamente o que aqui falta. Na cultura do mundo oriental, encontramos decerto também o filosofar, mais ainda, o mais profundo filosofar. Deparamos com o pensar a mover-se na sua mais extrema abstracção e a traçar as suas figuras. Mas porque assim apenas permanece o mais profundo, continua a ser abstracto.
– Tais abstracções inteiramente gerais encontram-se no Oriente e devem igualmente tornar-se perceptíveis; mas não fazem mergulhar no existente, não estimulam nem humidificam o existente. Permanecem, pois, inteiramente abstractas, não obtêm as determinações e a configuração a partir do mundo. Pode, por isso, dizer-se: aqui não se concebe em geral; o pensamento permanece abstracto, não avança até ao acto de conceber. – Aqui mencionar-se-ão, mas apenas de um modo sucinto, as filosofias chinesa e indiana.

A filosofia genuína começa, para nós, na Grécia. Aqui se inicia a medida e a claridade – o universal que a si mesmo se determina, pelo qual se torna justamente conceito. Tal conceito, que se une agora ao ser determinado, manifesta-se assim como unindo-se ao concreto do mundo espiritual e sensível, como inclusivo mediante conceitos. O mundo no seu ser determinado, as configurações do mundo, não são aí simples adorno para o substancial; não é algo de puramente acidental no mesmo, nem só algo de fugídio, nem também ainda nada enquanto vão. Mas o Grego está bem no seu mundo; sente--se nele em casa, e o conceito está em casa no presente, o conceito é a este idêntico. Por isso mesmo, a filosofia grega é plástica, estrutura-se num todo. O pensamento não se retrai do que é concreto. Temos aqui o pensamento como conceito. Na vida grega livre, o conceito manifesta-se como livre e pensa--se a si.

Estabeleceremos nela três períodos principais; o primeiro é o que começa com Tales e vai até Sócrates. Inicia-se com a natureza externa ou com a determinidade enquanto determinidade natural, com a determinidade do pensamento na sua figura natural; ou também inversamente: a filosofia começa com o abstracto. O conceito consuma-se em Ideia em Anaxágoras, em Sócrates e nos seus discípulos, no subjectivo do conceito e assim no concreto, no conceito que a si se determina e se quer especificar. O segundo período é a filosofia do mundo romano – o contrário do conceito (determinado) que a si se determina; e o terceiro é a filosofia alexandrina ou neoplatónica em que o conceito se consuma em mundo inteligível. O pensamento, que aqui também começou na abstracção, que teve a sua determinidade na natureza, consuma-se num mundo inteligível.

O segundo [estádio] em geral é a filosofia germânica, a filoso-fia no Cristianismo. No meio, ao emergir a filosofia genuína, entre o começo do cristianismo após a filosofia pagã e a filosofia cristã enquanto tal, situa-se o período da fermentação. O decurso na filosofia grega é inteiramente ingénuo e inocente; aí se concebe, se deve instituir um conceber específico. O conceber é determinado, implementa-se até se consumar num mundo. O ponto de partida, no mundo grego, é a religião e a mitologia, por um lado, e a natureza externa que o homem pensante tem diante de si, por outro. Configurações da fantasia e da natureza é que devem exibir o divino. Mas, na filosofia cristã, o decurso é de um tipo inteiramente diverso. O princípio, o objecto do interesse é aí de imediato o próprio íntimo, a interioridade concreta, o mundo concreto do Espírito, o mundo inteligível concreto, o mundo reconciliado. Aqui, pois, o pensar tem um ponto de partida inteiramente diverso. O que o pensar demanda cumpriu-se – um mundo reconciliado, um mundo divino, um mundo espiritual realizado, o reino de Deus na terra. O que aí se pretende é apenas apreender o mundo espiritual, o verdadeiro, traduzi-lo para a forma do pensamento. – Por conseguinte, o pensar está, acima de tudo, ao serviço de uma verdade já presente, posta. O pensar não está, portanto, na liberdade. (Ocorrem também ainda outras manifestações filosóficas, que se situam fora do mundo cristão, como a filosofia entre os árabes e os judeus, as quais, porém, não têm a autonomia para por elas nos interessarmos.) À época em que o pensar sabe ter diante de si a verdade substancial e dela faz objecto de si mesma, segue-se a época da fermentação, da oposição de tal pensar à verdade substancial, até que surge, em seguida, uma consciência plena e clara do pensar sobre si mesmo, uma consciência sobre a determinação do pensar, sobre a liberdade do pensar, de modo que o pensar já não tem de partir de algo de pressuposto, mas de si e assim compreender tudo, de modo que o pensar de nada parte, embora também se inicie com o que é reconhecido como verdade afim de, a partir de si, ter o Espírito da verdade do mundo. Eis a filosofia, que se enceta com Descartes.

O que aqui se poderia acrescentar é a *literatura* e as *fontes* da história da filosofia. As fontes genuínas são as obras dos próprios filósofos. Em geral, as próprias obras originais são muito mais compreensíveis do que seus extractos e comentários. Dos filósofos antigos temos, em parte, apenas fragmentos e devemos procurar noutros que a tal respeito reflectiram. As fontes principais são as obras originais; trata-se de um estudo complicado e, por isso, desencorajador. Mas cedo se obtém o tacto para aprender uma filosofia. Temos de nos ater unicamente aos princípios. Se detectámos que o princípio é insuficiente, sabemos então que tanto mais insuficiente será a realização. Por exemplo, o princípio dos Eleatas pode bastar num certo sentido, a saber, para o campo mecânico da natureza. Se um tal princípio também se especificar, descobre-se que vem a revelar-se ainda como insuficiente. Cedo se obtém, pois, um tacto quando se estudam, as obras dos filósofos. O estudo das fontes tem a vantagem de se familiarizar com as determinações no *status nascendi*. Em geral, as ideias nas obras originais são muito mais determinadas e surgem muito mais facilmente compreensíveis. Nas obras originais, as ideias emergem ainda com uma certa timidez. Surgem na sua génese, no seu ambiente. Nas obras posteriores, isso tornou-se difuso e insípido e contém uma figura mais determinada do que naquela em que se expressou.

No tocante às obras da historiografia filosófica, elas encontram--se mencionadas em todos os compêndios. O melhor é o extracto de Wendt a partir de Tennemann; o Epítome (*Grundriss*) de Ast tem também os seus méritos; o Manual (*Handbuch*) de Rixner é o melhor e o mais pormenorizado, embora muitas vezes enve-rede pelo insignificante. Deixa por vários lados muito a desejar, mas tem a vantagem de, como apêndice a cada volume, se oferecerem citações dos diferentes autores filosóficos.

A história da filosofia mais antiga no nosso tempo é a de Stanley, no início do século passado. Foi de todo escrita no sentido em que Diógenes Laércio escreveu. Não contém nenhumas fontes, o material é apenas compilado. Vai só até uma certa época, a saber, até à entrada do Cristianismo. Embora a obra tenha sido escrita no princípio do século XVIII, não vai mais longe pela razão de que apenas os antigos, gregos e romanos (não os orientais) tinham tido genuínas escolas filosóficas, de que a filosofia teria sido, por isso, unicamente afazer dos pagãos; pelo contrário, no Cristianismo, a verdade propor-se-ia na forma e como conteúdo da religião e já não precisava de ser indagada mediante a razão livre, partindo de si mesma ou, como se afirmou, abandonada a si própria. No Cristianismo, não havia que levar a cabo sistemas filosóficos particulares; a filosofia escolástica situar-se-ia no seio do Cristianismo. Na revivescência das ciências, reproduziram-se certamente as antigas filosofias; mas foi apenas uma revivência, nada de genuinamente novo. Na Idade Média, a filosofia e a teologia não se encontravam separadas. A filosofia, que se iniciou em Descartes, era ainda demasiado jovem para dela se poder já ter notícia.

Uma obra muito famosa é a *Bruckeri Historia critica philosophiae, Lipsiae* 1742s. O último volume apareceu em 1767. Aqui tem-se uma quantidade de material, mas que é de muito pouco proveito. Esta obra tem um sentido histórico muito escasso, não é uma pura exposição das filosofias a partir das fontes, mas de escritos acerca das filosofias, de dissertações e outros alfarrábios, que outrora se escreveram na Europa. Na história da filosofia, o mais difícil é expor apenas o factual, ater-se apenas historicamente à descoberta dos primeiros princípios, sem introduzir quaisquer reflexões modernas. Os antigos são tão abstractos que não se tem a serenidade de lá deixar o que eles disseram, mas se pretende explicitá-lo. Assim Brucker toma muitas vezes as proposições dos Antigos como premissas, e faz passar por históricas as consequências que daí deduz, segundo a filosofia wolffiana. Estas, porém, não são factos históricos. Por conseguinte, não pode descobrir-se aí nenhuma exposição pura da história da filosofia.

Há, em seguida, que nomear o «Espírito da filosofia especulativa» de Tiedemann. O autor imitou o estilo francês, pelo que a obra é de difícil leitura. O elemento histórico é compilado com minúcias supérfluas de pormenor. Espírito genuinamente filosófico e especulativo pouco aí há que encontrar. Ele trata o especulativo como algo de inteiramente exterior, como algo a que não vota nenhum interesse. Fez excertos de Platão para a edição de Zweibruecker; e, no entanto, só está inteiramente à vontade na seca necessidade intelectualista da época. Quando se começa a tornar especulativo, então ele interrompe e diz que se entrou na mística, que já há muito foi refutado, que nós sabíamos melhor. É, de resto, uma obra que tem os seus méritos; contém, por exemplo, extractos de muitos livros raros da Idade Média, que já não se encontram; assim, das obras cabalísticas dos judeus. Depois de Tiedemann, há que nomear o «Manual da História da Filosofia» *(Lehrbuch der Geschichte der Philosophie)* de Buhle (em nove volumes). (Acrescente-se ainda a sua *Geschichte der neueren Philosophie seit der Epoche der Wiederherstellung der Wissenschaften*, Gotinga, 1800--1805, em seis volumes.) A primeira estrutura do seu manual fora calculada para menos volumes; a história antiga da filosofia é, pois, concisa e pobre, sobretudo no tocante ao elemento filosófico; pelo contrário, a ulterior é tratada com muita amplidão. Há nela muito de literário, que é interessante. É uma cabeça subtil que se revela. Como homem de letras de Gotinga, fez muitos extractos valiosos de escritos raros, por exemplo, de Giordano Bruno, cujas obras eram proibidas, e também de outros filósofos, cujas fontes não são acessíveis.

Uma obra fulcral é a «História da Filosofia» *(Geschichte der Philosophie)* de Tennemann, cujo primeiro volume apareceu em 1798. É uma obra que, em virtude do seu âmbito muito vasto e de uma ingente minúcia, dificilmente se utiliza. Proporciona longos extractos das outras obras filosóficas, em particular dos Antigos; mas também é muito pormenorizada acerca da filosofia escolástica. É uma obra desproporcionada e, no seu todo, concebida de um modo trivialíssimo. Reporta-se demasiado bem à sua imparcialidade e, no entanto, tomou totalmente partido, a saber, do ponto de vista crítico, contra a filosofia. Situa-se no terreno de Kant em que o conhecer subjectivo, o sujeito, é o essencial pelo que não pode haver nenhuma verdade e, por conseguinte, também nenhuma verdadeira filosofia. Actua-se como quando um historiador escreve acerca da Ilha da Atlântida e refere centenas de extractos. Ele também não procede com rigor. Faz imprimir o texto grego e tradu-lo. Mas quando se examina a passagem grega, descobre-se muitas vezes uma total inversão do sentido; por exemplo, Aristóteles diz: σῶμα, e Tennemann traduz homem. Quanto ao mais, a sua obra baseia--se somente no conhecimento, e não no conceito da coisa. É pois, trivial.

Por fim, mencione-se a «A História da Filosofia» *(Geschichte der Philosophie)* de Ritter. As partes até agora publicadas estão elaboradas com grande fidelidade, diligência e circunspecção. A obra chegou só até à filosofia grega.

Importava referir-se a estas obras. Não temos agora de nos adentrar mais pela literatura; também as circunstâncias temporais, etc., o lado extrínseco, têm para nós demasiados estratos. Temos de decidir-nos a não entrar aqui em mais pormenores. Detemo-nos nas condições principais. O nosso fito é relevar a história da filosofia, ao considerarmos sobretudo o princípio de cada filosofia.

BIBLIOGRAFIA SELECTA

ADORNO, T. W., *Drei Studien zu Hegel*, Francoforte, Suhrkamp 1963; trad. esp., *Tres Estudios sobre Hegel*, Madrid, Taurus 1974.

ALVAREZ GOMEZ, M., *Experiencia y sistema. Introducción al pensamiento de Hegel*, Salamanca, Univ. Pontificia 1978.

ASTRADA, C., *La Dialéctica en la Filosofía de Hegel*, Buenos Aires, Kairós 1970.

BLOCH, Ernst, *Subject-Object. Erläuterungen zu Hegel*, Berlim, Aufbau-Verlag 1951; trad. esp., *El Pensamiento de Hegel*, México, FCE 1979.

D'HONDT, J., *Hegel, sa vie, son oeuvre*, Paris, PUF 1967.

FINDLAY, J. . N., *Hegel. A reexamination*, Londres/Nova Iorque 1958; trad. esp. *Reexamen de Hegel*, Barcelona, Grijalbo 1969.

GARAUDY, R., *Dieu est mort, Étude sur Hegel*, Paris, PUF 1962; *La Pensée de Hegel*, Paris, Bordas 1966.

GLOCKNER, H., *Hegel*, 2 vols., Estugarda, Frommann 1958.

GÓMEZ PIN, V., *La Dialéctica de Hegel*, Madrid, Cátedra 1980.

GRÉGOIRE, Fr., *Études hégéliennes. Les ponts capitaux du système*, Lovaina, Nauwelaerts 1958.

HARRIS, H. S., *Hegel's Development*, 2 vols., Londres, Oxford Univ. Press 1972 s.

HEINTEL, P., *Hegel, Der letzte universelle Philosoph*, Gotinga 1970.

HÖSLE, Vittorio, *Hegels System*, 2 vols., Hamburg, F. Meiner 1987.

KAUFMANN, W., *Hegel: a Re-interpretation*, Nova Iorque, Doubleday 1963; trad. esp., *Hegel*, Madrid, Alianza Editorial 1968.

TAYLOR, Charles, *Hegel*, Cambridge, CUP 1975.

ÍNDICE

ADVERTÊNCIA DO AUTOR 9

I – INTRODUÇÃO – Redacção de Heidelberg 11

II – INTRODUÇÃO – Redacção de Berlim 23
    I – O conceito e a Determinação da História da Filosofia 25
    II – Conceito de Filosofia 36

III – INTRODUÇÃO 65

    A. Conceito da História da Filosofia 77
        I – Determinações Prévias 79
        II – Aplicação destas determinações à História da Filosofia 97
        III – Consequências para o tratamento da História da Filosofia .. 112

    B. Relação da História da Filosofia com as outras configurações do Espírito 120
        I – A Situação Histórica da Filosofia 121
        II – Relação mais pormenorizada da Filosofia com as restantes Configurações do Espírito 127

    C. Divisão Geral da História da Filosofia 182
        I – O Começo da História da Filosofia 183
        II – O Progresso na História da Filosofia 193

    D. Fontes e Literatura da História da Filosofia 206

APÊNDICE
    – A introdução segundo as lições de Hegel 1829/30 217

BIBLIOGRAFIA SELECTA 251